Beck'sche Schwarze Reihe
Band 224

JEAN LIEDLOFF

Auf der Suche nach dem verlorenen Glück

Gegen die Zerstörung unserer Glücksfähigkeit in der frühen Kindheit

VERLAG C.H. BECK MÜNCHEN

Aus dem Englischen übertragen von Eva Schlottmann
und Rainer Taëni
Titel der Originalausgabe: The Continuum Concept
(Alfred A. Knopf, Inc., New York 1977)

CIP-Kurztitelaufnahme der Deutschen Bibliothek

Liedloff, Jean:
Auf der Suche nach dem verlorenen Glück : gegen d. Zerstörung unserer Glücksfähigkeit in d. frühen Kindheit / Jean Liedloff. [Aus d. Engl. übertr. von Eva Schlottmann u. Rainer Taëni]. – 36.–52. Tsd. – München : Beck, 1982.
(Beck'sche schwarze Reihe ; Bd. 224)
Einheitssacht.: The continuum concept ⟨dt.⟩
ISBN 3-406-06024-2
NE: GT

ISBN 3 406 06024 2

36.–52. Tausend der deutschen Ausgabe. 1982
Einbandentwurf von Rudolf Huber-Wilkoff, München
Umschlagbild: Südamerikanische Indianerin mit Kind
(Süddeutscher Verlag)

Gesamtherstellung: Georg Appl, Wemding
Printed in Germany

Inhalt

Vorwort

Es gibt Bücher, denen man den Explosivstoff, den sie enthalten, auch nach einigem Durchblättern und Überfliegen nicht ansieht. Liedloffs „Auf der Suche nach dem verlorenen Glück" gibt sich, oberflächlich betrachtet, wie ein Buch über indianische Lebensweise, oder vielleicht auch wie einer der üblichen praktischen Ratgeber zum Thema Kinderaufzucht, der Eltern berät, wie sie bei ihren Kindern dieses oder jenes verbessern oder verhindern können. Es ist jedoch weit mehr als das – wie viel mehr, wird erst dem aufmerksamen Leser, vielleicht gar erst beim zweiten Durchlesen, vollständig deutlich.

Ich selbst habe mich jahrelang mit der Erforschung des Phänomens der latenten Angst befaßt, seit ich eines Tages erkannte, wie so gut wie jeder von uns sein Lebtag eine Bürde von versteckter, ihm selbst zumeist unbewußter Angst, die mit körperlicher Verklemmung und mangelndem Selbstvertrauen gekoppelt ist, mit sich herumschleppt. Und je mehr ich dem nachforschte, umso deutlicher wurde mir, daß in der Tat auch unsere gesellschaftlichen Strukturen auf zerstörerische Weise von diesem Phänomen mitgeprägt sind. Die beunruhigende Frage, die sich in diesem Zusammenhang aufdrängt, ist, ob angesichts dieser Tatsache noch Hoffnung für die Menschheit bestehen kann – und worin.

Dieses Buch liefert Hoffnung. Es zeigt zunächst den Grund der latenten Angst überzeugend auf, indem es die These vertritt, daß das Wesen des Menschen selbst von uns – auch von den Autoritäten der Wissenschaft – nicht mehr verstanden und daher auch in der Säuglings- und Kinderaufzucht nicht ausreichend berücksichtigt wird. Sein eigentliches Thema ist das menschliche „Kontinuum" – und was ein Leben im Einklang damit bedeuten müßte. Gemeint ist mit dem Begriff die uns angeborene, kontinuierliche Folge von triebenergetisch motivierten Erwartungen, die erfüllt werden *müssen,* ehe der Organismus sich unbeeinträchtigt auf seine nächste (evolutionär festgelegte) Entwicklungsstufe begeben kann. Werden sie es nicht – und dies beginnt mit dem ersten Atemzug des Neugeborenen –, so ist das schließliche Ergebnis ein Leben in Unzufriedenheit, Vertrauensmangel, Liebesunfähigkeit und verdrängter Angst: die fatale Art von Verklemmung, an der wir „Zivilisierten" durchweg leiden.

Um konkreter zu werden: Es gibt kein Tier, das nicht *„wüßte"* (unfehlbar und ohne Zweifel), was es braucht für sein Wohlbehagen und seine Gesundheit, was ihm bekömmlich ist – und vor allem: wie es seine Jungen behandeln muß, damit diese sich optimal entwickeln. Der Mensch in der Zivilisation jedoch weiß es nicht – er hat es vergessen.

Kleinkinder allerdings tragen dieses unfehlbare Wissen über die eigenen Bedürfnisse noch in sich. Und schreien es, da die Umstände dem generell nicht entsprechen, heraus in tiefer Seelenqual – zu einem Zeitpunkt, da sie noch nicht einmal sprechen, geschweige denn logisch denken können. Nur selten wird der Ausdruck dieser Qual als solcher von Eltern oder anderen Pflegepersonen verstanden und beachtet. Schmerz, Angst, extreme Verstörung und Verunsicherung insbesondere hinsichtlich dessen, was *richtig* ist, sind auch dann die Folge, wenn sich keine besonders offenkundigen „neurotischen" Symptome einstellen. Denn die früheste Erfahrung war: alles ist falsch. Also wird auch das eigene Verhalten falsch. Im günstigsten Fall ist das Resultat ein fanatisches Sich-Klammern an äußere Autoritäten. Im schlimmsten: Kriminalität, Sucht, Psychose, Selbstmord – all das, worunter wir als Einzelne wie als Gesellschaft immer deutlicher leiden. Hier, in der Vernachlässigung der Erwartungen des Kontinuums zum frühesten Zeitpunkt, liegt die Ursache für unser aller Unglück.

Das wahrhaft Revolutionäre an Liedloffs Buch besteht darin, daß es diese Zusammenhänge am Beispiel einer Gesellschaft, die tatsächlich noch anders ist, verdeutlicht; und damit, wie gesagt, Hoffnung liefert – auch für uns –, daß alles wieder anders werden *könnte* weil die Fähigkeit zum Sich-Wohlfühlen im Hier und Jetzt unwiderlegbar in Reichweite des Menschen liegt, so wie er geboren wurde.

Nicht daß wir, um diesen Zustand wiederzuerlangen, nun selbst leben müßten wie südamerikanische Indianer. Das Leben der Yequana gilt in diesem Buch nur als Beispiel. Wesentlich ist, daß wir endlich beginnen, uns neue Gedanken zu machen über die Beschaffenheit des Menschen. Tun wir es in dem Sinne, wie Jean Liedloff es uns nahelegt: unser Leben kann, ja muß sich von Grund auf verändern – besonders, was unsere Einstellung zu den Kindern betrifft, die ja die verkörperte Hoffnung der Menschheit sind. In diesem Sinne hat „Auf der Suche nach dem verlorenen Glück" uns sehr Wesentliches zu sagen – Dinge, die selbst der Schulwissenschaft bisher nicht bekannt sind. Es ist Zeit, daß sie gesagt werden – und daß wir alle dementsprechend zu handeln beginnen, auf daß die Herrschaft der Angst in der Welt endlich eingedämmt werde.

Rainer Taëni

1. Wie sich meine Ansichten so grundlegend wandelten

Mit diesem Buch möchte ich eine These vortragen und nicht eine Geschichte erzählen. Doch halte ich es für zweckmäßig, ein wenig von meiner Vorgeschichte zu berichten, etwas darüber, wie der Boden für meine These vorbereitet wurde. Dies mag erklären helfen, wieso meine Ansichten sich so weit von denen der Amerikaner des 20. Jahrhunderts, unter denen ich aufwuchs, entfernten.

Ich begab mich in die südamerikanischen Urwälder, ohne eine Theorie beweisen zu wollen, mit nicht mehr als normaler Neugier über die Indianer und einer vagen Hoffnung, dort irgendetwas Bedeutsames zu lernen. Auf meiner ersten Reise nach Europa wurde ich in Florenz von zwei italienischen Forschern eingeladen, mich ihrer Diamantensuchexpedition in der Gegend des Caroni in Venezuela (eines Nebenflusses des Orinoco) anzuschließen. Es war eine Einladung in letzter Minute, und mir blieben zwanzig Minuten, um mich zu entscheiden, zum Hotel zu stürzen, zu packen, zum Bahnhof zu rasen und auf die gerade anfahrende Bahn zu springen.

Es war sehr dramatisch; aber dann doch ziemlich beängstigend, als der Wirbel sich plötzlich legte und ich die Kofferstapel in unserem Abteil wahrnahm, gespiegelt im Licht, das durch die staubigen Fenster drang, und erkannte, daß ich unterwegs war zu einem wirklichen Urwald.

Mir war keine Zeit geblieben, mir über die Gründe, aus denen ich fahren wollte, klarzuwerden, doch meine Reaktion war sekundenschnell und sicher gewesen. Das Unwiderstehliche war für mich nicht der Gedanke an die Diamanten, obwohl das Ausgraben eines Vermögens aus tropischen Flußbetten sich weit aufregender anhörte als irgendeine andere mir denkbare

Arbeit. Das Wort „Urwald" war es, das allen Zauber in sich trug, vielleicht wegen eines Erlebnisses, das mir als Kind widerfuhr.

Es geschah, als ich acht war, und es schien große Bedeutung zu haben. Immer noch betrachte ich es als eine wertvolle Erfahrung; doch wie die meisten solcher Augenblicke der Erleuchtung, gewährte es einen flüchtigen Blick auf die Existenz einer Ordnung, ohne ihre Struktur aufzudecken, oder anzuzeigen, wie sich ein solcher Einblick über die Verwirrungen des Alltags hinwegretten ließe. Am enttäuschendsten war, daß die Überzeugung, ich hätte endlich die unfaßbare Wahrheit geschaut, wenig oder gar nichts dazu beitrug, meine Schritte durch den Wirrwarr zu lenken. Die kurze Vision war zu flüchtig, um den Rückweg zur Anwendbarkeit zu überleben. Ihr standen all meine weltlichen Motivationen entgegen und, am verheerendsten, die Macht der Gewohnheit; dennoch ist sie vielleicht erwähnenswert: war sie doch ein Hinweis auf jenes Gefühl der Richtigkeit (eleganter läßt es sich wohl nicht ausdrücken), von dessen Suche dieses Buch handelt.

Das Ereignis trug sich zu auf einer Wanderung in den Wäldern von Maine, wo ich in einem Sommerzeltlager lebte. Ich war die letzte der Gruppe; ich war ein wenig zurückgeblieben und beeilte mich gerade, den Abstand aufzuholen, als ich durch die Bäume hindurch eine Lichtung erblickte. Eine prächtige Tanne stand an ihrem Außenrand und in der Mitte ein kleiner Erdhügel, bedeckt von glänzendem, fast leuchtendem, grünem Moos. Die Strahlen der Nachmittagssonne fielen schräg auf das blauschwarze Grün des Nadelwaldes. Das kleine Dach, das vom Himmel zu sehen war, war von vollkommenem Blau. Das ganze Bild war von einer Vollständigkeit, einer solchen Vollkommenheit konzentrierter Kraft, daß es mich abrupt stehenbleiben ließ. Ich trat an den Rand der Lichtung und dann, behutsam wie an einen magischen oder heiligen Ort, in ihre Mitte, wo ich mich setzte und dann hinlegte, die Wange gegen das frische Moos gepreßt. „Hier ist es", dachte ich, und ich fühlte die Angst, die mein Leben durchzog, von mir abfallen.

Dies endlich war der Ort, wo die Dinge so waren, wie sie sein sollten. Alles war an seinem Platz – der Baum, die Erde darunter, der Felsen, das Moos. Im Herbst würde er richtig sein; im Winter unterm Schnee vollkommen in seiner Winterlichkeit. Der Frühling würde wiederkehren und Wunder auf Wunder würde sich entfalten, jedes zu seiner Zeit; manches wäre abgestorben, anderes entfaltete sich im ersten Frühling; aber alles von gleicher und vollkommener „Richtigkeit".

Ich spürte, daß ich die fehlende Mitte der Dinge entdeckt hatte, den Schlüssel zur Richtigkeit selbst, und daß ich mir dieses Wissen, das an jenem Ort so klar war, bewahren müsse. Einen Augenblick lang war ich versucht, ein Stückchen von dem Moos mitzunehmen, um es als Erinnerung zu behalten; aber ein recht erwachsener Gedanke hielt mich zurück. Ich fürchtete plötzlich, daß ich, indem ich mir ein Amulett aus Moos aufhob, den wirklichen Preis verlieren könnte: die Einsicht, die ich gehabt hatte. So könnte es geschehen, daß ich meine Vision als gesichert betrachten würde, solange ich das Moos behielt, nur um eines Tages festzustellen, daß ich nichts als ein Krümelchen toter Vegetation besaß.

Ich nahm also nichts, gelobte mir aber, mich jeden Abend vor dem Zubettgehen an die Lichtung zu erinnern und mich dadurch niemals von ihrer stabilisierenden Kraft zu entfernen. Ich wußte schon als Achtjährige, daß die Verwirrung der Wertbegriffe, die mir von Eltern, Lehrern, anderen Kindern, Kindermädchen, Jugendarbeitern und anderen aufgedrängt wurden, mit meinem Heranwachsen nur schlimmer werden würde. Die Jahre würden noch Komplikationen hinzufügen und mich in ein immer undurchdringlicheres Dickicht von Gutem und Schlechtem, Wünschenswertem und Unerwünschtem hineinsteuern. Ich hatte bereits genug erlebt, um das zu wissen. Wenn ich aber die *Lichtung* bei mir behalten könnte, so dachte ich, würde ich mich nie verirren.

In jener Nacht im Lager rief ich mir die *Lichtung* ins Gedächtnis zurück, und dabei erfüllte mich ein Gefühl der Dankbarkeit, und ich erneuerte meinen Schwur, mir meine Vision zu bewahren. Und Jahre hindurch behielt sie ihre Kraft unvermindert bei, da ich Nacht für Nacht im Geist den kleinen Erdhügel, die Tanne, das Licht, die Ganzheit erblickte.

Im Laufe der Jahre jedoch stellte ich oft fest, daß ich tage- oder wochenlang hintereinander die *Lichtung* vergessen hatte. Ich versuchte, das Gefühl der Erlösung zurückzuerlangen, das sie früher durchdrungen hatte. Aber mein Horizont erweiterte sich. Die einfachere Art von Wertbegriffen aus der Kinderstube (artig oder ungezogen) war allmählich von den oft widerstreitenden Werten meines Kulturkreises und meiner Familie abgelöst worden, einer Mischung viktorianischer Tugenden und Umgangsformen mit einer starken Neigung zu Individualismus, liberalen Ansichten und künstlerischen Talenten und vor allem der Bewunderung eines glänzenden und originellen Verstandes, wie meine Mutter ihn besaß.

Ehe ich etwa fünfzehn war, erkannte ich mit dumpfer Traurigkeit (da ich nicht mehr wußte, worüber ich trauerte), daß mir die Bedeutung der *Lichtung* verlorengegangen war. Ich erinnerte mich vollkommen an die Szene im Wald, doch, wie befürchtet, als ich es unterlassen hatte, das Stückchen Moos als Andenken mitzunehmen: ihre Bedeutsamkeit war verschwunden. Stattdessen war mein geistiges Bild von der *Lichtung* zu dem leeren Amulett geworden.

Ich lebte bei meiner Großmutter; und als sie starb, beschloß ich, nach Europa zu fahren, obgleich ich die höhere Schule noch nicht abgeschlossen hatte. Während meiner Trauer waren meine Gedanken nicht sehr klar; da aber jede Hinwendung zu meiner Mutter stets damit endete, daß ich verletzt wurde, hatte ich das Gefühl, ich müsse eine riesige Anstrengung machen, mich auf die eigenen Füße zu stellen. Keiner der Wünsche, die zu haben man von mir erwartete, schien mir erstrebenswert: ich wollte weder für Modejournale schreiben, noch eine Karriere als Fotomodell oder eine Universitätsausbildung machen.

In meiner Kabine auf dem Schiff nach Frankreich weinte ich aus Angst, daß ich für die Hoffnung auf etwas Namenloses vielleicht all das mir Vertraute verspielt haben könnte. Doch umkehren wollte ich nicht.

Ich streifte in Paris umher, machte Skizzen und schrieb Gedichte. Mir wurde eine Stelle als Mannequin bei Dior angeboten, aber ich nahm sie nicht an. Ich hatte Verbindungen zur französischen Zeitschrift ‚Vogue', nutzte sie jedoch nicht, außer für vorübergehende Jobs als Modell, die keine Verpflichtung mit sich brachten. Aber ich fühlte mich in diesem fremden Land mehr daheim als je in meiner Geburtsstadt New York. Ich spürte, daß ich auf dem richtigen Weg war, doch hätte ich noch immer nicht sagen können, wonach ich suchte. Im Sommer fuhr ich nach Italien, zuerst nach Venedig und dann, nach einem Besuch in einem Landhaus in der Lombardei, nach Florenz. Dort traf ich die beiden jungen Italiener, die mich nach Südamerika zur Diamantensuche einluden. Wiederum – wie schon bei meiner Abreise aus Amerika – erschreckte mich die Kühnheit meines Schrittes, aber nie dachte ich auch nur für einen Augenblick an Rückzug.

Als endlich nach vielen Vorbereitungen und Verzögerungen die Expedition begann, reisten wir den Carcupi-Fluß hinauf, einen kleinen unerforschten Nebenfluß des Caroni. In einem Monat legten wir eine beträchtliche Strecke flußaufwärts zurück, trotz der Hindernisse – hauptsächlich über den Fluß gefallene Baumstämme –, durch die wir uns mit Äxten und Macheten eine Durchfahrt für das Kanu hauen mußten, oder der Wasserfälle und Stromschnellen, über die wir mit der Hilfe von zwei Indianern etwa eine Tonne Material transportierten. Bis wir schließlich einen Lagerstützpunkt errichteten, von dem aus wir einige Nebenflüßchen erforschen wollten, hatte die Wassermenge des kleinen Flusses bereits um die Hälfte abgenommen.

Es war unser erster Rasttag, seit wir auf dem Carcupi fuhren. Nach dem Frühstück entfernten sich der italienische Führer und die beiden Indianer, um die geologische Lage zu erkunden, während der andere Italiener sich dankbar in seiner Hängematte räkelte.

Ich nahm eins der zwei Taschenbücher, die ich unter den wenigen englischen Titeln auf dem Ciudad Bolivar Flughafen ausgewählt hatte, und suchte mir einen Sitzplatz zwischen den Wurzeln eines breiten Baumes, der den Fluß überspannte. Ich las das erste Kapitel zum Teil durch, nicht etwa gedankenverloren, sondern der Geschichte mit normaler Aufmerksamkeit folgend, als mich plötzlich mit ungeheurer Wucht eine Erkenntnis durchfuhr: „Hier ist es ja! Die *Lichtung!*" Die ganze mit der Einsicht des kleinen Mädchens verbundene Erregung kehrte zurück. Ich hatte sie verloren; und jetzt, in einer ausgewachsenen *Lichtung,* im größten Urwald der Erde, war sie zurückgekommen. Die Mysterien des Urwaldlebens, die Lebensweise seiner Tiere und Pflanzen, seine dramatischen Gewitter und Sonnenuntergänge, seine Schlangen, seine Orchideen, seine faszinierende Jungfräulichkeit, die Schwierigkeit, ihn zu durchdringen, und seine verschwenderische Schönheit ließen ihn mir sogar in noch lebhafterem und tieferem Sinne „richtig" erscheinen. Es war Richtigkeit in großartiger Dimension. Als wir ihn überflogen, hatte er wie ein großer grüner Ozean ausgesehen, der sich beidseitig bis zum Horizont erstreckte – von Wasserwegen durchzogen, hoch erhoben auf trotzige Berge, dem Himmel dargeboten auf den offenen Händen der Hochebenen. In jeder einzelnen seiner Zellen vibrierte er mit Leben, mit Richtigkeit – sich stets verändernd, stets unversehrt, und immer vollkommen.

In meiner Freude meinte ich an jenem Tag, ich sei am Ende meiner Suche angelangt, mein Ziel sei erreicht: der klare Einblick in das Wesen der Dinge, so, wie sie unverfälscht und am besten sind. Es war die „Richtigkeit", die ich durch die Verunsicherungen meiner Kindheit hindurch zu erkennen versucht hatte, wie auch in den Jahren des Heranwachsens – in den Gesprächen, Diskussionen, Auseinandersetzungen, die oft bis zur Morgendämmerung geführt wurden, in der Hoffnung, einen Blick davon zu erhaschen. Es war die *Lichtung* – verloren, gefunden, und jetzt wiedererkannt, diesmal für immer. Um mich herum, über mir, unter meinen Füßen war alles richtig – Geborenwerden, Leben, Sterben und Erneuerung, ohne Bruch in der Ordnung des Ganzen.

Liebevoll streichelte ich mit den Händen über die mächtigen Wurzeln, die mich wie ein Sessel umfaßten, und ich begann mit dem Gedanken zu spielen, bis an mein Lebensende im Urwald zu bleiben.

Als die Carcupi-Expedition beendet war (wir hatten tatsächlich einige Diamanten gefunden) und wir uns zu dem kleinen Außenposten Los Caribes zurückbegaben, um Vorräte zu holen, sah ich im Spiegel, daß ich zugenommen hatte; zum ersten Mal in meinem Leben hätte man mich eher als schlank denn als mager beschreiben können. Ich fühlte mich stärker, fähiger und weniger furchtsam als je zuvor. Ich blühte auf in meinem geliebten Urwald. Mir blieben immer noch sechs Monate, um darüber nachzudenken, wie ich es schaffen könnte, auch nach der Expedition dort zu bleiben. Vorerst brauchte ich den damit verbundenen praktischen Problemen noch nicht ins Auge zu sehen.

Als die Monate jedoch verstrichen waren, war ich bereit, den Urwald zu verlassen. Meine blühende Gesundheit war durch Malaria heruntergekommen und meine Moral durch Hunger auf Fleisch und grünes Gemüse untergraben. Ich hätte einen unserer schwer erarbeiteten Diamanten für ein Glas Orangensaft getauscht. Und ich war magerer als je zuvor.

Aber nach siebeneinhalb Monaten hatte ich eine weit genauere Vorstellung von der Richtigkeit des Urwaldes. Ich hatte die Tauripan Indianer gesehen, nicht nur die beiden, die wir angeheuert hatten, sondern ganze Sippschaften, Familien daheim in ihren Hütten, oder solche, die in Gruppen umherzogen, jagten, ein artspezifisches Leben in ihrer natürlichen Umgebung führten, ohne nennenswerte äußere Unterstützung, abgesehen von Machete und Stahlaxt, die ihre ursprüngliche Steinaxt ersetzten. Es waren die glücklichsten Menschen, die ich je gesehen hatte, aber damals bemerkte ich es kaum. Sie waren so anders als wir: kleiner, weniger muskulös, und doch imstande, schwerere Lasten über viel längere Strecken zu tragen als die besten von uns. Ich fragte mich nicht einmal, warum das so war. Sie dachten in anderen Denkmustern. (Zum Beispiel fragte einer von uns: „Wenn wir nach Padacapah wollen, sollten wir dann im Kanu flußaufwärts fahren oder über Land marschieren?“ und ein Indianer antwortete: „Ja.“) Selten nur war mir deutlich bewußt, daß sie von der gleichen Art waren wie wir, obwohl, danach gefragt, ich das natürlich ohne Zögern bejaht hätte. Die Kinder waren durchweg gut erzogen: sie stritten sich nie, wurden nie bestraft, gehorchten immer willig und sofort; unser abschätziges Urteil „So sind eben Kinder“ paßte auf sie nicht, doch fragte ich mich nie, wieso nicht. Ich hatte keinen Zweifel daran, daß der Urwald „richtig“ war, auch nicht, daß, wonach immer ich suchte, am ehesten dort gesucht werden müßte. Aber die Richtigkeit und Lebensfähigkeit seines Ökosystems, der Pflanzen, Tiere, Indianer usw. fügten sich nicht, wie ich anfangs noch glaubte, automatisch zu einer Antwort und damit zu einer persönlichen Lösung für mich zusammen.

Auch dies war mir damals noch nicht klar. Ich schämte mich ein wenig meiner wachsenden Gier nach Spinat, Orangensaft und Ruhe. Ich empfand eine wildromantische Liebe und Ehrfurcht für den großen, gleichgültigen Wald, und schon während der Vorbereitungen für die Abreise erwog ich Möglichkeiten einer Rückkehr. In Wahrheit hatte ich für mich persönlich überhaupt keine Richtigkeit gefunden. Ich hatte sie nur von außen wahrgenommen, und es war mir gelungen, sie zu erkennen, aber auch das nur sehr oberflächlich. Irgendwie sah ich nicht das Offensichtliche: daß die Indianer, als Menschen wie ich und als Teilhabende an der Richtigkeit des Urwaldes, der gemeinsame Nenner waren, das Bindeglied zwischen der mich umgebenden Harmonie und meiner Sehnsucht danach.

Einige schwache Lichtblitze drangen dennoch zu meinem zivilisationsblinden Verstand durch: beispielsweise, was den Begriff von Arbeit betraf. Wir hatten unser etwas zu kleines Aluminiumkanu gegen einen viel zu großen Einbaum eingetauscht. In diesem aus einem einzigen Baumstamm geschnitzten Gefährt reisten siebzehn Indianer auf einmal mit uns. Auch mit all ihrem Gepäck zusätzlich zu unserem und bei vollzähliger Besatzung sah das Kanu noch immer recht leer aus. Es war eine entmutigende Vorstellung, wie wir es – diesmal mit nur vier oder fünf Indianern, die helfen konnten –, fast einen Kilometer über Felsgestein an einem riesigen Wasserfall vorbei transportieren sollten. Es bedeutete, daß wir Baumstämme quer über den Weg vor das Kanu legen und es zentimeterweise in der gnadenlosen Sonne voranziehen mußten, wobei wir jedesmal unvermeidlich in die Spalten zwischen den Stämmen abrutschen und uns Schienbeine, Knöchel oder worauf wir sonst immer landeten am Granit abschürfen würden, wenn das Kanu außer Kontrolle geraten und sich drehen würde. Wir hatten den Transport mit dem kleinen Kanu schon einmal bewerkstelligt; und die beiden Italiener und ich waren im Bewußtsein des vor uns Liegenden mehrere Tage in Angst vor der schweren Arbeit und den Schmerzen. An dem Tag, an dem wir die Arepuchifälle erreichten, waren wir darauf vorbereitet zu leiden und begannen, mit grimmigem Gesicht und jeden Augenblick hassend, das Ding über die Felsen zu zerren.

Die vermaledeite Pirogge war so schwer, daß sie mehrmals, wenn sie zur Seite kippte, einen von uns gegen den brennendheißen Felsen quetschte, bis die anderen sie wegziehen konnten. Schon nach einem Viertel des Weges waren alle Fußknöchel blutig. Als ich mich einmal für einen Augenblick entschuldigte, ergriff ich die Gelegenheit, auf einen hohen Felsen zu springen, um die Szene zu fotografieren. Von meinem Aussichtspunkt und aus dem momentanen Abstand beobachtete ich eine äußerst interessante Tatsache. Hier vor mir waren mehrere Männer mit ein und derselben Aufgabe beschäftigt. Zwei von ihnen, die Italiener, waren angespannt, verzogen das Gesicht und verloren bei allem die Beherrschung; sie fluchten ununterbrochen in der für Toskaner charakteristischen Art. Die übrigen, alles Indianer, unterhielten sich prächtig. Sie lachten über die Schwerfälligkeit des Kanus und machten ein Spiel aus dem Kampf, sie entspannten sich zwischen den Stößen, lachten über die eigenen Kratzer und waren besonders erheitert, wenn das Kanu beim Vorwärtsschwanken mal den einen, mal den anderen unter sich festnagelte. Der Betroffene, mit nacktem Rücken gegen den sengenden Granit gepreßt, lachte aus Freude über seine Befreiung unweigerlich am lautesten, sobald er wieder atmen konnte.

Alle verrichteten die gleiche Arbeit, alle erfuhren Mühe und Schmerz. Es gab keinen Unterschied in unseren Situationen, nur hatte uns unsere Kultur den Glauben eingepflanzt, eine derartige Kombination von Umständen stelle auf der Skala des Wohlbefindens ein unbezweifelbares Tief dar; daß uns in der Angelegenheit eine Wahl blieb, war uns gar nicht bewußt.

Die Indianer andererseits, denen ebenfalls nicht bewußt war, daß sie eine Wahl getroffen hatten, befanden sich in besonders fröhlicher Geistesverfassung und genossen das kameradschaftliche Zusammenspiel; und natürlich waren ihnen die vorangegangenen Tage nicht durch lang angestaute Beunruhigung verdorben worden. Jede Bewegung nach vorn war für sie ein kleiner Sieg. Als ich mit dem Fotografieren fertig war und mich wieder der Gruppe anschloß, gab ich freiwillig die zivilisierte Haltung auf und genoß den letzten Teil des Transportes wirklich. Sogar die Abschürfungen und blauen Flecke, die ich erlitten hatte, schrumpften mit bemerkenswerter Leichtigkeit auf das zurück, was sie tatsächlich waren: kleine Verletzungen, die bald heilen würden und weder eine unfreundliche Gefühlsreaktion wie Wut, Selbstmitleid oder Groll nötig machten, noch die Sorge, wieviel es davon wohl bis zum Ende des Schleppens noch geben würde. Im Gegenteil: ich empfand plötzlich Anerkennung für meinen ausgezeichnet konstruierten Körper, der sich ohne Anweisungen oder Entscheidungen meinerseits wieder zurechtflicken würde.

Schon bald jedoch wich mein Gefühl der Befreiung wieder der Tyrannei der Gewohnheit, dem schweren Gewicht kultureller Konditionierung, dem allein fortwährende bewußte Anstrengung entgegenwirken kann. Ich unternahm die notwendige Anstrengung nicht und kehrte daher von der Expedition auch in dieser Hinsicht ohne großen Gewinn aus meiner Entdeckung zurück.

Ein weiterer Hinweis auf die menschliche Natur und Arbeit ergab sich später.

Zwei Indianerfamilien wohnten in einer Hütte mit Aussicht auf einen herrlichen weißen Strand, eine Lagune in einem weiten Halbkreis von Felsen mit dem Caroni und den Arepuchifällen dahinter. Der eine Familienälteste hieß Pepe, der andere Cesar. Pepe erzählte mir die Geschichte.

Offenbar war Cesar in sehr jungem Alter von Venezolanern „adoptiert" worden und war mit ihnen in eine Kleinstadt gezogen. Man schickte ihn zur Schule, er lernte lesen und schreiben und wurde als Venezolaner aufgezogen. Als er erwachsen war, kam er, wie viele Männer aus jenen Städten in Guyana, zum Oberen Caroni, um sein Glück bei der Diamantensuche zu versuchen. Er arbeitete gerade mit einer Gruppe von Venezolanern, als er von Mundo, dem Häuptling der Tauripans von Guayparu, erkannt wurde.

„Bist du nicht von José Grande in sein Haus mitgenommen worden?" fragte ihn Mundo.

„Ich wurde von José Grande aufgezogen", sagte Cesar, der Geschichte nach.

„Dann bist du zu deinem eigenen Volk zurückgekehrt. Du bist ein Tauripan", sagte Mundo.

Worauf Cesar nach reiflicher Überlegung zu dem Schluß kam, es würde ihm als Indianer besser gehen, als wenn er als Venezolaner lebte; er kam also nach Arepuchi, wo Pepe wohnte.

Fünf Jahre lang lebte Cesar nun mit Pepes Familie, heiratete eine hübsche Tauripan-Frau und wurde Vater eines kleinen Mädchens. Da Cesar nicht gern arbeitete, aßen er, seine Frau und seine Tochter von dem, was in Pepes Pflanzung wuchs. Cesar war hocherfreut, daß Pepe von ihm nicht erwartete, er müsse sich einen eigenen Garten anlegen oder auch nur bei der Arbeit in dem seinen helfen. Pepe arbeitete gern, und da Cesar das nicht tat, paßte diese Regelung beiden Seiten.

Cesars Frau beteiligte sich gern mit den anderen Frauen und Mädchen zusammen am Schneiden und Zubereiten der Cassaba, aber Cesar tat nichts gern, außer den Tapir und gelegentlich anderes Wild zu jagen. Nach einigen Jahren entwickelte er eine Neigung zum Fischen und fügte seine Fänge denen von Pepe und seinen zwei Söhnen hinzu, die immer gern fischten und seine Familie damit stets ebenso großzügig versorgt hatten wie ihre eigene.

Kurz vor unserem Eintreffen dort beschloß Cesar, sich einen eigenen Garten anzulegen, und Pepe half ihm bei jeder Kleinigkeit, von der Wahl der Lage bis zum Fällen und Verbrennen der Bäume. Pepe genoß das um so mehr, als er und sein Freund die ganze Zeit schwatzten und Späße machten.

Nach fünfjähriger Rückenstärkung hatte Cesar das Gefühl, daß ihn keiner zu diesem Projekt trieb und war ebenso frei, Freude an der Arbeit zu empfinden, wie Pepe oder irgendein anderer Indianer.

Pepe erzählte uns, daß alle in Arepuchi darüber froh waren, da Cesar zunehmend unzufrieden und reizbar geworden war. „Er wollte sich gern einen eigenen Garten anlegen“ – lachte Pepe – „aber er wußte es selber nicht!“ Pepe fand es sehr komisch, daß es jemanden gab, der nicht wußte, daß er arbeiten wollte.

Mich brachten diese vereinzelten Hinweise darauf, daß wir in der Zivilisation einigen schwerwiegenden Mißverständnissen hinsichtlich der menschlichen Natur verfallen sind, damals nicht auf allgemeine Prinzipien über diesen Sachverhalt. Doch wenn ich auch noch keine Vorstellung davon entwickelt hatte, was ich denn wissen wollte, oder auch nur Klarheit darüber, daß ich überhaupt etwas suchte, so erkannte ich doch wenigstens, daß ich einen Weg gefunden hatte, dem zu folgen sich lohnte. Das genügte, mir die nächsten Jahre hindurch eine Richtung zu geben.

Die zweite Expedition, diesmal in eine Gegend sechs Wochen weit von den äußersten Grenzgebieten des spanisch sprechenden Venezuela entfernt, wurde von einem anderen Italiener geleitet, einem Professor mit der festen Meinung, Mädchen hätten in Urwäldern nichts zu suchen. Dennoch gelang es einem meiner früheren Reisepartner, mir seine widerwillig gewährte Zustimmung zu verschaffen. So konnte ich also den Weg in die Steinzeitwelt der Yequana- und Sanema-Stämme beschreiten – in eine Welt, die durch das, was man „undurchdringlichen" Regenwald nannte, vor äußeren Einflüssen bewahrt geblieben war: sie lag im Flußbecken des oberen Caura nahe der brasilianischen Grenze.

Die stark individuelle Persönlichkeit der Männer, Frauen und Kinder war hier sogar noch offensichtlicher, war es doch hier noch nie notwendig gewesen, als Abwehr gegen Fremde einen leeren Gesichtsausdruck zu kultivieren, wie es die Tauripans taten; aber in diesem völlig fremden Land übersah ich, daß der unwirkliche Eindruck seiner Bewohner darauf zurückzuführen war, daß es bei ihnen „Unglücklichsein" nicht gab, ein bedeutender Faktor in jeder mir bekannten Gesellschaft. Auf verschwommene Weise ist es mir wohl so vorgekommen, als führe irgendwo hinter den Bäumen, knapp außer Sichtweite, der Geist Cecil B. De Milles Regie – in klassischem, eindimensionalem Hollywood-Stil mit allen Klischees über „Wilde". Unsere „Regeln" über menschliches Verhalten waren auf sie nicht anwendbar.

Drei Wochen lang lebte ich allein unter den Yequana; meine Reisegefährten waren in dieser Zeit, wie sie berichteten, von einer großen Gruppe Pygmäen, denen sie nicht ausweichen konnten, aufgehalten und wie Haustiere gehalten worden. In dieser kurzen Zeit verlernte ich mehr von den mir anerzogenen Grundsätzen als auf der gesamten ersten Expedition. Und ich fing an, den Wert des Verlernungsprozesses zu erkennen. Mehrere weitere Beiträge zu einer alternativen Ansicht über das Thema Arbeit drangen durch die abschirmenden Schichten meiner Vorurteile.

Einer war das offensichtliche Fehlen eines Wortes für „Arbeit" im Wortschatz der Yequana. Sie verfügten über das Wort

‚tarabaho' für Geschäfte mit Nichtindianern, welche sie aber, abgesehen von uns, fast nur vom Hörensagen her kannten. Es handelte sich hier um eine geringfügig falsche Aussprache des spanischen Wortes ‚trabajo'; es bezog sich recht genau auf das, was die Conquistadores und deren Nachfolger darunter verstanden. Mir fiel auf, daß es von allen Wörtern, die ich von ihnen lernte, die einzige Ableitung aus dem Spanischen war. Es schien bei den Yequana keinen Begriff von Arbeit zu geben, welcher dem unseren ähnlich war. Es gab Worte für jede Tätigkeit, die darin enthalten sein könnte, aber keinen Gattungsbegriff.

Da sie zwischen Arbeit und anderen Arten, die Zeit zu verbringen, nicht unterschieden, war es kein Wunder, daß sie sich in Bezug auf das Wasserholen so irrational (wie ich damals urteilte) verhielten. Mehrmals täglich verließen die Frauen ihre Feuerstelle und gingen jedesmal mit zwei oder drei kleinen Kürbisflaschen eine Wegstrecke den Berg hinunter, balancierten einen halsbrecherischen Hang hinab, der bei Nässe äußerst glitschig war, füllten die Kürbisse in einem Bächlein und kletterten nach oben zum Dorf zurück. Der ganze Vorgang nahm etwa zwanzig Minuten in Anspruch. Viele von ihnen trugen außer den Kürbisflaschen noch Babies.

Als ich das erstemal mit hinunterging, fiel mir auf, wie unbequem es doch war, nach einem ständig benötigten Gebrauchsartikel so weit zu laufen. Es war unbegreiflich, wieso sie sich nicht eine Dorflage mit leichterem Zugang zum Wasser aussuchten. Auf der letzten Strecke des Weges, am Flußufer, war ich verkrampft vor Angst, weil ich auf jeden Schritt achten mußte, um nicht hinzufallen. Die Yequana verfügen freilich über einen hervorragenden Gleichgewichtssinn und kennen, wie die nordamerikanischen Indianer, kein Schwindelgefühl; doch tatsächlich fielen weder sie noch ich je hin; und mir allein mißfiel es, auf meine Schritte achtgeben zu müssen. Ihre Schritte waren ebenso vorsichtig, doch sie verzogen nicht wie ich das Gesicht über die „Mühsal" des Aufpassens. Sie fuhren fort zu schwatzen und leise ihre Späße zu machen, auf ebenem oder abschüssigem Boden; denn gewöhnlich gingen sie in Gruppen von zwei, drei oder mehr, und wie immer herrschte Festtagsstimmung.

Einmal am Tag legte jede Frau ihre Kürbisflaschen und ihre Kleidung (einen kleinen schürzenähnlichen Lendenschurz sowie die an Fußgelenken, Knien, Handgelenken, Oberarmen, Hals und Ohren getragenen Ketten) ans Ufer und badete sich und ihr Baby. Wie viele Frauen und Kinder auch immer daran teilnahmen – das Bad erweckte den Eindruck von römischem Luxus. Jede Bewegung verriet sinnliche Freude, und die Babies wurden wie so wunderbare Schätze gehandhabt, daß ihre Besitzerinnen sich genötigt fühlten, mit vorgetäuschter Bescheidenheit im Gesicht ihre Freude und ihren Stolz zu verbergen. Der Gang den Berg hinab verlief in demselben Stil des Nur-ans-Beste-gewöhnt-Seins, beinahe selbstgefällig, und ihre letzten gefahrvollen Schritte in den Fluß hinein hätten einer Miss World Ehre gemacht, die gerade vortritt, um ihre Krone zu empfangen. Dies traf auf alle Yequanafrauen und Mädchen zu, die ich sah, obgleich wegen ihrer unterschiedlichen Persönlichkeiten der jeweilige Ausdruck ihres Wohlbehagens gänzlich verschieden war.

Nach einiger Überlegung fiel es mir schwer, mir eine „bessere“ Art vorzustellen, wie die Zeit des Wasserholens genutzt werden könnte, jedenfalls im Hinblick auf das Wohlbehagen. Andererseits, wenn man den Fortschritt oder seine Handlanger Schnelligkeit, Leistung und Neuartigkeit als Maß nahm, waren die Gänge zum Wasser ausgesprochen schwachsinnig. Doch hatte ich den Erfindungsreichtum des betreffenden Volkes zur Genüge erfahren, um nicht zu bezweifeln, daß sie einige Bambusröhren oder einen Seilzug zur Überwindung des glitschigen Teils zusammengesetzt oder mir eine Hütte am Fluß gebaut hätten, hätte ich sie nur gebeten, etwas zu erfinden, um mir den Weg zum Wasserholen zu ersparen. Ihnen selbst fehlte der Antrieb zum Fortschritt, empfanden sie doch weder ein Bedürfnis, noch einen Druck aus irgendeiner Richtung, ihre Lebensweise zu ändern.

Daß ich es als Bürde empfand, von meiner vollkommen ausreichenden Koordination Gebrauch machen zu müssen, oder mich, einem unreflektierten Grundsatz folgend, über den Zeitaufwand für die Erfüllung eines Bedürfnisses ärgerte, war eine willkürliche Wertzuordnung, die ihre Kultur nicht teilte.

Eine weitere die Arbeit betreffende Einsicht ergab sich mehr als eine Erfahrung denn eine Beobachtung. Anchu, der Häuptling des Yequana-Dorfes, machte es sich zur Gewohnheit, mich, wann immer er die Gelegenheit fand, zu glücklicherem Verhalten anzuleiten. Ich hatte soeben einen Glasschmuck gegen sieben Zuckerrohre eingetauscht und war auch dabei, eine Lektion über die Handelsmethoden eines Volkes in mich aufzunehmen, dem gute Beziehungen untereinander wichtiger sind als ihre Geschäfte; darüber werde ich später noch etwas sagen. Anchus Frau machte sich schon auf den Weg zurück zu ihrer Hütte an einem einsamen Ort in der Nähe; Anchu sowie ein Sanema, der offenbar sein Hausdiener war, und ich sollten über zwei Berge zu dem auf einem dritten Berg gelegenen Dorf zurückkehren. Die sieben Rohre lagen auf dem Boden, wo Anchus Frau sie liegengelassen hatte. Anchu wies den Sanema an, drei zu nehmen und nahm selber weitere drei auf die Schulter; einen ließ er auf dem Boden liegen. Ich erwartete, die Männer würden sie alle tragen, und als Anchu auf das letzte Rohr wies und sagte: „Amaadeh" – Du –, empfand ich einen Anflug von Ärger bei dem Gedanken, daß man mir befahl, etwas den steilen Weg zurückzutragen, wo es doch zwei starke Männer gab, die das tun konnten. Doch fiel mir gerade rechtzeitig ein, daß Anchu sich früher oder später immer als derjenige erwies, der beinahe alles am besten wußte.

Ich nahm das Rohr auf die Schulter, und da Anchu wartete, daß ich voranginge, begann ich den ersten Aufstieg. Die Last der Angst vor dem langen Rückmarsch, die sich auf dem Hinweg angestaut und beim Mittagessen in Anchus Haus und dann im Zuckerrohrgarten noch verstärkt hatte, war nun noch durch die neue Tatsache vermehrt worden, daß ich zusätzlich ein schweres Zuckerrohr tragen sollte. Die ersten paar Schritte waren erschwert durch das Gewicht der Erinnerung an die Mühsal, die mir Urwalddurchquerungen immer bereiteten, besonders bergauf und wenn ich irgendetwas zu tragen hatte, das mir die Hände nicht freiließ.

Ganz plötzlich jedoch fiel all dieses zusätzliche Gewicht von mir ab. Anchu gab nicht das geringste Anzeichen, daß ich schneller gehen solle, daß mein Ansehen leiden würde, wenn ich eine bequeme Gangart beibehielt, daß man mich aufgrund meiner Leistung beurteilte, oder daß die Zeit unterwegs in irgendeiner Hinsicht weniger erfreulich sei als die Zeit nach der Ankunft.

Eile hatte auf ähnlichen Unternehmungen mit meinen weißen Reisegefährten stets eine Rolle gespielt, desgleichen die ängstliche Bestrebung, mit den Männern Schritt zu halten, um die Ehre des „schwachen Geschlechts" zu verteidigen, sowie die nie in Frage gestellte Annahme, es handele sich um eine unerfreuliche Angelegenheit, weil sie körperliches Durchhaltevermögen und innere Entschlossenheit auf die Probe stellte. Diesmal beseitigte das ganz anders geartete Verhalten von Anchu und dem Sanema diese Elemente: ich war einfach jemand, der mit einem Zuckerrohr auf der Schulter durch den Urwald lief. Jedes Gefühl von Wettbewerb war verschwunden, und die physische Anstrengung verwandelte sich von einer meinem Körper auferlegten Bürde zu einem befriedigenden Beweis seiner Kraft; meine zähneknirschende Märtyrer-Entschlossenheit war nicht mehr angebracht.

Dann kam zu meiner Freiheit noch eine ganz neue Freude: mir war plötzlich bewußt, daß ich nicht nur ein Zuckerrohr trug, sondern ein Stück von einer Last, in die drei Gefährten sich teilten. Ich hatte von „Gemeinschaftsgeist" reden hören, bis der Begriff nichts mehr beinhaltete als Heuchelei in der Schule und im Sommerzeltlager. Die eigene Stellung war immer gefährdet gewesen. Man fühlte sich ständig bedroht, beobachtet, beurteilt. Das einfache Vorhaben, in Partnerschaft mit einem Gefährten eine Aufgabe zu erfüllen, war in einem Gewirr von Wettbewerbsgeist verlorengegangen; das Urgefühl der

Freude darüber, seine Kräfte mit denen anderer zu vereinen, konnte nie auch nur aufkommen.

Unterwegs erstaunte mich die Geschwindigkeit und Leichtigkeit, mit der ich ging. Normalerweise hätte ich mich, in Schweiß gebadet und mich zum äußersten antreibend, nicht schneller bewegt. Vielleicht eröffnete sich mir eine Ahnung von dem Geheimnis der Indianer, wie sie es fertigbrachten, trotz ihrer im allgemeinen geringeren Muskelkraft unsere wohlgenährten Muskelmänner zu schlagen. Sie gingen sparsam mit ihren Kräften um, indem sie sie nur zur Erfüllung der jeweiligen Aufgabe einsetzten und nicht an damit verknüpfte Spannungen verschwendeten.

Ich erinnerte mich an mein Erstaunen über die Tauripans auf der ersten Expedition. Als sie einmal, jeder mit einer Last von etwa fünfunddreißig Kilo auf dem Rücken, vorsichtig eine „Brücke" überquerten, die aus einem einzigen schmalen, quer über den Fluß gefällten Baumstamm bestand, fiel tatsächlich einem von ihnen ein Witz ein, und er machte mitten auf dem Baumstamm halt, drehte sich um, erzählte ihn den sich hinter ihm stauenden Männern und ging dann weiter, während er und seine Freunde alle auf ihre charakteristisch melodische Art lachten. Es kam mir überhaupt nicht in den Sinn, daß ihnen die Umstände nicht genauso zu schaffen machten wie uns; daher machte ihre Fröhlichkeit einen merkwürdigen, fast verrückten Eindruck auf mich. (Tatsächlich ähnelte es ihrer Gewohnheit, mitten in der Nacht, wenn alle schliefen, einen Witz zu erzählen. Obwohl einige laut schnarchten, wachten alle sofort auf, lachten und schliefen innerhalb von Sekunden wieder ein, mit Schnarchen und allem. Für sie war Wachsein nicht unangenehmer als Schlafen, und so wachten sie völlig munter auf – beispielsweise erwachten einmal alle Indianer gleichzeitig, weil sie ein Rudel wilder Eber in der Ferne hörten, obwohl sie geschlafen hatten; wohingegen ich, wach und den Geräuschen des umgebenden Urwalds lauschend, gar nichts bemerkt hatte.) Wie die meisten Reisenden hatte ich ihr mir fremdes Verhalten beobachtet, ohne es zu verstehen, und nie versucht, die Kluft zwischen ihrem Ausdruck des Menschseins und dem unsrigen zu überbrücken.

Auf dieser zweiten Expedition jedoch gewann ich Geschmack an den neuen Ideen, die mir kamen, wenn ich feststehende Thesen in Frage stellte, wie zum Beispiel „Der Fortschritt ist gut“, „Der Mensch muß Gesetze machen, nach denen er leben kann“, „Ein Kind gehört zu seinen Eltern“, „Muße ist angenehmer als Arbeit“.

Die vierte und fünfte Expedition, diesmal unter meiner eigenen Leitung, die eine von vier-, die andere von neunmonatiger Dauer, führten mich wieder in dieselbe Gegend; und die Entwicklung setzte sich fort. Meinen Tagebüchern ist zu entnehmen, daß die Technik des Verlernens mir nach und nach zur zweiten Natur wurde. Dennoch: Was die übergreifenden, fraglos hingenommenen Grundaussagen betraf, auf denen meine eigene Kultur ihre Ansicht über das Menschsein gründete – etwa: daß Unglücklichsein ein ebenso legitimer Bestandteil von Erfahrung sei wie Glücklichsein und zur Würdigung des Glücks unabdingbar, oder: daß mit der Jugend mehr Vorteile einhergingen als mit dem Alter – diese Denkmuster zur Überprüfung aufzubrechen, brauchte ich noch sehr lange.

Am Ende der vierten Reise kehrte ich nach New York zurück. Mein Kopf war voll von all dem, was ich gesehen hatte, und mein Standpunkt war so bar von Voraussetzungen, daß die Wirkung war, als käme ich nach langem Umherirren bei Null an. Ich hielt meine Beobachtungen getrennt wie Einzelteile eines Puzzlespiels, mich hütend, irgendetwas zusammenzufügen, war ich doch mittlerweile gewohnt, alles zu zerlegen, was verdächtig nach einem Bündel von Verhaltensmustern aussah, die sich als Prinzipien des Menschseins ausgaben.

Erst als ein Verleger mich bat, etwas Ausführlicheres über eine Behauptung von mir zu schreiben, die in der ‚New York Times‘[1] zitiert worden war, begann ich, den Vorgang des Nie-

[1] „Ich würde mich schämen, den Indianern gegenüber zuzugeben, daß dort, wo ich herkomme, die Frauen sich nicht imstande fühlen, ihre

derreißens umzukehren. Stück für Stück nahm ich nun allmählich die Ordnung wahr, die nicht nur meinen Beobachtungen in Südamerika zugrundelag, sondern auch den nackten Bruchstücken, in die ich meine Erfahrung vom Leben in der Zivilisation zerlegt hatte.

Noch war ich zu jenem Zeitpunkt ohne Theorie; doch während ich ohne Scheuklappen um mich blickte, nahm ich erstmalig einige der Verbiegungen in den Personen meiner Umgebung wahr und begann auch einige der Kräfte zu verstehen, die die Verbiegungen bewirkten. Nach etwa einem Jahr erkannte ich ferner die entwicklungsgeschichtlichen Ursprünge menschlicher Erwartungen und Neigungen, und dadurch wurde mir allmählich der hohe Grad des Lebensgenusses meiner wilden Freunde im Vergleich zu dem der Zivilisierten klar.

Ehe ich diese Gedanken jedoch in einem Buch behandeln wollte, hielt ich eine fünfte Expedition für angebracht, von der ich vor einiger Zeit zurückgekehrt bin. Ich wollte mir die Yequana noch einmal ansehen, diesmal auf dem Hintergrund meiner neugeformten Ansichten, um herauszufinden, ob sich meine erst nachträglich zu einer Beweisführung zusammengefügten Beobachtungen durch bewußtes Studium in nützlicher Weise vermehren ließen.

Der Landeplatz, den wir auf unserer zweiten Expedition geschaffen und auf der dritten und vierten benutzt hatten, war zum Platz für ein Missionshaus und eine Wetterstation geworden, die beide verlassen waren. Die Yequana waren – obwohl einige von ihnen Hemden und Hosen erworben hatten – auf beruhigende Weise unverändert, und die benachbarten Sanema hielten ebenso an ihrer überlieferten und bewährten Lebensweise fest, obwohl sie durch Krankheit dem Aussterben nahe waren.

Beide Stämme waren gewillt, für Geschenke von außerhalb zu arbeiten oder Waren einzutauschen, nicht aber, dafür irgend-

Kinder großzuziehen, bevor sie nicht ein Buch mit den von einem fremden Mann geschriebenen Anleitungen dazu gelesen haben."

einen Teil ihrer Anschauungen, Traditionen oder ihrer Lebensweise herzugeben. Einige Gewehre und ein paar Taschenlampen erweckten in ihren Besitzern ein begrenztes Verlangen nach Schießpulver, Schrot, Zündhütchen oder Batterien; aber es war nicht stark genug, sie zu irgendeiner Arbeit, die ihnen keine Freude machte, bzw. zur Fortsetzung einer ihnen langweilig gewordenen Tätigkeit zu veranlassen.

Einige Einzelheiten, die sich zufälliger Beobachtung entzogen hatten, wie z. B., ob Kinder beim elterlichen Geschlechtsverkehr anwesend sind oder nicht, konnten durch Befragen geklärt werden, desgleichen solche, die für jene Art Kultur, welche ihrem Wesen so gut entspricht, bedeutsam waren – wie etwa ihre Vorstellungen vom Kosmos, ihre Mythologie, schamanische Verrichtungen etc.

Hauptsächlich jedoch diente Expedition Fünf dazu, mich zu versichern, daß meine aus der Erinnerung rekonstruierte Interpretation ihres Verhaltens der Wirklichkeit entsprach. In der Tat wurden die einstmals unerklärlichen Handlungen der Indianer beider Stämme im Lichte der Kontinuum-Prinzipien nicht nur verständlich, sondern häufig voraussagbar.

Bei der Suche nach Ausnahmen, die mir Brüche in meiner Argumentation aufzeigen könnten, stellte ich fest, daß sie immer wieder „die Regel bestätigten"; so etwa im Falle eines Säuglings, der am Daumen lutschte, den Körper versteifte und wie ein zivilisiertes Baby schrie; er stellte für mich kein Rätsel dar, da er kurz nach der Geburt von dem Missionar in ein Krankenhaus in Caracas gebracht und dort acht Monate gepflegt worden war, bis seine Krankheit ausgeheilt war und er zu seiner Familie zurückgebracht werden konnte.

Dr. Robert Coles, der Kinderpsychiater und Schriftsteller, den eine amerikanische Stiftung mit der Begutachtung meiner Anschauungen beauftragt hatte, sagte mir, man habe ihn „als Spezialisten auf diesem Fachgebiet" herangezogen, doch leider sei „dieses Fachgebiet noch nicht existent", und weder er noch sonst jemand könne als Autorität darin gelten. Der Begriff des „Kontinuum" muß daher an seinen eigenen Maßstäben gemessen werden, indem er jene halbverschütteten Gefühle und Fähigkeiten in jedem Einzelnen anspricht – oder auch nicht –, die ich damit beschreiben und wieder in ihr Recht einsetzen möchte.

2. Der Begriff „Kontinuum“

Etwa zwei Millionen Jahre hindurch war der Mensch – obwohl die gleiche Art Tier wie wir es sind – ein Erfolg. Er war vom Affendasein zum Menschsein evolviert als Sammler-Jäger mit einem wohl angepaßten Lebensstil, der ihm, wäre er beibehalten worden, sicher noch viele Millionenjubiläen beschert hätte. So wie es heute steht, sind sich jedoch die meisten Ökologen einig, daß seine Chancen, auch nur noch ein Jahrhundert zu überleben, mit den Ereignissen eines jeden Tages immer geringer werden.

In den wenigen kurzen Jahrtausenden jedoch, seit er von der Lebensweise abgewichen ist, an die ihn die Evolution angepaßt hatte, hat er nicht nur die natürliche Ordnung des gesamten Planeten verwüstet, sondern er hat es auch fertiggebracht, das hochentwickelte sichere Gespür in Mißkredit zu bringen, das sein Verhalten endlose Zeiten hindurch leitete. Viel davon wurde erst kürzlich untergraben, als die letzten Schlupfwinkel unserer instinktiven Fähigkeiten ausgehoben und dem verständnislosen Blick der Wissenschaft preisgegeben wurden. Immer häufiger wird unser angeborenes Gefühl dafür, was am besten für uns ist, durch Mißtrauen abgeblockt, während der Intellekt, der nie viel über unsere wahren Bedürfnisse wußte, beschließt, was zu tun sei.

Es steht z. B. nicht dem Verstand zu, darüber zu entscheiden, wie man ein Baby behandeln muß. Lange ehe wir einen Entwicklungsstand erreichten, der dem des *homo sapiens* ähnelte, verfügten wir über hervorragend genaue Instinkte, die über jede Einzelheit der Kinderaufzucht Bescheid wußten. Aber wir haben alle miteinander dieses altbewährte Wissen so vollständig verwirrt, daß wir heute Forscher ganztags damit beschäftigen, herauszuklügeln, wie wir uns zu unseren Kindern, zueinander und zu uns selbst verhalten sollten. Zwar ist es kein Geheimnis, daß die Experten nicht „entdeckt“ haben, wie wir ein befriedigendes Leben führen können; doch je mehr sie versagen, desto mehr bemühen sie sich, die Probleme ausschließlich mit Hilfe des Verstandes anzugehen, und all das, was sich vom Verstand nicht begreifen oder kontrollieren läßt, nicht gelten zu lassen.

Unsere vernunftmäßige Ausrichtung hat uns jetzt ziemlich ans Ende gebracht; unser natürliches Gespür dessen, was gut für uns ist, ist bis zu dem Punkt untergraben, an dem wir uns seines Wirkens kaum noch bewußt sind und einen ursprünglichen Impuls von einem verzerrten kaum noch unterscheiden können.

Ich halte es jedoch für möglich, von dem Ausgangspunkt, an dem wir stehen, verirrt und behindert, noch immer einen Weg zurückzufinden. Zumindest könnten wir die Richtung feststellen, in der unser bestes Interesse liegt, und von jenen Bestrebungen Abstand nehmen, die uns aller Wahrscheinlichkeit nach noch weiter vom Wege abführen werden. Der bewußte Teil der Psyche sollte wie ein guter „technischer Berater“ in einem von anderen geführten Krieg bestrebt sein, sich selbst zurückzuziehen, wenn er den Irrtum seines Vorgehens erkennt, anstatt immer tiefer in fremdes Hoheitsgebiet einzudringen. Es gibt natürlich viele Aufgaben für unsere Fähigkeit vernunftmäßig zu denken, ohne daß diese diejenige Arbeit an sich reißen muß, für welche Jahrmillionen hindurch die unendlich feineren und kenntnisreicheren Seelenbereiche, die wir Instinkt nennen, zuständig waren. Wären auch sie bewußt, sie würden uns den Kopf in Sekundenschnelle überfluten und entmachten, und sei es allein aus dem Grund, daß das Bewußtsein seinem Wesen nach nur immer eines nach dem anderen betrachten kann, während das Unbewußte unzählig viele Beobachtungen, Berechnungen, Synthesen und Ausführungen gleichzeitig und richtig zu bewerkstelligen vermag.

„Richtig“ ist in diesem Zusammenhang ein schillerndes Wort. Es scheint anzudeuten, daß wir alle uns über die erwünschten Ergebnisse unseres Handelns einig sind, während sich in Wahrheit unsere intellektuellen Vorstellungen über das, was wir wollen, von Mensch zu Mensch unterscheiden. *Hier bedeutet „richtig" das, was dem altüberlieferten Kontinuum unserer Gattung entspricht, insofern es den Neigungen und Erwartungen angemessen ist, mit denen wir uns entwickelt haben.* Erwartung in diesem Sinne ist so tief im Menschen verwurzelt wie seine Struktur selbst. Seine Lungen haben nicht nur, sondern man kann sagen sie *sind* die Erwartung von Luft; seine Augen sind die Erwartung von Lichtstrahlen jener spezifischen Wellenbereiche, welche das, was für ihn nützlich zu sehen ist, zu den Zeiten aussendet, zu denen Sehen seiner Gattung angemessen ist. Seine Ohren sind die Erwartung von Schwingungen, hervorgerufen durch die Ereignisse, die ihn wahrscheinlich am ehesten betreffen, einschließlich der Stimmen anderer Menschen; und seine eigene Stimme ist die Erwartung von Ohren, die bei den anderen ähnlich wie die seinigen funktionieren. Die Liste kann bis ins Unendliche erweitert werden: wasserdichte Haut und Haare, Erwartung von Regen; Haare in der Nase, Erwartung von Staub; Pigmentierung der Haut, Erwartung von Sonne; Schweißabsonderungsmechanismus, Erwartung von Hitze; Gerinnungsmechanismus, Erwartung von Verletzungen an der Körperoberfläche; das eine Geschlecht, Erwartung des anderen; Reflexmechanismus, Erwartung der Notwendigkeit schnellen Reagierens in Notfällen.

Woher nun wissen die Kräfte, aus denen ein Mensch besteht, im voraus, was ein Mensch benötigen wird? Das Geheimnis ist die Erfahrung. Die Erfahrungskette, die einen Menschen auf sein Erdenleben vorbereitet, beginnt mit den Abenteuern der ersten einzelligen Einheit lebender Substanz. Was immer ihr widerfuhr hinsichtlich Temperatur, Zusammensetzung ihrer Umwelt, verfügbarer Nahrung als Brennstoff für ihre Tätigkeiten, Wetterwechsel und Kontakt mit anderen Gegenständen oder Mitgliedern ihrer eigenen Gattung, wurde ihren Nachkommen weitervermittelt. Auf der Grundlage dieser Daten – die auf eine Weise übermittelt wurden, welche der Wissenschaft noch immer weitgehend ein Rätsel ist – vollzogen sich die sehr,

sehr allmählichen Veränderungen, die, nach dem Verstreichen unvorstellbarer Zeitabläufe, eine Vielfalt von Formen hervorbrachten, die durch unterschiedliche Formen der Bewältigung ihrer Lebensumstände überleben und sich reproduzieren konnten.

Wie immer, wenn ein System sich auffächert und zunehmend komplexer wird, einer größeren Vielfalt von Umständen immer genauer angepaßt, war das Ergebnis größere Stabilität. Das Leben selbst war nun weniger vom Aussterben aufgrund natürlicher Katastrophen bedroht. Selbst wenn eine ganze Lebensform ausgelöscht wurde, gab es dann noch immer viele andere, die fortbestehen und sich weiterhin komplizieren, verzweigen, anpassen, stabilisieren würden. (Es ist eine einigermaßen sichere Vermutung, daß ziemlich viele „erste" Formen ausgelöscht wurden, ehe eine überlebte, vielleicht Millionen Jahre nach der letzten, und sich rechtzeitig diversifizierte, ehe irgendein unverträgliches Elementarereignis sie auslöschen konnte.)

Das Stabilisierungsprinzip wirkte dabei in jeder Form und in jedem Teil einer jeden Form weiter; seine Daten entnahm es seinem Erfahrungserbe, seinen Kontakten jeder Art, und stattete dabei seine Nachkommenschaft auf immer komplexere Weise dazu aus, mit solchen Erfahrungen noch wirksamer umzugehen. *Die Struktur eines jeden Einzelwesens stellte daher eine Spiegelung seiner erwarteten Erfahrung dar.* Welche Erfahrung es aushielt, bestimmte sich durch die Umstände, an die seine Vorfahren sich angepaßt hatten.

Hatten sich die Geschöpfe während der Evolution in einem Klima entwickelt, dessen Temperatur 50° Celsius nie länger als ein paar Stunden überschritt, noch unter 7° absank, so war auch die bestehende Form dazu imstande; doch ebensowenig wie ihre Vorfahren konnte sie ihr Wohlbefinden aufrechterhalten, wenn sie extrem lange an den Grenzen ihres Toleranzbereiches zu verweilen gezwungen war. Die Notreserven erschöpften sich dann, und wenn Erleichterung nicht eintrat, folgte der Tod, für Einzelwesen oder Gattung. *Um zu wissen, was für irgendeine Gattung richtig ist, müssen wir die dieser Gattung eigenen Erwartungen kennen.*

Wieviel nun wissen wir über die dem Menschen angeborenen Erwartungen? Wir wissen recht gut, was er bekommt, und man sagt uns oft, was er will oder dem herrschenden Wertsystem zufolge wollen sollte. Ironischerweise ist uns jedoch gerade das, was seine Entwicklungsgeschichte ihn als letztes Exemplar in seiner uralten Erbfolge zu erwarten gelehrt hat, eines der dunkleren Geheimnisse. Der Intellekt hat die Entscheidung darüber, was am besten sei, an sich gerissen und beharrt auf absoluter Vorherrschaft für seine jeweiligen Vorlieben und Spekulationen. Folglich ist das, was einstmals des Menschen zuversichtliche Erwartung einer angemessenen Behandlung und Umgebung war, inzwischen so enttäuscht, daß mancher sich oft schon glücklich schätzt, wenn er einmal nicht obdachlos ist oder unter Schmerzen leidet. Doch selbst dann, wenn er sagt „Mir geht's gut", steckt in ihm ein Gefühl von Verlust, ein Sehnen nach etwas, das er nicht benennen kann, ein Gefühl, aus seiner Mitte geworfen zu sein, etwas zu entbehren. Wenn man ihn direkt danach fragt, wird er es selten leugnen.

Um also die genaue Beschaffenheit seiner durch die Evolution bestimmten Erwartungen herauszufinden, hat es keinen Sinn, sich das neueste Modell, das zivilisierte Exemplar, anzusehen.

Andere Gattungen zu betrachten kann hilfreich sein, aber es kann ebensogut in die Irre führen. Dort, wo die Entwicklungsebenen einander entsprechen, können Vergleiche mit anderen Tieren wohl Gültigkeit haben – etwa im Falle von älteren und tieferen, fundamentalen Bedürfnissen, die es schon vor unserer Menschenform gab, wie dem nach Luft zum Atmen, das vor Hunderten von Jahrmillionen entstand und von vielen unserer Mitlebewesen geteilt wird. Jedoch ist es offensichtlich nützlicher, menschliche Objekte zu studieren, die das Kontinuum von angemessener Verhaltensweise und Umwelt nicht verlassen haben. Auch wenn es uns gelingt, einige unserer Erwartungen zu identifizieren, die weniger evident sind als Luft zum Atmen, werden doch immer eine Unmenge subtilerer Erwartungen zu bestimmen übrigbleiben, ehe wir auch nur daran denken können, einen Computer zuhilfe zu nehmen, um einen Bruchteil unseres instinktiven Wissens darüber zu erfassen. Aus diesem Grunde ist es unbedingt notwendig, fortwährend nach Gelegenheiten Ausschau zu halten, wie wir unsere *angeborene* Fähigkeit, das uns Angemessene zu wählen, wieder einsetzen können. Der schwerfällige Intellekt, mit dem wir ihr jetzt auf die Spur zu kommen versuchen müssen, kann sich dann mit Aufgaben befassen, für die er besser geeignet ist.

Die Erwartungen, mit denen wir dem Leben entgegentreten, sind unentwirrbar verwoben mit gewissen Bestrebungen (z. B. zu saugen, Verletzungen zu vermeiden, zu krabbeln, zu kriechen, nachzuahmen). Indem das, was wir an Behandlung und Lebensumständen erwarten, verfügbar wird, wirken bestimmte Abfolgen solcher Bestrebungen in uns zusammen, wiederum in der durch die Erfahrung unserer Vorfahren vorbereiteten Weise. Trifft das Erwartete nicht ein, so bemühen sich korrigierende oder ausgleichende Bestrebungen um Wiederherstellung der Stabilität.

Das menschliche Kontinuum kann auch definiert werden als die Erfahrungsfolge, welche vereinbar ist mit den Erwartungen und Bestrebungen der Gattung Mensch in einer Umgebung, die mit derjenigen, in der jene Erwartungen und Bestrebungen sich ausprägten, übereinstimmt. Es schließt angemessenes Verhalten anderer und entsprechende Behandlung durch sie als Teil jener Umgebung ein.

Das Kontinuum eines Einzelwesens ist vollständig; es bildet jedoch einen Teil des Kontinuums seiner Familie, welches wiederum Bestandteil der Kontinua seines Clans, seiner Gemeinschaft und seiner Gattung ist; ebenso ist das Kontinuum der Gattung Mensch Bestandteil des Kontinuums allen Lebens. Jedes Kontinuum hat seine eigenen Erwartungen und Neigungen, die auf die langwährende, formgebende Vorgeschichte zurückzuführen sind. Selbst das Kontinuum, das alles Leben einschließt, erwartet aus der Erfahrung das Vorkommen bestimmter angemessener Faktoren in der unorganischen Umgebung.

In jeder Lebensform ist die Bestrebung, sich zu entwickeln, nicht zufällig, sondern dient den eigenen Interessen. Ihr Ziel ist größere Stabilität – d. h. größere Vielfalt, Komplexität und daher Angepaßtheit.

Das ist ganz und gar nicht das, was wir „Fortschritt" nennen. In der Tat spielt *der Widerstand* gegen Veränderung, der keineswegs im Konflikt mit der Tendenz zur Evolution steht, sogar eine unentbehrliche Rolle bei der Erhaltung der Stabilität eines jeden Systems.

Darüber, was unseren eigenen angeborenen Widerstand gegen Veränderung vor etlichen Jahrtausenden unterbrochen haben mag, können wir allenfalls Spekulationen anstellen. Wichtig ist jedoch, die Bedeutsamkeit von Evolution gegenüber (nicht-entwickelter) Veränderung zu verstehen. Beide verfolgen diametral entgegengesetzte Ziele; denn das, was die Evolution an Vielfalt hervorbringt, die immer genauer an unsere Erfordernisse angepaßt ist, zerstört die Veränderung durch das Ins-Spiel-Bringen von Verhaltensweisen oder Umständen, welche nicht die ganze Skala der unseren Interessen am besten dienenden Faktoren in Betracht ziehen. Veränderung vermag lediglich einen Teil wohlintegrierten Verhaltens durch einen anderen zu ersetzen, der dies nicht ist. Sie ersetzt das Komplexe und Angepaßte durch das Einfachere und weniger Angepaßte. Folglich übt die Veränderung einen Druck aus auf das Gleichgewicht all der eng miteinander verwobenen Faktoren innerhalb und außerhalb des Systems.

Die Evolution schafft somit Stabilität, die Veränderung bringt Verletzlichkeit hervor.

Auch soziale Gebilde folgen diesen Regeln. Eine evolvierte Kultur, eine Lebensform, die einer Gruppe von Menschen ihre sozialen Erwartungen erfüllt, kann eine jede von einer endlosen Vielfalt möglicher Strukturen sein. Die oberflächlichen Eigenschaften dieser Strukturen sind die veränderlichsten, ihre Grundsätze die am wenigsten veränderlichen, und in bestimmten Grundzügen sind sie unweigerlich identisch. Sie widerstreben der Veränderung, da sie sich wie jedes stabile System in der Natur über eine lange Zeitspanne hinweg herausgebildet haben. Daraus folgt wohl auch, daß die Struktur an der Oberfläche (bezüglich Verhaltensweisen im einzelnen, Ritualen, Erfordernis von Konformität) um so weniger streng zu sein braucht, je weniger der Verstand dem Instinkt bei der Ausbildung von Verhaltensmustern in die Quere gekommen ist; desto unveränderlicher aber muß sie im Kern sein (in der Einstellung zum Selbst oder gegenüber den Rechten anderer; in der Empfänglichkeit für Instinktsignale, die Überleben, Gesundheit, Freude begünstigen; im Gleichgewicht der Tätigkeiten, Impuls zur Erhaltung der Gattung, Sparsamkeit in der Nutzung von Pflanzen und Tieren der Umwelt usw.). Mit einem Wort, je mehr eine Kultur sich auf den Intellekt verläßt, desto mehr Einschränkungen für den Einzelnen werden für ihren Fortbestand erforderlich.

Es gibt keinen wesentlichen Unterschied zwischen rein instinktivem Verhalten, mit all seinen Erwartungen und Bestrebungen, und unserer gleichermaßen instinktiven Erwartung einer angemessenen Kultur, die es uns erlaubt, unsere Neigungen zu entwickeln und unsere Erwartungen zu erfüllen: einmal nach richtiger Behandlung in der Kindheit, und dann allmählich nach einer (flexibleren) *Art* von Behandlung und von Umständen, sowie einer Abfolge von Anforderungen, an welche uns anzupassen wir bereit, willig und fähig sind.

Die Rolle der Kultur im Leben des Menschen ist genauso gesetzmäßig wie die der Sprache. Beide beginnen mit der Erwartung und Bestrebung, ihren Inhalt in der Umwelt zu finden. Das kindliche Sozialverhalten prägt sich unter erwarteten Einflüssen und Beispielen aus, die die Gesellschaft ihm vermittelt. Angeborene Antriebskräfte veranlassen das Kind auch, zu tun, was seine Mitmenschen seiner Beobachtung nach von ihm erwarten; und jene geben ihm zu erkennen, was sie ihrer Kultur gemäß erwarten. Lernen ist ein Vorgang, bei dem Erwartungen auf bestimmte Arten von Informationen erfüllt werden.

Die Arten nehmen dabei, genau wie die Sprachmuster, in einer bestimmten Reihenfolge an Komplexität zu.

Die Grundlage des Systems von Recht und Unrecht einer lebensfähigen Kultur ist ihre Verträglichkeit mit unseren Erwartungsansprüchen, die vom Kontinuumgefühl jedes Einzelnen aufgestellt werden (durch Lusterfahrung ermutigt; auf geradem Wege gehalten durch einen natürlichen Widerwillen, der ansteigt, wenn wir uns den Grenzen des Angemessenen nähern). Die Besonderheiten des jeweiligen Systems können dabei unendlich variieren, solange sie innerhalb der wesentlichen Begrenzungen bleiben. Es ist viel Raum vorhanden für Unterschiede – individuelle oder stammesmäßige –, ohne daß jene Grenzen überschritten würden.

3. Der Beginn des Lebens

Während seiner Zeit im Mutterleib ist es dem kleinen Menschenwesen noch vergönnt, den Entwicklungsstadien seiner Vorfahren geradlinig zu folgen, vom Einzeller durch das amphibische Stadium und weiter zum geburtsbereiten, *homo sapiens,* ohne daß ihm viel geschieht, worauf die Erfahrung seiner Vorfahren im Mutterleib es nicht vorbereitet hätte. Es wird genährt, warmgehalten und herumgestoßen, auf recht ähnliche Weise wie Jäger-Sammler Embryos auch. Die Geräusche, die es hört, sind nicht so viel anders, es sei denn, seine Mutter lebte in einem Überschall-Flugbereich, begeisterte sich für laute Diskotheken oder wäre Lastwagenfahrerin. Es hört ihren Herzschlag und ihre Stimme sowie die Stimmen anderer Menschen und Tiere. Es vernimmt die Geräusche ihres Körpers beim Verdauen, Schnarchen, Lachen, Singen, Husten und so weiter und ist nicht beunruhigt, denn seine Anpassungen haben diese mitberücksichtigt in den Millionen von Jahren, da seine Vorfahren ähnliche Geräusche ebenso laut und ebenso plötzlich vernahmen. Aufgrund von deren Erfahrung *erwartet* es die Geräusche, das Herumgestoßenwerden und die plötzlichen Bewegungen; sie sind Bestandteil der Erfahrung, die es zur Vollendung seiner vorgeburtlichen Entwicklung benötigt.

Zum Zeitpunkt der Geburt hat ein Baby sich in seinem Schutzraum schon weit genug entwickelt, um heraustreten und das Leben in der unendlich ungeschützteren Außenwelt fortsetzen zu können. Der Schock wird teilweise aufgefangen durch Mechanismen wie hohe Gammaglobulin-Dosen als Infektionsschutz, die langsam genug abnehmen, um es zur Herausbildung von Immunität zu befähigen; durch teilweise Blindheit, die erst allmählich, geraume Zeit nach dem Abklingen des Geburtsschocks, voller Sicht weicht; sowie durch ein allgemeines Entwicklungsprogramm, das in vielen Aspekten der Ausstattung schon vor der Geburt festgelegt ist – wie den Reflexen, dem Kreislaufsystem und dem Gehör –, in anderen erst Tage, Wochen oder Monate später, wozu auch das schrittweise In-Funktion-Treten der verschiedenen Hirnregionen gehört.

Im Augenblick der Geburt selbst findet statt: der radikale Wandel der unmittelbaren Umgebung von Naß zu Trocken; der Übergang zu niedrigerer Temperatur und plötzlich ungedämpften Geräuschen; das Umschalten auf die eigene Fähigkeit des Babies, sich durch Atmen mit Sauerstoff zu versorgen; und ein Stellungswechsel von Kopf-nach-unten zu Kopf-auf-gleicher-Ebene-mit bzw. über dem übrigen Körper. Aber das Neugeborene kann diese und alle anderen mit der natürlichen Geburt verbundenen Empfindungen mit erstaunlichem Gleichmut ertragen.

Die eigene Stimme überrascht es nicht, obwohl sie in seinem Kopf sehr laut ist und nie zuvor gehört; sie *ist* ja gehört worden von den Informanten seines Körpers, den Erzeugern seiner Fähigkeit, Angst zu empfinden und das Angsterregende vom Normalen zu unterscheiden. Als seine Vorfahren eine Stimme ausprägten, brachten sie zugleich ein Netz stabilisierender Fähigkeiten hervor, um deren Eintritt in das Kontinuum ihrer damaligen Gattung zu ebnen. Indem die Stimme sich im Rahmen der gesamten Evolution der Gattung von einer Form zur anderen entwickelte und dabei, um dem immer komplexeren Organismus gerecht zu werden, unterschiedliche Merkmale ausprägte, entwickelten sich weitere Vorrichtungen, um sie mit dem Selbst und der Gesellschaft, in der sie benutzt werden sollte, im Einklang zu halten. Ohren wurden auf sie gestimmt, Reflexe wurden auf sie gestimmt, und die Erwartungen des Kleinkindes schlossen ihr Geräusch unter all die „Überraschungen“ der ersten Erlebnisse außerhalb des Mutterleibes ein.

In den frühesten Stadien nach der Geburt lebt ein Kleinkind in einem Bewußtseinszustand, der nur aus Empfindung besteht; ihm fehlt die Fähigkeit vernunftmäßigen Denkens, der bewußten Erinnerung, des Nachdenkens oder Beurteilens.

Man kann es wohl eher „empfindend“ denn „bewußt“ nennen. Im Schlaf ist es seines Zustands von Wohlbefinden ähnlich gewahr wie ein Erwachsener, der das Bett mit einem anderen teilt und dabei im Schlaf die Anwesenheit oder Abwesenheit des Partners wahrnimmt. Im Wachen ist es sich seines Zustandes weitaus bewußter, jedoch auf eine Weise, die wir bei einem Erwachsenen immer noch „unterschwellig“ nennen würden. In beiden Zuständen ist es hinsichtlich seiner Erfahrung verletzlicher als ein Erwachsener, da es über keine Vorerfahrung verfügt, mit deren Hilfe es seine Eindrücke modifizieren könnte.

Der Mangel an Gespür für das Vergehen der Zeit ist für ein Kind im Mutterleib oder während der Phase des Getragenwerdens kein Nachteil: es fühlt sich einfach richtig. Für einen nicht auf dem Arm getragenen Säugling jedoch ist die Unfähigkeit, sein Leiden durch Hoffen (was ein Zeitgefühl voraussetzt) wenigstens teilweise zu mildern, wohl der grausamste Aspekt seiner Qual. Daher kann sein Weinen nicht einmal Hoffnung enthalten, obwohl es als Signal wirkt, Erleichterung herbeizurufen. Später, wenn die Wochen und Monate vergehen und das Bewußtsein des Kleinkindes sich erweitert, wird Hoffnung vage empfunden, und das Weinen wird zu einer Handlung, mit der etwas erreicht werden soll – sei es negativ oder positiv. Aber die langen Stunden des Wartens werden durch das Aufdämmern des Zeitgefühls kaum erleichtert. Der Mangel an vorangegangener Erfahrung läßt die Zeit für ein Baby im Zustand unerfüllten Sehnens unerträglich lang erscheinen.

Noch Jahre später, etwa mit fünf, ist das im August gemachte Versprechen, „zu Weihnachten“ werde es ein Fahrrad bekommen, ungefähr so befriedigend wie gar kein Versprechen. Im Alter von zehn Jahren ist die Zeit im Lichte der Erfahrung soweit zusammengeschrumpft, daß das Kind auf bestimmte Dinge einen Tag mehr oder weniger zufrieden warten kann, auf andere eine Woche und auf besondere Gegenstände einen Monat. Ein Jahr jedoch ist dann noch immer völlig bedeutungsleer, wenn es darum geht, ein Grundbedürfnis zu beschwichtigen; und die Gegenwart behält einen Absolutheitscharakter bei, der erst nach einer Unmenge weiterer Erfahrung einem Gefühl für die Relativität von Ereignissen zur eigenen Zeitskala und zum eigenen Wertsystem weichen kann. Die meisten Menschen besitzen überhaupt erst im Alter von vierzig oder fünfzig Jahren irgendeine Art von Perspektive hinsichtlich eines Tages oder eines Monats im Kontext des Lebensganzen, während nur wenige Gurus und Achtzigjährige imstande sind, die Beziehung von Augenblicken oder Lebensspannen zur Ewigkeit wahrzunehmen (indem ihnen die Bedeutungslosigkeit des willkürlichen Zeitbegriffs vollständig klar wird).

Der Säugling lebt (wie der Guru) im ewigen Jetzt; der Säugling, der getragen wird (und auch der Guru), in einem Zustand der Glückseligkeit; der nicht ständig getragene Säugling hingegen in einem Zustand unerfüllten Verlangens in der Öde eines leeren Universums. Seine Erwartungen mischen sich mit dem Tagesgeschehen, und die angeborenen von den Vorfahren herstammenden Erwartungen werden durch jene überlagert (keineswegs geändert oder ersetzt), die auf der eigenen Erfahrung gründen. Das Ausmaß, zu dem die beiden Erwartungsfolgen sich unterscheiden, bestimmt die Entfernung, die ihn später von seinem angeborenen Potential, sich wohlzufühlen, trennt.

Die beiden Erwartungsfolgen sind sich völlig unähnlich. Die im Laufe der Evolution ausgeprägten sind Gewißheiten, bis sie verraten werden; die angelernten hingegen, die von ihnen abweichen, haben den negativen Charakter betrogener Hoffnung und schlagen sich nieder als Zweifel, Mißtrauen, Angst vor dem Verletztwerden durch weitere Erfahrung oder, am unabänderlichsten, als Resignation.

All diese Reaktionen sind Schutzvorrichtungen des Kontinuums in Aktion; Resignation als Ergebnis äußerster Hoffnungslosigkeit jedoch bewirkt das Betäuben der ursprünglichen Erwartung, daß sich vielleicht Bedingungen finden ließen, unter denen die Folge von Erwartung und Erfüllung sich fortsetzen könnte.

Entwicklungsreihen werden zum Stillstand gebracht an dem Punkt, an dem ihre jeweiligen Bedürfnisse nach Erfahrungen nicht mehr erfüllt werden. Einige werden schon im Säuglingsalter angehalten, während andere sich fortsetzen bis zu ihrer Stillegung später in der Kindheit oder sich gemäß ihrer evolutionären Bestimmung durch das Erwachsenenleben hindurch weiterentwickeln. Gewisse Aspekte gefühlsmäßiger, intellektueller und körperlicher Fähigkeiten können bei geschädigten Individuen gleichzeitig vorhanden sein, sich dabei jedoch in sehr unterschiedlichen Reifestadien befinden. Alle Entwicklungsreihen, ob verkümmert oder ausgereift, wirken weiterhin zusammen, so wie sie sind – eine jede in Erwartung jener Erfahrung, die ihr Bedürfnis erfüllen kann, und unfähig, sich irgendetwas anderem zuzuwenden. Das Sichwohlfühlen hängt sehr davon ab, *in welcher Weise* und inwiefern ihr Funktionieren begrenzt ist.

Bei der Geburt also gibt es Schocks, die nicht erschüttern – entweder, weil sie erwartet sind (und sonst vermißt würden), oder, weil sie nicht urplötzlich eintreten. Es ist unzutreffend, sich die Geburt vorzustellen als Zeitpunkt der Vollendung des Babies, wie das Ende eines Fließbandes; denn einige Bestandteile sind schon im Mutterleib „geboren" worden, während andere erst später in Funktion treten. Aus der noch frischen Erfahrung der Erwartungsfolgen und ihrer Erfüllung im Mutterleib heraus erwartet das Neugeborene – oder vielmehr, ist es sich sicher –, daß sich auch seine nächsten Bedürfnisse erfüllen werden.

Was ereignet sich dann? – Was sich Zehnmillionen von Generationen hindurch ereignet, ist der folgenschwere Übergang von der völlig lebendigen Umwelt im Innern des mütterlichen Körpers zu einer teilweise lebendigen außerhalb. Obwohl ihr allgewährender Körper da ist und (seit dem handbefreienden Ereignis des aufrechten Ganges) auch ihre unterstützenden Arme, berührt viel leblose, fremdartige Luft den Körper des Säuglings. Aber auch darauf ist er vorbereitet; sein Platz auf den Armen ist der erwartete Platz, seinem innersten Gefühl nach *sein* Platz, und was er erfährt, während er getragen wird, ist für sein Kontinuumgefühl annehmbar, erfüllt seine jetzigen

Bedürfnisse und fördert seine Entwicklung auf die richtige Weise.

Um es zu wiederholen: die Beschaffenheit seiner Wahrnehmung ist völlig anders als sie einmal sein wird. Seinen Eindruck davon, wie Dinge sind, kann er nicht näher bestimmen. Sie sind entweder richtig oder nicht richtig. Zu diesem frühen Zeitpunkt ist das Erforderliche genau festgelegt. Wie wir gesehen haben, kann er, wenn er sich jetzt nicht wohlfühlt, nicht hoffen, daß er sich später wohlfühlen wird. Er kann nicht fühlen, daß „Mutter gleich wieder da sein wird“, wenn sie ihn verläßt; die Welt ist plötzlich falsch geworden, die Umstände sind unerträglich. Er hört und akzeptiert sein eigenes Weinen; doch obwohl seine Mutter – und desgleichen jedes Kind und jeder Erwachsene, der ihn hört – den Laut und seine Bedeutung seit unvordenklichen Zeiten kennt: er kennt ihn nicht. Er spürt nur, daß es eine erfolgversprechende Handlung darstellt, um die Dinge wieder ins rechte Lot zu bringen. Wenn man ihn aber zu lange weinen läßt, wenn die Reaktion, die damit hervorgelockt werden soll, sich nicht einstellt, schwindet auch dieses Gefühl und weicht äußerster Trostlosigkeit, in der es weder Zeit noch Hoffnung gibt. Wenn seine Mutter schließlich doch zu ihm kommt, fühlt er sich einfach richtig, ihm ist nicht bewußt, daß sie weg war, noch erinnert er sich an sein Weinen. Er ist wieder an seinen Lebensstrang angeschlossen, und seine Umgebung erfüllt seine Erwartungen. Wenn er verlassen ist, aus seinem Kontinuum der richtigen Erfahrung geworfen, ist nichts annehmbar und nichts wird akzeptiert. Es gibt nur noch ungestilltes Verlangen, es gibt nichts, was sich nutzen ließe, woran man wachsen könnte, nichts, was sein Bedürfnis nach Erfahrung erfüllte; denn die Erfahrungen müssen die erwarteten sein, und nichts in der Erfahrung seiner entwicklungsgeschichtlichen Vorfahren hat ihn darauf vorbereitet, alleingelassen zu werden, ob im Schlaf oder im Wachen, geschweige denn im Zustand des Weinens.

Das für einen Säugling, der getragen wird, angemessene Gefühl ist sein Gefühl von Richtigkeit, von elementarem Wohlsein. Das einzige positive Selbstgefühl, das er, als das Tier, das er ist, kennen kann, gründet auf der Voraussetzung, daß er richtig, gut und willkommen ist. Ohne diese Überzeugung ist ein Mensch, welchen Alters auch immer, verkrüppelt durch Mangel an Vertrauen, an vollem Selbstgefühl, an Spontaneität und Würde. Alle Babies sind gut, können dies selber jedoch nur erfahren durch Widerspiegelung, durch die Art, wie sie behandelt werden. Es gibt keine andere lebensfähige Art des Selbstgefühls für einen Menschen, alle anderen Arten des Fühlens sind als Grundlage für Wohlbefinden ungeeignet. *Richtigkeit ist das den Einzelwesen unserer Gattung angemessene grundlegende Gefühl von sich selbst.* Verhalten, das nicht durch das Gefühl eigener Richtigkeit bedingt wurde, ist nie das Verhalten, zu dem die Evolution uns führen wollte; es vergeudet daher nicht nur Jahrmillionen der Vervollkommnung, sondern kann auch keiner unserer Beziehungen dienen, weder in uns selbst, noch nach außen. Ohne das Gefühl des Richtigseins hat man kein Gespür dafür, wieviel an Wohlgefühl, Sicherheit, Hilfe, Gesellschaft, Liebe, Freundschaft, Gegenständen, Lust oder Freude man beanspruchen kann. Einem Menschen, dem dieses Gefühl mangelt, kommt es oft vor, als sei ein leerer Fleck, wo er selbst sein sollte.

Vieler Menschen Leben erschöpft sich nahezu darin, einen Beweis für ihr eigenes Existieren zu suchen. Rennfahrer, Bergsteiger, Kriegshelden und andere Waghalsige, die aus Spaß den Tod herausfordern, sind oft nur bemüht, zu fühlen, daß sie tatsächlich am Leben sind, indem sie eine möglichst enge Verbindung mit dem Gegenteil eingehen. Aber das Aufrütteln des Selbsterhaltungstriebes vermag nur verschwommen und vorübergehend den stetigen warmen Strom des fehlenden Selbstgefühls vorzutäuschen.

Der Liebreiz von Babies und Kindern stellt notwendigermaßen eine machtvolle Anziehungskraft dar; ohne ihn verfügten sie über keinen Vorteil, der ihre vielen Benachteiligungen – etwa: daß sie klein, schwach, langsam, wehrlos, unerfahren und von den Erwachsenen abhängig sind – wettmachen könnte. Ihr

Reiz erspart ihnen, kämpfen zu müssen, und zieht die Unterstützung an, die sie benötigen.

Die Mutterrolle, die einzige Rolle, die zu einem Säugling in den ersten Monaten eine Beziehung herstellen kann, wird instinktiv von Vätern, anderen Kindern und auch sonst von jedem gespielt, der sich, und sei es nur für einen Augenblick, um das Kind kümmert. Zwischen Geschlechtern oder Altersgruppen zu unterscheiden ist nicht Sache eines Babies.

Die Bedeutungslosigkeit männlicher oder weiblicher Eigenschaften für die Mutter- bzw. Vaterrolle ist durch Experimente in einer französischen psychiatrischen Klinik erwiesen worden. Ärztinnen stellten hier für ihre Patienten Vaterfiguren dar, während Krankenpfleger in ihrer Eigenschaft als tägliche Umsorger der Patienten diesen genauso befriedigende Mutterfiguren wurden. (Dies ist ein Beispiel dafür, wie der Intellekt plötzlich etwas herausfindet, wonach der Mensch seit Jahrmillionen instinktiv gehandelt hat.)

Es gibt also für den Säugling eine einzig mögliche Art von Beziehung; und in jedem von uns schlummert eine ganze Folge möglicher Reaktionen auf seine Signale. Auch wir – jeder von uns, ob Mann, Frau, Mädchen oder Junge – verfügen über ein genau detailliertes Wissen um die Ausübung der Babypflege, ungeachtet der Tatsache, daß wir es in letzter Zeit – ich meine seit nur wenigen Jahrtausenden – dem Intellekt gestattet haben, seine unbeholfenen Einfälle in dieser lebenswichtigen Angelegenheit zu erproben; wir haben uns auf so launenhafte Weise gegen unsere angeborene Fähigkeit vergangen, daß sogar ihr Vorhandensein jetzt so gut wie vergessen ist.

In den „fortgeschrittenen" Ländern ist es üblich, sich ein Buch über Babypflege zu kaufen, sowie ein Neuankömmling erwartet wird. Dabei kann es gerade Mode sein, das Baby schreien zu lassen, bis ihm das Herz bricht und es aufgibt, abstumpft und ein „braves Baby" wird; oder es aufzunehmen, wenn die Mutter gerade mal Lust und nichts weiter zu tun hat; oder, wie es eine neuere Denkrichtung wollte, das Baby in einem emotionalen Leerraum zu belassen, unberührt, außer im

Falle absoluter Notwendigkeit, und auch dann nur, ohne einen Gesichtsausdruck zu zeigen – keine Freude, kein Lächeln, keine Bewunderung, nur ein leeres Starren. Was immer es sei, die jungen Mütter lesen und gehorchen – ohne Vertrauen auf ihre angeborene Fähigkeit, ohne Vertrauen auch zu den „Beweggründen" des Babies, aus denen es die immer noch vollkommen deutlichen Signale aussendet. Babies sind in der Tat zu einer Art Feind geworden, den die Mutter besiegen muß. Weinen muß ignoriert werden, um dem Baby zu zeigen, wer der Herr ist; und eine Grundvoraussetzung der Beziehung ist, daß jede Anstrengung unternommen werden muß, um das Baby zur Anpassung an die Wünsche der Mutter zu zwingen. Unfreundlichkeit, Mißbilligung oder ein anderer Ausdruck von Liebesentzug wird gezeigt, wenn das Verhalten des Babies „Arbeit" verursacht, Zeit „vergeudet" oder sonstwie als unbequem empfunden wird. Dahinter steckt die Auffassung, daß das Baby „verwöhnt" wird, wenn man seinen Wünschen nachgibt, während es seiner Zähmung bzw. Sozialisation dient, wenn man sich ihnen widersetzt. In Wirklichkeit wird in beiden Fällen die gegenteilige Wirkung erzielt.

Die Zeit unmittelbar nach der Geburt ist der Teil des Lebens außerhalb des Mutterleibes, der die nachhaltigsten Eindrücke hinterläßt. Was einem Baby dann begegnet, ist für sein Gefühl das Wesen des Lebens selbst, so wie es sein wird. Jeder spätere Eindruck kann, in höherem oder geringerem Maße, jenen ersten Eindruck lediglich modifizieren, der ihm widerfuhr, als es noch nicht über Vorerfahrung hinsichtlich der Außenwelt verfügte. Seine Erwartungen sind die unflexibelsten, die es je hegen wird. Die Veränderung gegenüber der uneingeschränkten Gastlichkeit des Mutterleibes ist gewaltig, aber wie wir gesehen haben, wurde es vorbereitet auf den großen Sprung vom Mutterleib zu seinem Platz auf den Armen.

Nicht vorbereitet hingegen ist es auf irgendeinen noch größeren Sprung – geschweige denn auf einen Sprung ins Nichts, in Nicht-Leben, in einen Korb mit Stoff ausgeschlagen oder in ein Plastikkästchen, das sich nicht bewegt, keinen Ton von sich gibt, das weder den Geruch noch das Gefühl von Leben aufweist. Kein Wunder, wenn das gewaltsame Auseinanderreißen des Mutter-Kind-Kontinuums, das sich während der Zeit im Mutterleib so stark ausprägte, sowohl Depression bei der Mutter als auch Todesangst beim Säugling auslöst.

Jedes Nervenende unter seiner erstmals bloßgelegten Haut fiebert der erwarteten Umarmung entgegen; sein ganzes Sein, das Wesen all dessen, was es ist, zielt darauf, daß es auf Armen getragen wird. Jahrmillionen hindurch sind Neugeborene vom Augenblick der Geburt an eng an ihre Mutter gehalten worden. Einige Babies der letzten paar hundert Generationen mögen dieser überaus wichtigen Erfahrung beraubt worden sein, ohne daß dies jedoch die Erwartung eines jeden Babies vermindert hätte, daß es selbst sich an seinem rechtmäßigen Platz finden werde. Als unsere Vorfahren auf allen Vieren herumliefen und ein Fell zum Festhalten hatten, waren es die Babies, die dafür sorgten, daß die Mutter-Kind-Bindung nicht beeinträchtigt wurde. Ihr Überleben hing davon ab. Als wir haarlos wurden und uns auf die Hinterbeine stellten, wodurch die Mutter die Hände freibekam, wurde es Sache der Mutter, den Zusammenhalt zu sichern. Daß sie seit kurzem an einigen Orten der Welt ihre Verantwortung für den gegenseitigen Kontakt als freie Entscheidungssache betrachtet, ändert nicht das geringste daran, daß das Bedürfnis, getragen zu werden, für das Baby stark und eindringlich ist.

Sie selbst wird dabei eines kostbaren Teils ihrer eigenen ‚erwarteten' Lebenserfahrung beraubt, durch deren Genuß sie ermutigt worden wäre, sich weiterhin so zu verhalten, wie es sowohl für sie als auch für das Baby am lohnendsten ist.

Die Wahrnehmungsweise eines Kleinkindes verändert sich gewaltig während der Zeit des Getragenwerdens. Anfangs gleicht es eher anderen Tieren als erwachsenen Menschen. Schritt für Schritt, mit der Entwicklung seines Zentralnervensystems, wird es immer mehr zum *homo sapiens.* Erfahrungen beeindrucken es nicht einfach mehr oder weniger, sondern in gänzlich anderer Weise, wenn sich seine Fertigkeiten sowohl erweitern als auch verfeinern. Die am frühesten ausgeprägten Bestandteile der psychobiologischen Ausstattung eines Kleinkindes sind diejenigen, welche die Weltsicht seines ganzen Lebens am stärksten prägen. Was es fühlt, ehe es denken kann, ist ein mächtiger Bestimmungsfaktor dafür, woran es denkt, wenn Denken möglich wird.

Fühlt es sich sicher, erwünscht und „daheim“ als Mittelpunkt der Aktivität, noch ehe es denken kann, so wird sich seine Sichtweise späterer Erfahrungen qualitativ sehr von jener eines Kindes unterscheiden, das sich unwillkommen und aufgrund von fehlender Erfahrung nicht angeregt fühlt und das sich an einen Zustand unerfüllten Verlangens gewöhnt hat, obwohl die späteren Erfahrungen beider Kinder identisch sein können.

Anfangs nimmt das Kleinkind nur wahr; es kann nicht vernunftmäßig denken. Mit seiner Umwelt wird es vertraut durch Assoziieren. Ganz am Anfang, in den ersten Botschaften, die seine Sinne ihm nach der Geburt vermitteln, liegt eine Ausschließlichkeit, ein unbedingter Eindruck vom Zustand der Dinge, der auf nichts bezogen ist als die angeborenen Erwartungen des Babies und natürlich frei ist von jedem Bezug zum Vergehen der Zeit. Würde das Kontinuum nicht so funktionieren, währen die Erschütterungen des neuen Organismus durch neue Ereignisse unerträglich. Bemerkt wird von dem Kleinkind zu Beginn seiner Fähigkeit, sich Ereignissen außerhalb seines Selbst zuzuwenden, der Unterschied zwischen dem Wahrgenommenen und dem, womit dies in seiner vorangegangenen Erfahrung Ähnlichkeiten aufweist. Die Welt durch Assoziieren kennenlernen, heißt, daß es als Ganzes in sich aufnimmt, was es nie zuvor gekannt hat, ohne daß es irgendetwas daran „bemerkt“. Aufmerksamkeit wird nur solchen späteren Erfahrungen gezollt, die ähnlich, aber teilweise anders sind; dies bedeutet, daß die Welt zuerst im groben Umriß, später in immer feineren Einzelheiten kennengelernt wird.

In dieser Hinsicht ist der *homo sapiens* einzigartig unter den Tieren. Seine Erwartung ist, eine passende Umgebung zu finden, sie immer genauer kennenzulernen und sich zunehmend wirksamer darauf einzurichten. Andere Primaten passen sich in unterschiedlichem Grade *einigen* Umständen an, denen sie begegnen; Tiere sind jedoch überwiegend so konstruiert (bzw. evolviert), daß ihr Verhalten angeborenen Mustern folgt.

Das Junge eines Riesenameisenbärs, das ich im Alter von vier Tagen erwarb, wuchs zufrieden in menschlicher Gesellschaft auf und betrachtete uns offensichtlich alle als Ameisenbären. Es erwartete ein angemessenes Verhalten von uns – daß wir mit ihm nach überlieferter Ameisenbärenart umhertollen und raufen würden. Von mir als seiner Mutter erwartete es, daß ich jederzeit mit ihm in Verbindung bleiben würde, dies jedoch auf wachsende Entfernung, so wie sein Selbstvertrauen anstieg: anfangs sollte ich es herumtragen, später ihm zugestehen, mich, wann immer es ihm in den Sinn kam, zu umarmen und mir andauernd die Zehen zu lecken; ich sollte ihm beim Essen Gesellschaft leisten und auf sein Rufen herbeikommen, wenn es sich aus dem Geruchsbereich entfernt hatte. Hunde aber und Pferde betrachtete es als Feinde, als nicht von seiner Gattung.

Im Gegensatz dazu schien ein flauschiges Affenweibchen, das ich ebenfalls bei mir aufzog, sich selbst als Mensch zu betrachten. Sie behandelte Hunde, sogar große, mit Herablassung; und war bekannt dafür, daß sie sich in einer Gruppe sitzender Menschen einen Stuhl nahm, während ihr die Hunde, völlig perplex über ihr herrschaftliches Gebaren (obwohl sie eine Katze von doppelter Größe verjagt hätten), ergeben zu Füßen lagen. Sie erlernte Tischmanieren, und nach einer Beobachtungszeit von etwa einem Jahr lernte sie, die Tür zu öffnen, indem sie den Türpfosten erkletterte und dann gleichzeitig den Türknopf entgegen dem Uhrzeigersinn drehte und daran zog.

Ihre Verhaltensmuster beinhalteten somit einen größeren Grad von Anpassungsfähigkeit, von Erwartung, aus persönlicher Erfahrung zu lernen, als die des Ameisenbären, dessen Verhalten völlig von angeborenen Mechanismen vorherbestimmt war.

Der Mensch, der sich an eigene Erfahrung noch besser anpassen kann, vermag mit Wechselfällen in seiner Umwelt fertigzuwerden, die eine weniger erfindungsreiche Gattung auslöschen würden. Mit einem Problem konfrontiert, verfügt er über eine große Auswahl an Reaktionen. Ein Affe hat einen relativ kleinen Spielraum, innerhalb dessen er auf einen Reiz reagieren kann; ein Ameisenbär hat überhaupt keine Wahl und ist daher, so wie er ist, unfehlbar. Vom Standpunkt des Kontinuum betrachtet, kann ein Affe wenig Fehler machen; der Mensch jedoch ist mit seiner Fähigkeit zu wählen sehr verletzbar.

Aber zusammen mit der Erweiterung der menschlichen Auswahl von Verhaltensweisen, mit der Zunahme seiner Fehlbarkeit, hat sich auch das Kontinuum-Gefühl entwickelt, das ihn in die Lage versetzt, eine geeignete Wahl zu treffen; daher können seine Entscheidungen, wenn die richtige Art von Erfahrung gegeben ist, die er zu ihrer Entwicklung benötigt, und die richtige Art von Umgebung, um sie anzuwenden, fast ebenso unfehlbar sein wie die eines Ameisenbären.

An Menschenkindern, die von Tieren großgezogen wurden, zeigt sich sogar noch aufschlußreicher, wie wichtig eine angemessene Umgebung für die individuelle Ausprägung der Erwartungen ist, die sich im Laufe der Evolution der Gattung entwickelt haben.

Von den vielen berichteten Fällen ist wohl die Geschichte von Amala und ihrer Schwester Kamala, um die sich von ihrer Säuglingszeit an Wölfe in den Dschungeln Indiens kümmerten, am besten dokumentiert. Als man sie fand, brachte man sie in ein Waisenhaus, wo ein Pfarrer namens Singh und seine Frau versuchten, sie für das Leben in menschlicher Gesellschaft zu erziehen. Die meisten der mühevollen Anstrengungen der Singhs schlugen fehl oder hatten nur geringen Erfolg. Die Mädchen fühlten sich elend und lagen nackt in der Haltung von Wölfen in den Ecken ihrer Räume. Nachts wurden sie aktiv und heulten, um die Aufmerksamkeit ihres alten Wolfsrudels auf sich zu ziehen. Nach langem Training lernte Kamala, auf zwei Beinen zu gehen; aber laufen konnte sie immer nur auf allen Vieren. Eine Zeitlang weigerten sie sich, Kleider zu tragen oder gekochte Nahrung zu sich zu nehmen; sie bevorzugten rohes Fleisch und Aas. Kamala lernte fünfzig Wörter ehe sie im Alter von siebzehn Jahren starb. Ihre geistige Reife zu dieser Zeit schätzte man – gemessen an menschlichen Standards – auf dreieinhalb Jahre.

Die Fähigkeit von unter Tieren aufgewachsenen Kindern, sich an Bedingungen anzupassen, die für ihre Gattung nicht geeignet sind, ist weit größer als die Anpassung an eine menschliche Lebensweise, über die ein Tier verfügt. Aber der frühe Tod der meisten dieser Kinder, das Leiden, das sie nach ihrer Gefangennahme erduldeten, und ihre Unfähigkeit, ihrer jeweiligen angelernten und entwickelten Tierkultur eine menschliche Kultur aufzupfropfen, zeigen auch die Nachhaltigkeit, mit der die einmal gelernte Kultur dem menschlichen Einzelwesen zu eigen wird. *Die Erwartung, an einer bestimmten Kultur teilzuhaben, ist ein Produkt unserer Evolution, und die Sitten, die aufgrund jener Erwartung aufgegriffen werden, machen, wenn wir sie uns angeeignet haben, einen ebenso integralen Bestandteil unserer Persönlichkeit aus wie die angeborenen Verhaltensweisen anderer Gattungen.* Die Kinder der Wildnis daher, die als Menschen einem größeren Einfluß durch eigene Erfahrung unterworfen sind als jedes Tier, wurden so gründlich in die Verhaltensweise eines anderen Tieres eingeübt, daß ihnen der Wechsel ihrer Umgebung weit größeren Streß bereitete als ein Tier je zeigen würde; sind doch Tiere durch angeborene (nicht beeinflußbare) Verhaltensmuster in einem viel höheren Maße gefestigt.

Die Tatsache, daß die geistige Reife Kamalas so niedrig war, ist, allein betrachtet, ohne Bedeutung; doch betrachtet als Bestandteil des Kontinuums eines menschlich geborenen und als Wolf aufgezogenen Wesens, könnte sie sehr wohl den bestmöglichen Gebrauch eines gesunden Geistes unter den gegebenen Umständen darstellen. Ihre übrigen Fähigkeiten waren erstaunlich: ihre Wendigkeit als Vierbeiner, ihr Geruchssinn (sie konnte Fleisch auf 75 Meter Entfernung riechen), ihr Sehvermögen im Dunkeln, ihre Schnelligkeit, ihre Anpassungsfähigkeit an Temperaturwechsel. Auch ihr Spürsinn beim Jagen und ihr Ortssinn müssen außergewöhnlich genug gewesen sein, um ihr das Überleben als Wolf zu ermöglichen. Alles in allem diente ihr das eigene Kontinuum gut. Aus ihrem Potential heraus entwickelte sie, was sie für ihre Lebensweise benötigte. Die Tatsache, daß sie ihre Entwicklung nicht rückgängig machen und durch eine völlig neue ersetzen konnte, besagt nichts; es gibt keinen Grund, weshalb irgendein Lebewesen zur Anpassung an einen solch unwahrscheinlichen Notfall fähig sein sollte. Ebensowenig könnte man ja von einem erwachsenen Menschen erwarten, daß er sich erfolgreich an die Lebensweise eines anderen Tieres anpaßt, wenn sein Verhalten bereits auf die menschliche Gesellschaft hin ausgebildet ist.

Das Lernen ist von Anbeginn selektiv; es steht immer in direktem Bezug zu dem, was subjektiv über das Leben, das man führen wird, bekannt ist. Der Vorgang des Assoziierens stellt dies sicher. Der psychobiologische Empfänger beginnt – wie ein Radio, das auf den Empfang von lediglich ganz bestimmten Wellenlängen eingestellt ist, obwohl sein Empfänger viel mehr und andere Wellenlängen aufnehmen kann – mit einem riesigen Potential, um alsbald auf die erforderliche Skala eingestellt zu werden. Das für die meisten Lebensweisen des Menschen optimale Sehvermögen ist begrenzt auf das Tageslicht und in einem geringen Maß auf die Nacht, sowie auf das Farbspektrum zwischen rot und lila. Alles, was zu klein oder zu weit entfernt ist, wird von unserer Wahrnehmung ausgeschlossen; und von den Dingen in Sichtweite kann nur eine begrenzte Zahl scharf gesehen werden. Auf mittlere Entfernung, wo es nützlich ist, zu sehen, was ringsumher geschieht, ist die Sicht scharf. Wenn sich etwas oder jemand von Interesse nähert, verwischt sich die Randsicht entsprechend, bis sich das Objekt in geringer Entfernung befindet. Die mittlere Entfernung wird unscharf, und die Aufmerksamkeit wird wirksamer auf den Gegenstand in der Nähe gerichtet, so daß sie sich ihm ohne Ablenkung besser zuwenden kann. Bliebe alles um das Objekt herum von gleicher Schärfe, so wäre die Belastung für die Sinne größer und würde das Gehirn behindern, welches zum

Zwecke größtmöglicher Wirksamkeit seine Aufmerksamkeit auf das Einzelobjekt bzw. einen bestimmten Aspekt des Objekts richten muß. Je nach der Kultur, der er angehört, werden bestimmte Bereiche für die Sehfähigkeit des Einzelnen ausgewählt – freilich innerhalb der Grenzen, die die Evolution seinem Wesen gesetzt hat.

Über von Wölfen aufgezogene Kinder wird berichtet, daß sie über eine außergewöhnliche Sehfähigkeit in der Nacht verfügten. Die Yequana können die Umrisse eines kleinen Vogels in den Schatten einer Mauer von Urwald ausmachen, wo unsereins, selbst nachdem sie uns die Stelle bezeichnet haben, nur Blätter sehen kann. Sie können einen Fisch inmitten des schäumenden Wassers einer Stromschnelle sehen, der wiederum für die konzentriertesten Anstrengungen unserer Augen unsichtbar bleibt.

Auch das Hören ist selektiv – begrenzt auf das, was unsere Kultur uns als bedeutsam nahelegt, und alles Übrige aussondernd. Der Gehörmechanismus an sich ist imstande, weit mehr wahrzunehmen, als das, wofür wir ihn benutzen. Alle südamerikanischen Indianer, die ich kannte, gewohnt, sowohl auf Gefahren als auf jagdbares Wild in Urwäldern zu lauschen, das noch auf wenige Meter Entfernung ihrem Blick entrückt sein kann, vermögen auch das Nahen eines Außenbordmotors bzw. eines Flugzeuges lange vor jedem von uns wahrzunehmen.

Ihr Wahrnehmungsbereich ist ihren Bedürfnissen angepaßt. Der unsere ist unseren Zwecken dienlicher, indem er das, was im Hinblick auf unser Leben sehr häufig nur sinnloser Lärm sein würde, aussondert. Beispielsweise ist in unserer Kultur das Aufgewecktwerden durch ein zweihundert Meter entferntes Grunzen nichts anderes als eine bloße Störung.

Um zu verhindern, daß das Bewußtsein von ungefilterten Wahrnehmungen überschwemmt wird, funktioniert das Nervensystem selbst als Aussortierer. Die Aufmerksamkeit gegenüber Geräuschen kann ein- bzw. ausgeschaltet werden – nicht willentlich, sondern je nach Konditionierung des Sortierungsmechanismus. Einige hörbare Geräusche werden nie vom Bewußtsein wahrgenommen, sondern bleiben von der Säuglingszeit bis zum Tod unterbewußt, obwohl das Gehör sich nicht abstellen läßt. Eine klassische Demonstration, die Bühnen-Hypnotiseure gern vornehmen, ist die, bei der einem Teilnehmer befohlen wird, aus scheinbar unmöglicher Entfernung geflüsterte Worte wahrzunehmen. Der Hypnotiseur ersetzt den normalen Wahrnehmungsbereich der Versuchsperson durch seine eigene Auswahl. Es gelingt ihm, vorzutäuschen, daß er die Hörfähigkeit steigere, während er in Wahrheit nur die Aussortierung von Tönen am ungenutzten Rand des Hörbereichs des Ohres unterbricht.

Kräfte, die als übernatürlich oder magisch gelten, sind oft nur nicht (auf Geheiß des Kontinuums) vom Nervensystem als geeignet ausgewählt worden, in den Bereich unserer Fähigkeiten aufgenommen zu werden. Man kann sie sich mittels Übungen, die den normalen Aussonderungsvorgang überwinden, erschließen; oder sie können sich in einer Zwangslage einstellen, wie in dem Fall eines zehnjährigen Jungen, dessen Bruder von einem umgestürzten Baum eingequetscht worden war. In seinem Entsetzen hob er den Baum vom Körper seines Bruders, ehe er um Hilfe rannte. Später stellte sich heraus, daß ein Dutzend Männer benötigt wurden, um den Baumstamm hochzuheben, den der Junge in seinem außergewöhnlichen Gefühlszustand ganz alleine gehoben hatte. Geschichten dieser Art gibt es viele. Die Kräfte, die in ihnen beschrieben werden, werden nur unter ganz besonderen Umständen freigesetzt.

Interessante Ausnahmen von dieser Regel sind Einzelwesen, deren Filterungsmechanismus irgendwie, sei es vorübergehend oder auf Dauer, beschädigt worden ist, so daß sie hellsichtig wurden. Ich behaupte nicht zu wissen, wie dies funktioniert; aber einige haben die Fähigkeit, Wasser oder Metalle im Boden wahrzunehmen. Andere vermögen die Aura von Menschen zu sehen. Peter Hurkos wurde zum Hellseher, nachdem er sich bei einem Fall von der Leiter den Kopf verletzt hatte. Zwei Freundinnen von mir berichteten mir vertraulich von ihrer erschrekkenden Fähigkeit, in die Zukunft zu sehen, als sie sich am

Rande eines Nervenzusammenbruchs befanden. Die Geschichten wurden mir unabhängig voneinander erzählt, und die Mädchen kannten einander nicht, aber in beiden Fällen wurden sie wenige Tage nach ihrer hellsichtigen Phase in die Klinik eingeliefert, und diese stellte sich danach nicht wieder ein. Werden die normalen Grenzen menschlicher Wahrnehmung überschritten, so geschieht dies gewöhnlich im Falle äußerster gefühlsmäßiger Belastung. Bei Unfällen, wenn das Opfer ohne Vorwarnung mit dem Bevorstehen des eigenen Todes konfrontiert wird, hatte sein Kontinuum keine Gelegenheit, es darauf vorzubereiten; so verlangt es in seiner Hilflosigkeit nach seiner Mutter oder der Person, die in seinem Gefühl die mütterliche Rolle einnimmt. Oft empfängt die Mutter oder Mutterfigur die Botschaft ungeachtet der Entfernung. Die Situation ereignet sich so häufig, daß die meisten von uns Fälle dieser Art selbst kennen bzw. davon gehört haben.

Die Vorahnung wirkt auf entgegengesetzte Weise. In das Bewußtsein eines völlig ruhigen Menschen kann, sei es im Traum oder im Wachzustand, ein nicht vorhersehbares Ereignis, das extreme Folgen zu haben droht, einbrechen. Ein Großteil von Vorahnungen bleibt unbeachtet und aufgrund von Verboten, an „so etwas" zu glauben, oft unerkannt. Eine Bemerkung wie „Ich hab doch geahnt, daß ich nicht hätte kommen sollen" ist für gewöhnlich das einzige Eingeständnis einer Vorahnung, die aufgrund anderer Zwänge verworfen wurde.

Wie Ereignisse, die anscheinend noch nicht eingetroffen sind, wahrgenommen werden können – inwiefern sie da sein können, ehe sie geschehen: das kann ich mir selbst nicht erklären. Aber schließlich ist das „übersinnliche" Wahrnehmen vergangener und gegenwärtiger Ereignisse, was den Mechanismus betrifft, nicht minder mysteriös. Und viele andere Kommunikationsmittel, wie die Signale, die von kürzlich entdeckten chemischen Substanzen ausgesandt werden, um Tiere zu spezifischem Verhalten zu veranlassen, oder der untrügliche Richtungssinn von Zugvögeln, liegen gleichermaßen jenseits unseres Horizonts.

Das bewußte Denken ist nicht das, wofür es sich selbst hält, noch hat es Zugang zu den Programmierungsgeheimnissen des Kontinuums, dem es nach dem Willen der Evolution dienen soll. *Ein Hauptziel der Kontinuumsphilosophie muß sein, den Intellekt zu einem fähigen Sklaven zu machen, statt zu einem unfähigen Herrn.* Richtig eingesetzt, kann der Verstand von unschätzbarem Wert sein. Indem er die Beziehungen und wesentlichen Merkmale der ihm begegnenden Tiere, Pflanzen, Mineralien und Ereignisse wahrnimmt, klassifiziert und begreift, kann der menschliche Intellekt riesige Informationsmengen herstellen, speichern und anderen übermitteln; dadurch vermag er sich die Umwelt auf weit umfassendere und flexiblere Art nutzbar zu machen, als es ein Tier je vermöchte. Dies mindert die Verletzbarkeit des Menschen durch die Wandlungen seiner Umwelt. Ihm stehen in seinem Verhalten gegenüber den ihn umgebenden Elementen mehr Alternativen zur Verfügung und er ist daher, was seine Stellung zu ihnen betrifft, stabiler.

Ist das natürliche Gleichgewicht unbeschädigt, so ist der Intellekt imstande, als Schutzpatron des Kontinuums zu fungieren, wenn ihm die Gebote des Kontinuum-Sinnes bewußt werden und er angemessen auf sie reagiert. Vernunft, die auf persönlicher Erfahrung basierende Urteilskraft, die ihm mitgeteilte Erfahrung anderer sowie die Fähigkeit, Gedanken und Erinnerungen durch Induzieren und Ableiten in unendlicher Vielfalt nützlicher Kombinationen zu verknüpfen: all dies trägt zu seiner Nützlichkeit im Dienste der Interessen des Einzelnen und der Gattung Mensch bei.

Beispielsweise scheint ein Verstand im Einklang mit einem voll ausgeprägten und gesund funktionierenden Körper, der die Aufgabe übernommen hat, sich mit jedem Aspekt der Botanik vertraut zu machen, ganz erstaunliche Mengen von Information aufnehmen zu können. Beobachter vieler primitiver Kulturen berichten übereinstimmend, daß in jeder Gesellschaft ein jeder, ob Mann, Frau oder Kind, im Kopf einen detaillierten Katalog der Namen und Eigenschaften von Hunderten oder Tausenden von Pflanzen mit sich herumtrage.

Einer dieser Beobachter, E. Smith-Bowen, sagte, als er über einen afrikanischen Stamm und das gewaltige botanische Wissen sprach, über das jedes seiner Mitglieder verfügte: „Keiner von ihnen würde je glauben, daß ich außerstande bin, selbst wenn ich es wollte, je soviel zu wissen wie sie."[2]

Damit will ich nicht sagen, daß der Wilde von Geburt an intelligenter ist als wir, jedoch glaube ich wirklich, daß das natürliche Potential unserer Geisteskräfte durch den von einer Verzerrung der Persönlichkeit ausgehenden Druck beschädigt werden kann.

Der Intellekt eines voll zufriedenen Mitgliedes einer Gesellschaft, welche eben dies von ihm erwartet, vermag eine unglaubliche Informationsmenge auswendig zu lernen und für späteren Gebrauch aufzubewahren. Selbst bei zivilisierten Menschen läßt sich feststellen, daß Analphabeten, die sich nicht wie wir darauf verlassen, daß das Speichern von Informationen vor allem Sache von Büchern ist, über ein höher entwickeltes Gedächtnis verfügen; doch womöglich könnte es noch entwikkelter sein, wenn sie mit sich und der Welt gänzlich in Einklang stünden.

Die Konditionierung des kindlichen Geistes ist der Hauptbestimmungsfaktor für diejenigen Wahrnehmungsbereiche, die zum Gebrauch während seines Lebens aussortiert werden. Es erwartet, daß seine Erfahrungen ihm dazu Hinweise geben, und es erwartet eine Vielzahl solcher Hinweise. Weiterhin erwartet es, daß die Art der ihm zur Richtschnur dienenden Erfahrungen eine direkte und nutzbringende Beziehung zu denjenigen Situationen besitzen, die ihm im Leben begegnen.

Stimmen seine späteren Erfahrungen ihrem Wesen nach nicht mit denen überein, die ihn geprägt haben, neigt es dazu, sie auf Biegen und Brechen dahingehend zu beeinflussen, daß sie dieses Wesen annehmen. Ist es an Alleinsein gewöhnt, wird es unbewußt sein Leben so einrichten, daß ihm ein ähnliches Maß von Alleinsein beschert wird. Möglichen Versuchen sei-

[2] E. Smith-Bowen, Return to Laughter, London 1954

nerseits bzw. durch die äußeren Umstände, es weitaus einsamer bzw. weit weniger einsam zu machen als es gewohnt ist, wird sein Bestreben nach Stabilität Widerstand leisten.

Selbst ein gewohntes Maß von Angst wird für gewöhnlich aufrechterhalten; kann doch ein plötzlicher Verlust all dessen, „worüber man sich Sorgen machen kann", eine umfassendere und unendlich viel akutere Form von Angst hervorrufen. Für einen seinem Wesen nach am Rande der Katastrophe beheimateten Menschen ist ein Riesenschritt in die Sicherheit nicht minder unerträglich als die Verwirklichung all dessen, was er am meisten fürchtet. Hier ist die Tendenz am Werk, das aufrechtzuerhalten, was eigentlich ein in der Säuglingszeit etabliertes hohes Niveau von Wohlbefinden hätte sein sollen.

Radikalen Veränderungen hinsichtlich unserer Maßstäbe von Erfolg oder Versagen, Glücklichsein oder Unglücklichsein, umfassenden Veränderungen in den etablierten Gedanken- und Gefühlsverbindungen widersetzen sich unsere eingebauten Stabilisatoren; und oft können wir plötzlich feststellen, wie wir sie willentlich bekämpfen. Gegen die Macht der „Gewohnheit" kann der Wille selten viel ausrichten. Doch manchmal werden einem Menschen durch äußere Ereignisse bestimmte Veränderungen aufgezwungen. Die Stabilisatoren stellen dann für Situationen, die so wie sie sind nicht verarbeitet werden können, einen Ausgleich her. Ablenkungen wie beispielsweise dringliche (aber dabei vertraute) Probleme können unerträglichem Erfolg bzw. Versagen die Spitze nehmen.

Um die aufgrund einer unumkehrbaren Veränderung erforderliche Anpassung zu leisten, nachdem jede Bemühung um Wiederherstellung des status quo gescheitert ist, muß man sich oft aus der Schlacht zurückziehen, sich in eine neutrale Position begeben und sich den vom Leben diktierten Umständen gemäß neu orientieren. Das erfordert manchmal eine Krankheit oder einen Unfall, welche das Opfer genügend lange außer Gefecht setzen, so daß es sich ausruhen und seine Kräfte auf die neuen Erfordernisse ausrichten kann. Das Bestreben nach Stabilität benutzt den Körper auch dadurch zur Wiederherstellung des

Gleichgewichts, daß es ihn krank werden läßt, wenn ein emotionales Bedürfnis besteht, bemuttert zu werden, und eine potentielle Mutterfigur in Reichweite ist. Sie führt eine Erkältung herbei, wenn ein kurzer Rückzug aus der Schlacht ausreicht für jemanden, der aus dem Bereich des Wohlbefindens, in dem er sich heimisch fühlt, zu weit weggetrieben wurde, oder wenn er gedrängt wird, von seinem normalen Verhalten zu weit abzuweichen.

Manche Menschen müssen sich immer wieder in einem schlimmen körperlichen Zustand befinden, um sich das Leben erträglich zu machen (die ständig in Unfälle Verwickelten); andere müssen lebenslang niedergeschlagen sein, um angesichts eines bei ihnen bestehenden Bedürfnisses nach mütterlicher Fürsorge, Zerstreuung oder Bestrafung – was immer es im Einzelfall sein mag – überleben zu können. Andere wiederum müssen einen Zustand von Zerbrechlichkeit kultivieren, um ihre Familie zu veranlassen, die von ihnen benötigte Beziehung aufrechtzuhalten und werden erst dann wirklich krank, wenn sie von den jeweils anderen allzu schlecht bzw. allzu gut behandelt werden.

Ein Extremfall dafür, wie Krankheit eingesetzt wird, um Stabilität zu schaffen, war wohl der einer Frau aus meinem Bekanntenkreis, bei der eine nahezu unerträgliche Last von Schuldgefühl den Störfaktor darstellte.

Die Art der Behandlung, die meiner Freundin in frühen Jahren widerfuhr, und was nun eigentlich für ihre Kinderseele den unanfechtbaren Beweis ihrer „Schlechtigkeit" darstellte, ist mir nicht bekannt, und ihr wahrscheinlich auch nicht; ihr Zwillingsbruder jedoch, der ihre Qualen geteilt haben muß, beging als Einundzwanzigjähriger Selbstmord. Mit der dadurch erhöhten Last von Schuldgefühl, das – wie irrational auch immer – bei einem zu kurz gekommenen Menschen den Tod eines Bruders oder einer Schwester unweigerlich begleitet und das vielleicht aufgrund der immer besonders engen Zwillingsbeziehung noch doppelt stark war, machte sie sich auf die Suche nach passenden Strafen für sich, um alles so weit auszugleichen, daß sie damit würde leben können. Der Stabilisierungsmechanismus ihres mißhandelten Kontinuums mußte die Gefahr, gewissermaßen über der Leiche ihres Bruders ein „erfolgreiches" Leben zu führen, mindern; die Art und Einzelheiten wurden dabei von der Kultur diktiert, welcher sie angehörte. Ihre Konditionierung, die Schuldgefühle aus der Säuglingszeit, die verdrängt waren und später durch den Selbstmord ihres Bruders aufgerissen wurden, hätten ihr nicht ein Quentchen Glück für sich selbst gestatten können.

Innerhalb weniger Jahre hatte sie sich zwei uneheliche Kinder angeschafft, eins von einem Mann anderer Rasse, das andere von einem Unbekannten. Sie hatte mehrere Stellen angenommen, die an ihrer gesellschaftlichen Herkunft gemessen erniedrigend waren, hatte Kinderlähmung bekommen, was sie für den Rest ihres Lebens an den Rollstuhl fesselte; hatte sich während ihres damit verbundenen Klinikaufenthaltes mit Tuberkulose angesteckt, wobei ein Lungenflügel völlig zerstört, der andere ernsthaft beschädigt wurde; hatte sich die Haare mit einem äußerst unvorteilhaften Purpurrot gefärbt, was ihr noch immer hübsches Aussehen weitgehend zuschanden machte; und hatte mit einem gescheiterten Künstler, der weit älter war als sie selbst, eine gemeinsame Wohnung bezogen.

Als ich das letztemal von ihr hörte, erzählte sie mir mit der für sie bezeichnenden Fröhlichkeit, sie sei beim Aufräumen nach einer Party aus dem Rollstuhl gefallen und habe sich eins ihrer gelähmten Beine gebrochen.

Nie war sie niedergeschlagen oder beklagte sich; sie wurde zusehends heiterer, während eine Katastrophe die andere jagte und sie immer wirksamer von ihrer inneren Last befreite. Ich fragte sie einmal, ob es nur meine Einbildung sei oder ob es stimme, daß sie seit ihrer Verkrüppelung glücklicher wäre. Sie antwortete prompt, daß sie sich noch nie im Leben glücklicher gefühlt habe.

Ein halbes Dutzend ähnlicher Fälle kommen mir in den Sinn. Einige betreffen Männer, die sich einen Bart wachsen ließen oder Narben zulegten, um ihre körperliche Anziehungskraft zu verbergen, die ihnen das Leben unerträglich leicht und Frauen ihnen gegenüber liebevoller machte, als sie mit ihrem Gefühl, nicht liebenswert zu sein, vereinbaren konnten.

Es gibt sowohl Männer als auch Frauen, die sich nur von Menschen angezogen fühlen, welche unmöglich an ihnen interessiert sein können.

Jede Art von Versagen gründet im allgemeinen weder auf Unfähigkeit, noch auf Pech, noch auf Konkurrenz anderer, sondern auf eine Bestrebung in dem Betreffenden, sich den Zustand zu erhalten, in dem er sich heimisch zu fühlen gelernt hat.

Wenn somit ein Säugling sich einen Eindruck verschafft von seiner Beziehung zu allem, was außerhalb seiner selbst liegt, baut er sich den Rahmen, der ihm sein Leben lang Heimat sein wird, auf den er alles beziehen wird, an dem alles gemessen und ins Gleichgewicht gebracht werden wird. Das Bemühen seiner Stabilisierungsmechanismen ist dann, diesen Rahmen aufrechtzuerhalten. Ein Baby, dem die Erfahrung versagt bleibt, die als Grundlage für das volle Aufblühen seines angeborenen Potentials notwendig ist, wird womöglich nie auch nur einen Augenblick das Gefühl von bedingungsloser Richtigkeit erfahren, das seiner Gattung 99,99% ihrer Geschichte hindurch selbstverständlich war. Was immer komme: Entbehrung wird, zu dem Grad, in dem es das damit verknüpfte Unbehagen und Eingeschränktsein in der Säuglingszeit durchlitt, als Teil seiner Entwicklung bestehenbleiben. Triebkräfte kennen kein vernunftmäßiges Denken. Das gewaltige Gewicht ihrer Erfahrung vom Wirken der Natur läßt sie annehmen, daß es dem Einzelwesen dienlich sei, entsprechend seiner ursprünglichen Erfahrung gefestigt zu werden.

Daß diese Hilfe zu einer grausamen Falle werden könnte, einer Art lebenslänglicher Haft in einem transportablen Gefängnis, ist eine dem Gang der Evolution so fernliegende Möglichkeit und in der Geschichte des Tieres so neu, daß die menschliche Natur nur über wenige Vorkehrungen zur Linderung dieses Schmerzes verfügt. Es gibt jedoch einige. Es gibt

Neurosen und Geisteskrankheiten, um die Geschädigten vor der vollen Wucht einer unerträglichen Wirklichkeit zu bewahren. Es gibt eine Stumpfheit, die unerträglichen Schmerz überlagert. Andere finden Befreiung durch den Tod – vor allem jene, die ein stark infantiles Bedürfnis nach einer Mutterfigur bis ins mittlere oder hohe Alter beibehalten haben, und die den Menschen, der diese Rolle für sie spielt, verlieren, indem er stirbt, mit der Sekretärin durchbrennt oder was auch immer. Der von ihm abhängige Mensch findet sich dann bar jeder Hoffnung auf eine neue Stütze, und er ist unfähig, mit der Leere sowohl in seinem Inneren als um ihn herum, welche die Gegenwart des Vermißten einst ausfülle, zu leben.

Für einen Menschen mit reichem Säuglingserleben, der daher durch sein weiteres Leben bereicherungsfähig ist, ist, in welchem Alter auch immer, der Verlust eines langjährigen Freundes nicht gleichbedeutend mit dem Verlust von „allem“. Sein bzw. ihr Selbst ist nicht ein leeres Gefäß, das hinsichtlich seiner Substanz oder Motivierung von jemand anderem abhängt. Das völlig erwachsene Selbst wird trauern und zur Bewältigung der Veränderung seine Kräfte umgruppieren, etwa während einer Phase der Zurückgezogenheit.

In vollevolvierten Kulturen wie übrigens auch in vielen zivilisierten gibt es Rituale, die eine Hilfe beim Trauern darstellen (gemeinschaftliches Lamentieren, Zeremonien, Versammlungen). Insbesondere, wenn die Kultur keinen genau festgelegten Ablauf für das neue Leben des Hinterbliebenen vorsieht, noch dieses von weiterbestehenden Verpflichtungen gegenüber Kindern bzw. anderen Abhängigen bestimmt ist, gesteht die Gesellschaft dem Betreffenden häufig einen besonderen Zeitraum zu, der dem Auffinden einer neuen Richtung dienen soll. Das Tragen von Schwarz bzw. Weiß, oder irgendein anderes Zeichen, daß man nicht mehr im Spiel ist, sich sozusagen außerhalb der Farben des Lebens befindet, signalisiert dieses Verpuppungsstadium und fordert von der Gesellschaft Anerkennung und Tolerierung.

Die Tatsache, daß der zivilisierte Intellekt sich dieser Sitten bemächtigt und ihre Funktion im Vergleich zu ihren evolvierten Formen zu grotesken, von dem wirklichen Bedürfnis losgelösten Übertreibungen heruntergebracht bzw. völlig ausradiert hat, ändert nichts an der Ganzheitlichkeit und heilsamen Bedeutung ihrer Ursprünge. Und ebensowenig versäumen die Stabilisatoren des Kontinuums, Mitgliedern von Kulturen mit unzulänglichen oder fehlenden Möglichkeiten zum Trauern dieses Bedürfnis zu erfüllen. Wie in allen ähnlichen Notfällen bieten sie, wo sich keine bessere Gelegenheit für eine Schonzeit findet, häufig in der Form von Krankheit oder Unfall Schutz.

Das Ausmaß des durch eine Veränderung in der Umgebung eines Menschen verursachten Trennungsschmerzes hängt natürlich ab von dem Maße, in dem es ihm möglich war, sein angeborenes Potential von Flexibilität zu entwickeln, und dem entspricht dann auch das Ausmaß der Wiederherstellungsarbeiten.

Wie können wir etwas über das Leben des Kleinkinds im Kontinuum bzw. Nicht-Kontinuum erfahren? Wir können damit beginnen, daß wir Menschen wie die Yequana beobachten und dann Mitglieder unserer eigenen Kulturen wieder mit mehr Aufmerksamkeit betrachten. Die Welt der Säuglinge in Steinzeitkulturen unterscheidet sich von der der Kleinkinder in zivilisierten Kulturen wie Tag und Nacht.

Die Kontinuumkinder werden von Geburt an überallhin mitgenommen. Noch ehe die Nabelschnur abgefallen ist, ist das Leben des Säuglings bereits voller Anregungen. Meist schläft er, doch schon im Schlaf gewöhnt er sich an die Stimmen seiner Angehörigen, an die Geräusche, die mit ihren Handlungen verbunden sind, an die Stöße, Püffe und unerwarteten Bewegungen, an unerwartetes Anhalten, an Gehoben- und Gedrücktwerden gegen verschiedene Körperteile, während der Mensch, in dessen Obhut er sich befindet, ihn wie seine Tätigkeit oder Bequemlichkeit es erfordert, hin und her schiebt. Er gewöhnt sich an den Rhythmus von Tag und Nacht, an die Veränderungen von Stoffen und Temperaturen an seiner Haut und an das sichere, „richtige" Gefühl, gegen einen lebenden Körper gehalten zu werden. Sein dringendes Bedürfnis, sich dort zu befinden, würde ihm erst dann je bewußt werden, wenn man ihn von seinem Platz entfernte. In seiner eindeutigen Erwartung solcher Umstände und der Tatsache, daß sie und keine anderen seine Erfahrung ausmachen, setzt sich ganz einfach das Kontinuum seiner Gattung fort. Er fühlt sich „richtig"; daher hat er nur selten das Bedürfnis, durch Weinen etwas zu signalisieren oder irgendetwas anderes zu tun als zu saugen, wenn er die Lust dazu verspürt, und die Befriedigung des Saugreizes zu genießen; ebenso den Reiz und die Befriedigung des Defäkierens. Ansonsten ist er damit beschäftigt, zu lernen wie es ist, am Leben zu sein.

In der Phase des Getragenwerdens, in der Zeit zwischen der Geburt und dem freiwilligen Beginn des Krabbelns, gewinnt ein Säugling Erfahrung und erfüllt damit seine ihm angeborenen Erwartungen; von hier aus gelangt er zu neuen Erwartungen oder Wünschen, die er dann ihrerseits erfüllt. Wenn er wach ist, bewegt er sich sehr wenig und ist gewöhnlich in entspanntem und passivem Zustand. Seine Muskeln haben Spannkraft; er ist nicht in der stoffpuppenähnlichen Verfassung, in der er schläft, aber er wendet nur das Minimum an Muskelaktivität auf, das erforderlich ist, um die Dinge zu tun, die in dem jeweiligen Stadium getan werden müssen: zu essen oder zu defäkieren. Ihm fällt auch ziemlich früh die Aufgabe zu – wenngleich nicht sofort nach der Geburt –, Kopf und Körper in einer unendlichen Vielfalt von Haltungen im Gleichgewicht zu halten (um Aufmerksamkeit zu zeigen, zu essen oder zu defäkieren), je nach den Tätigkeiten und Stellungen des ihn tragenden Menschen.

Vielleicht liegt er auf einem Schoß in nur gelegentlichem Kontakt mit Armen und Händen, die mit etwas über ihm beschäftigt sind – etwa ein Kanu zu rudern, zu nähen oder Essen zuzubereiten. Dann fühlt er vielleicht plötzlich, wie der Schoß ihn nach außen kippt und eine Hand sein Handgelenk ergreift. Der Schoß entfernt sich und die Hand packt fester zu und hebt ihn durch die Luft zu neuem Kontakt mit dem Rumpf des Körpers, worauf die Hand losläßt und ein Ellbogen eine unterstützende Stellung einnimmt, indem er ihn fest gegen Hüfte und Brustkorb drückt; dann bückt sich der Körper, um etwas mit der freien Hand aufzuheben, wobei er ihn sekundenlang nach unten hält, geht dann weiter, rennt, geht wieder und läßt ihn dabei in unterschiedlichem Rhythmus auf- und niederhüpfen und erteilt ihm die verschiedensten Stöße. Danach wird er vielleicht an jemand anderen weitergegeben, wobei er fühlt, wie er den Kontakt mit dem einen Menschen verliert und in Berührung mit neuer Temperatur und Hautbeschaffenheit, mit neuem Geruch und neuen Geräuschen eines anderen Menschen kommt, der vielleicht knochiger ist oder die schrille Stimme eines Kindes bzw. die tiefe eines Mannes besitzt. Oder er wird von einem Arm wieder emporgehoben und in kaltes Wasser getaucht, bespritzt und gestreichelt, dann mit der Handseite gerieben, bis das Wasser aufhört, an seinem Körper herunterzutröpfeln. Dann wird er vielleicht wieder, feucht an feucht, an seinen Platz auf der Hüfte zurückbefördert, bis die Kontaktstelle große Hitze erzeugt, während die der Luft ausgesetzten Körperteile kälter werden. Danach fühlt er, wie die Wärme der Sonne ihn erreicht, oder die besondere Kühle eines leichten Windes. Womöglich fühlt er beides, während er durch Sonnenschein in den Schatten eines Waldweges getragen wird. Er ist vielleicht fast trocken und wird dann von prasselndem Regen durchnäßt; später findet er dann sein Wohlgefühl wieder bei dem plötzlichen Wechsel von Kalt und Naß zu einem geschützten Platz mit einem Feuer, das seine Außenseite nun schneller wärmt als die andere Seite vom Körperkontakt erwärmt wird.

Wenn ein Fest im Gange ist, während er schläft, wird er ziemlich heftig geschüttelt werden, da seine Mutter im Takt der Musik hüpft und stampft. Im Schlaf untertags stoßen ihm ähnliche Abenteuer zu. Nachts schläft seine Mutter an seiner Seite, ihre Haut wie immer an der seinen, während sie atmet und sich bewegt und manchmal ein wenig schnarcht. Sie wacht in der Nacht des öfteren auf, um das Feuer zu schüren; dabei hält sie ihn dicht an sich, indem sie sich aus der Hängematte rollt und zu Boden gleitet, wo er zwischen Oberschenkel und Körper eingeklemmt wird, während sie die Scheite umschichtet. Erwacht er hungrig in der Nacht, gibt er vielleicht einen Ton von sich, wenn er die Brust nicht gleich findet; dann wird sie sie ihm geben, und sein Wohlbefinden wird wiederhergestellt sein, ohne daß jemals die Grenzen seines Kontinuums auch nur beeinträchtigt worden wären. Sein Leben, so voller Aktion, stimmt überein mit dem Leben, das von Millionen seiner Vorfahren gelebt worden ist, und es erfüllt die Erwartungen seines Wesens.

Der Säugling selbst tut also in der Frühphase des Getragenwerdens sehr wenig, doch wird ihm eine Vielzahl und Vielfalt von Erfahrungen zuteil durch seine Abenteuer in den Armen eines beschäftigten Menschen. Wenn seine Bedürfnisse sich ändern, nachdem die bisherigen zufriedenstellend erfüllt worden sind und er psychologisch genügend entwickelt und für die nächstfolgenden bereit ist, signalisiert er das seinen angeborenen Impulsen entsprechend, und seine Zeichen werden von den angeborenen Mechanismen derer, die sie wahrnehmen, zutreffend gedeutet. Wenn er lächelt und gluckst, ruft dies Freude hervor und den Impuls, die erfreulichen Töne so lange und oft wie möglich hervorzulocken. Welche Reize für ihn richtig sind, wird schnell verstanden, und diese werden, ermutigt durch die belohnende Reaktion des Babies, wiederholt. Später, wenn durch häufige Wiederholung der Grad von Lust und Erregung abnimmt, verschieben seine Zeichen und Reaktionen das Verhaltensmuster in die Richtung, in der ein Höchstmaß an Lust erhalten bleibt.

Spiele des Annäherns und Sich-Zurückziehens sind Beispiele hierfür. Sie beginnen vielleicht mit einem liebevollen Kuß auf Gesicht oder Körper des Kindes. Es lächelt und gluckst. Hierauf folgt ein weiterer Kuß. Vom Baby kommen mehr Zeichen der Freude und Ermutigung. Der Ton seines glücklichen Kreischens und das Leuchten in seinen Augen erheischen nicht Frieden und Ruhe, nicht Trost oder Nahrung oder einen Stellungswechsel, sondern Erregung. Instinktiv reibt seine Spielgefährtin ihre Nase an seiner Brust; und wenn das erfolgreich ist, erzeugt sie sehr bald noch freudigere Reaktionen, indem sie mit vibrierendem b-b-b-b-b-b seine Körperfläche mit den Lippen abrubbelt.

Das Baby beginnt nun, indem es schon die eigene Reaktion vorwegnimmt, vor Erregung bereits zu glucksen und zu quietschen, wenn der freudenspendende Mund sich nähert. Der Mann, die Frau oder das Kind, dem der Mund gehört, stellt fest, daß die belohnenden Babytöne sich durch Necken noch vermehren lassen, d. h. durch ein Hinauszögern der Annäherung bis zu dem Punkt, an dem die größte Wirkung aufrechterhalten wird – nicht zu lange für die Aufmerksamkeit des Babies, doch lange genug, um ein Höchstmaß an Vorfreude zu erzielen.

Der nächste Schritt in diesem Spiel ist, das Baby auf Armeslänge entfernt zu halten und dann wieder in die Sicherheit des engen Kontaktes heranzuziehen. Der Kontrast zwischen der Randzone und der Sicherheitszone, die Beziehung zwischen der Bewegung nach außen und der unversehrten Rückkehr, der Triumph, die eigene Entfernbarkeit von der Sicherheitszone ausprobiert zu haben und erfolgreich zurückgekehrt zu sein: all dies ist der Auftakt zu der Ereignisfolge und psychobiologischen Reifung, die es dazu befähigen, sich von der Phase des Getragenwerdens loszulösen, und es begierig sein lassen auf die nächsten Abenteuer im uralten Entwicklungsplan.

Sobald die Entfernung auf Armeslänge ausprobiert und vom Baby gemeistert worden ist, folgt als nächstes das Hochwerfen, wobei der haltende Griff sich auf dem Höhepunkt lockert. Wenn das Baby dann seine Bereitschaft für Gewagteres zu erkennen gibt, wird es richtig geworfen und aufgefangen. Man läßt es höher fliegen und tiefer fallen, da sein Vertrauen wächst, da die Grenzlinie, an der es Angst zeigt, zurückweicht und sein Vertrauensradius sich erweitert.

Von ihren Gefährten lernen die Babies auch Spiele, die die gleichen Fähigkeiten im Zusammenhang mit den verschiedenen Sinnen auf die Probe stellen. So wird etwa beim Versteckspielen auf die gleiche allmähliche Art der beruhigende Anblick der Mutter oder einer Bezugsperson abgeschnitten und kurz darauf wiederhergestellt. Immer plötzlichere bzw. lautere Geräusche werden dem Kind ins Ohr gepustet – z. B. „Buh!“ – mit der anschließenden beruhigenden Mitteilung, daß es nur die Mami oder wer sonst immer ist und kein Grund zur Beunruhigung. Spielsachen wie das Schachtelmännchen verlagern den erschreckenden Reiz auf die Außenwelt und testen ein noch höheres Maß von Stabilität. Es kann Spiele geben, die diesem Muster folgen, aber von Erwachsenen initiiert werden. Die Yequanas nutzen die Freude des Babies an Aufführungen dieser Art aus und tauchen es nach und nach in immer bedrohlichere Gewässer, jedoch streng nach seinen Regeln und unter Beachtung seiner Aufforderungen zum Weitermachen. Ein Bad gehört von Geburt an zur täglichen Routine, aber jedes Kleinkind wird auch in schnelle Flüsse getaucht; zuerst nur mit den Füßen, dann mit den Beinen, schließlich mit dem ganzen Körper. Das Wasser wird immer reißender, bis zu strudelnden Stromschnellen und Wasserfällen, und wenn die Reaktion des Babies wachsendes Selbstvertrauen offenbart, wird auch die Zeit länger, die man es dem Wasser aussetzt. Ehe es laufen oder auch nur denken kann, entwickelt sich das Yequana-Baby schon zum Experten im Einschätzen der Kraft, Richtung und Tiefe von Gewässern durch Beobachtung. Die Mitglieder seines Stammes gehören zu den fähigsten Weißwasser-Kanufahrern der Welt.

Die Sinne werden mit einer enormen Anzahl und Vielfalt von Ereignissen und Dingen konfrontiert, anhand derer sie ihre Funktionen ausüben und verfeinern sowie ihre Botschaften an das Gehirn koordinieren können.

Die ersten Lebenserfahrungen betreffen vorwiegend den Körper einer beschäftigten Mutter. Alltagsverrichtungen sind Ausgangspunkte für das Baby, den Rhythmus eines aktiven Lebens zu übernehmen. Dieser Rhythmus wird zu einem Charakteristikum seiner Umwelt und bleibt mit der wohltuenden

„Richtigkeit" des eigenen Selbst assoziiert, da er in der Phase des Getragenwerdens erworben wurde.

Wird ein Baby überwiegend von jemandem getragen, der nur still dasitzt, so wird ihm dies nicht helfen zu lernen, wie Leben und Aktion beschaffen sind, obwohl es sicherlich negative Gefühle von Verlassen- und Getrenntsein und viel von der schlimmsten Qual ungestillten Verlangens von ihm fernhält. Die Tatsache, daß Babies die Menschen aktiv auffordern, sie zu erregen, zeigt, daß sie Aktion zum Zwecke ihrer Entwicklung erwarten und benötigen. Eine still dasitzende Mutter wird ihr Baby durch Gewohnheit dazu bringen, das Leben als langweilig und langsam zu betrachten; dies führt zu Unruhe in ihm und häufigen Versuchen seinerseits, mehr Anreize aus ihr hervorzulocken. Es wird auf- und niederhüpfen, um zu zeigen, was es will, oder mit den Armen umherfuchteln, um ihre Handlungen zu beschleunigen. Ganz ähnlich wird sie ihm, wenn sie es unablässig behandelt, als sei es zerbrechlich, das Gefühl vermitteln, tatsächlich zerbrechlich zu sein. Handhabt sie es jedoch auf rauhe und lockere Weise, wird es sich stark und anpassungsfähig und in einer unendlichen Vielfalt von Umständen beheimatet fühlen. Sich als zerbrechlich zu betrachten, ist nicht nur unerfreulich, sondern beeinträchtigt auch die Leistungsfähigkeit des heranwachsenden Kindes und später die des Erwachsenen.

Die Anblicke und Geräusche, die Gerüche, Stoffe und Geschmacksempfindungen sind anfänglich überwiegend die des schutzspendenden Körpers, und schließen später, mit der Entwicklung größerer Fähigkeiten, eine wachsende Vielzahl von Ereignissen und Objekten ein. Verknüpfungen werden hergestellt. Das Dunkel der Hütte ist immer gegenwärtig beim Geruch von Essenkochen und fast immer, wenn der Geruch eines Holzfeuers in der Luft ist. Ein helles Licht herrscht beim Baden und beim Durchschütteltwerden auf Wanderungen. Die Lufttemperatur ist nach Anbruch der Dunkelheit gewöhnlich angenehmer als tags im Freien, wenn es oft glutheiß ist oder kühl von Wind und Regen. Jede einzelne dieser Veränderungen jedoch ist annehmbar und die Unterschiede werden erwartet, da es in der Erfahrung des Babies stets Vielfalt gab. Die Grundbedingung des Getragenwerdens ist erfüllt worden, daher ist das Kleinkind offen dafür, sich von allem, was es fühlt, anregen und bereichern zu lassen. Ereignisse, die einen unvorbereiteten Erwachsenen erschrecken würden, werden von einem Säugling, der getragen wird, kaum bemerkt. Gestalten ragen plötzlich dicht über seinen Augen auf, Baumspitzen drehen sich hoch über seinem Kopf. Ganz unerwartet wird alles dunkel oder hell. Donner und Blitz, bellende Hunde, das ohrenbetäubende Tosen von Wasserfällen, das Bersten von Bäumen, lodernde Feuer, Regen- oder Flußwassergüsse, denen er überraschend ausgesetzt wird: nichts davon bringt ihn aus der Ruhe. So wie die Bedingungen sind, unter denen seine Gattung sich entwickelte, würden nur völlige Stille oder ein längerandauernder *Mangel* an Veränderung in den Sinnesreizen beunruhigend wirken.

Wenn er aus irgendeinem Grund doch zu weinen beginnt, während mehrere Erwachsene in ein Gespräch vertieft sind, zischt seine Mutter sanft in sein Ohr, um ihn abzulenken. Hilft das nicht, so trägt sie ihn weg, bis er ruhig ist. Sie setzt nicht ihren Willen gegen den des Kindes, sie schließt sich gemeinsam mit ihm aus, ohne ihm irgendein Urteil über sein Benehmen oder Mißfallen über die Störung zu erkennen zu geben. Wenn er sie vollsabbert, nimmt sie selten Notiz davon. Wischt sie ihm mit dem Handrücken den Mund ab, so geschieht das in der halb abwesenden Art, in der sie auch sich selbst pflegt. Wenn er sich naßmacht oder defäkiert, lacht sie vielleicht, und da sie selten allein ist, lachen auch ihre Gefährten, und sie hält das Kind so schnell sie kann von sich ab, bis es sein Geschäft beendet hat. Es ist eine Art Spiel, zu sehen, wie schnell sie es weghalten kann, aber das Gelächter wird lauter, wenn sie den kürzeren dabei zieht. In Sekundenschnelle dringt der Urin in den Erdfußboden ein, und die Ausscheidungen werden sofort mit Blättern beseitigt. Erbrechen oder „Essen ausspucken“, ein tägliches Ereignis im Leben unserer Kleinkinder, kommt so selten vor, daß ich mich nur an einen einzigen solchen Fall in all meinen Jahren bei den Indianern erinnern kann, und da hatte das Baby hohes Fieber.

Die Vorstellung, die Evolution habe eine einzige Gattung dahingehend entwickelt, beim Trinken der Muttermilch unweigerlich an Verdauungsschwierigkeiten zu leiden, ist erstaunlicherweise von den Experten in unserer Zivilisation noch nie in Frage gestellt worden. „Bäuerchen-machen-Lassen" – dem Baby fest den Rücken zu klopfen, ihm zu helfen, „die geschluckte Luft wieder hochzubringen". Das Baby muß sich dabei häufig an der Schulter übergeben. Bei dem Streß, dem unsere Babies unterworfen sind, nimmt es wenig Wunder, wenn sie ständig krank sind. Die Spannung, das Um-sich-Stoßen, Sich-Wölben, Sich-Biegen und Quietschen sind alles Symptome des gleichen beständigen, tiefen Unbehagens. Die Babies der Yequana benötigen niemals eine besondere Behandlung, nachdem sie sich gestillt haben – ebenso wenig wie die Jungen anderer Tierarten. Womöglich läßt sich dies durch die Tatsache erklären, daß sie sich bei Tag und Nacht weit häufiger stillen lassen, als es unseren Babies in der Zivilisation gewährt wird. Wahrscheinlicher jedoch liegt die ganze Antwort wohl in unserem Zustand von anhaltendem Streß; denn selbst dann, wenn die Babies der Yequana fast den ganzen Tag von Kindern umsorgt wurden und sich daher nicht nach Belieben an die Mutter wenden konnten, zeigten sie nie ein Anzeichen von Bauchkrämpfen.

Setzt dann später die Reinlichkeitserziehung ein, jagt man das Kleinkind nach draußen, wenn es den Boden der Hütte beschmutzt. Bis dahin ist es schon so vollständig daran gewöhnt, sich als „richtig" bzw. „gut" zu fühlen und auch von den anderen so betrachtet zu werden, daß sich seine sozialen Impulse im Einklang mit denen seiner Stammesgenossen entwickeln. Wenn dann eine seiner Handlungen Mißbilligung erfährt, fühlt es, daß man nicht es selbst ablehnt, sondern seine Tat, und ist motiviert zu kooperieren. Es gibt keinen Impuls, sich den anderen gegenüber zu verteidigen oder überhaupt irgendeinen anderen Standpunkt als den ihren zu vertreten: sind sie doch seine erprobten und getreuen Verbündeten.

Dies ist gemeint, wenn der Mensch ein „soziales Tier" genannt wird – obwohl es eine grausame Ironie ist, darauf erst hinweisen zu müssen.

Womit wir zu den Erfahrungen von „nicht-Kontinuum-bestimmten" Kleinkindern in den westlichen Kulturen der Gegenwart kommen.

Das Geschöpf ist das gleiche. Obwohl unsere jüngste Geschichte von der ihrigen sehr verschieden ist, ist doch die Geschichte unserer Evolution, sind die Jahrmillionen, in denen das menschliche Tier geformt wurde, uns und den Yequana gemeinsam. Die wenigen tausend Jahre, in denen die Abweichung vom Kontinuum zur Zivilisation führte, sind im Hinblick auf die Evolutionszeit unbedeutend. In einer derartig kurzen Zeitspanne konnte kein bedeutsamer oder wahrnehmbarer entwicklungsgeschichtlicher Schritt stattfinden. Demgemäß verfügen Kontinuum-Kinder, die direkt von Vorfahren abstammen, welche nie Versagung erlitten, über dieselben Erwartungen wie jene, deren Geburt etwa künstlich eingeleitet wurde, damit der Vorstadtgynäkologe seine Golftermine einhalten konnte.

Wie wir bereits gesehen haben, sind Kleinkinder der Gattung Mensch nicht weniger als die irgendeiner anderen Gattung dafür eingerichtet, geboren zu werden. Die Geburtserfahrungen sind Bestandteil unseres Repertoires an Anpassungsfähigkeit aufgrund der Tatsache, daß unsere Evolution sich nach der Erfahrung von Vorfahren richtete, die alle geboren worden sind – jedenfalls seit dem Auftauchen von Säugetieren – und davor, was nicht weniger Anpassungsfähigkeit erforderte, ausgebrütet wurden. Die erwarteten Ereignisse sind jene, die der formenden Vorerfahrung folgen. Unerwartete Ereignisse haben keine Stabilisierungsmechanismen entwickelt, mit deren Hilfe sie verarbeitet werden könnten.

Ferner besteht die Gefahr, daß unerwartete Vorkommnisse bei der Geburt die erwarteten, welche für bestimmte Entwicklungsfolgen notwendig sind, nicht nur begleiten, sondern sogar ersetzen. In der Natur wird kaum etwas verschwendet. Das Wesen des evolvierten Systems ist die sparsame Wechselbeziehung aller seiner Aspekte, die im Entwicklungsprozeß gleichermaßen als Ursache wie als Wirkung fungieren.

Dies bedeutet, daß mit dem Verlust irgendeiner früher vorhandenen Einzelerfahrung das Individuum einen Teil seines Wohlgefühls einbüßen muß. Es mag eine Erfahrung sein, die zu fein ist, um bemerkt zu werden, oder eine, deren Verlust so weitverbreitet ist, daß wir den Mangel gar nicht wahrnehmen. Wie wir noch sehen werden, hat die Forschung bereits erwiesen, daß der Verlust der Erfahrung, auf Händen und Füßen krabbeln zu können, schädliche Folgen für die Entwicklung verbaler Fähigkeiten in einem späteren Stadium zeitigt. Ebenso überraschend könnte sich herausstellen, daß der Verlust anderer Erfahrungen in der frühen Kindheit, wie z. B. in zahlreichen verschiedenen Stellungen gehalten zu werden oder eine kurze Zeit lang vom Regen durchnäßt zu werden oder den natürlichen Wechsel des Lichtes von Tag zu Nacht zu erfahren, verantwortlich sind für das Fehlen des Gleichgewichtsgefühls oder für mangelnde Widerstandskraft gegenüber Temperaturwechsel oder für die Seekrankheit. Was das Gleichgewichtsgefühl betrifft, so könnte ein Forscher versuchen herauszufinden, was in der Erfahrung von Mohawk-Babies vorkommt, das unsere Babies entbehren, und was erklärt, wieso sie kein Schwindelgefühl kennen, wir hingegen dem Schwindelgefühl in unterschiedlichen Graden unterworfen sind. (Auch die Yequana, Sanema und vielleicht alle südamerikanischen Indianerstämme kennen kein Schwindelgefühl; die Mohawks jedoch verfügen inzwischen über viel mehr von uns gelernte Erfahrungen, die davon abweichenden ließen sich somit auf der Suche nach dem maßgeblichen Faktor bei ihnen womöglich leichter sichten.)

Was das Phänomen des Geburtstraumas bei zivilisierten Menschen betrifft, so legt das Kontinuum-Prinzip nahe, daß die Gründe dafür in der Benutzung von Stahlinstrumenten, hellem Licht, Gummihandschuhen, dem Geruch von Antiseptika und

Narkosemitteln, lauten Stimmen oder den Geräuschen von Geräten liegen könnten. Bei einer Geburt ohne Trauma müssen die Erfahrungen des Babies genau die und nur die sein, die seinen und der Mutter uralten Erwartungen entsprechen. Viele gute, gesunde Kulturen überlassen es der Mutter, ihr Baby ohne jegliche Hilfe zu bekommen, während andere, nicht minder gesunde, darauf bestehen, daß ihr Hilfe zuteil wird. In jedem Fall bleibt das Baby vom Augenblick seines Austritts aus dem Mutterleib in engem Kontakt mit dem Körper der Mutter. Wenn es selbständig zu atmen begonnen hat und friedlich auf seiner Mutter ausruht, nachdem es von ihr gestreichelt wurde bis es ganz ruhig ist, und wenn die Nabelschnur gänzlich aufgehört hat zu pulsieren und danach durchgeschnitten wurde, wird das kleine Wesen an die Brust gelegt, ohne Verzögerung irgendwelcher Art – sei es zum Waschen, Wiegen, Untersuchen oder was auch sonst. Genau zu diesem Zeitpunkt, sobald die Geburt vollendet ist, wenn Mutter und Baby einander zum erstenmal als getrennte Einzelwesen begegnen, muß das folgenreiche Ereignis der Prägung stattfinden. Man weiß recht gut, daß viele kleine Tiere bei der Geburt auf ihre Mutter geprägt werden. Gänseküken werden, sobald sie ausgebrütet sind, auf den ersten in der Nähe befindlichen Gegenstand, den sie in Bewegung sehen, geprägt. Dieser sollte ihre Mutter sein, aber selbst wenn es sich um ein aufgezogenes Spielzeug oder um Konrad Lorenz handelt, treibt sie ihr evolviertes Wesen dazu, ihm überallhin zu folgen. Ihr Leben hängt von ihrem Geprägtwerden auf die Mutter ab, da diese unmöglich all ihren Küken gleichzeitig folgen könnte und sie unfähig sind, sich ohne sie die eigenen Bedürfnisse zu erfüllen. Bei unserer eigenen Gattung ist es, im Gegensatz zu den meisten anderen, stattdessen notwendig, daß die Mutter auf das Baby geprägt wird, denn ein Menschenbaby ist zu hilflos, irgendjemandem zu folgen oder irgendetwas zur Aufrechterhaltung des Kontaktes mit seiner Mutter zu unternehmen, außer, ihr ein Zeichen zu geben, wenn sie seine Erwartungen nicht erfüllt.

Dieser überaus wichtige Impuls ist beim Menschen so stark

in der Mutter verwurzelt, daß er vor allen anderen Beweggründen, die sie beschäftigen mögen, Vorrang hat: Wie müde, wie hungrig, durstig oder sonstwie motiviert durch normales Eigeninteresse sie auch immer sein mag – vorherrschend ist bei ihr jetzt der Wunsch, diesen nicht besonders ansehnlichen völlig Fremden zu nähren und ihm Wohlgefühl zu vermitteln. Wäre es anders, wir hätten all diese Hunderttausende von Generationen hindurch nicht überlebt. Die Prägung, eingebettet in die Folge der durch Hormone ausgelösten Vorgänge bei der Geburt, muß sofort stattfinden, oder es ist zu spät dafür. Eine prähistorische Mutter hätte es sich nicht leisten können, einem Neugeborenen gegenüber auch nur wenige Minuten lang gleichgültig zu bleiben; daher muß der machtvolle Trieb unverzüglich da sein. Daß dies im Kontinuum der Ereignisse vorgesehen ist, stellt eine wesentliche Voraussetzung für die fließende Folge von Reiz und Reaktion dar, die sich zu Beginn des Zusammenlebens von Mutter und Baby einstellt.

Wird die Prägung verhindert, das Baby fortgetragen, wenn die Mutter darauf eingestellt ist, es zu liebkosen, an die Brust zu legen, in die Arme und ins Herz zu schließen, oder ist die Mutter zu narkotisiert, um die Prägung voll zu erfahren – was geschieht dann? Allem Anschein nach weicht der Prägungsreiz einem Zustand der Trauer, wenn die Reaktion der erwarteten Begegnung mit dem Baby ausbleibt. Wenn während der formenden Ewigkeiten, in denen Menschengeburten stattfanden, der aufwallenden Zärtlichkeit der Mutter das Objekt fehlte, dann aus dem Grunde, daß das Baby totgeboren war. Die psychobiologische Reaktion war das Trauern. Wenn der Moment verpaßt ist, die Reaktion auf den Reiz ausbleibt, werden die Kontinuum-Kräfte von der Annahme geleitet, es sei kein Baby da und der Prägungsreiz müsse annulliert werden.

Wird also in einer modernen Klinik Stunden oder auch nur Minuten nachdem die Mutter in einen physiologischen Zustand der Trauer geraten ist, ihr plötzlich ein Baby hingehalten, so folgt häufig die Reaktion, daß sie sich schuldig fühlt, weil sie nicht imstande ist, „Muttergefühle aufzubringen“ oder „das

Baby besonders liebzuhaben" (s. S. 78). Außerdem leidet sie dann unter der klassischen Zivilisationskrankheit, die als normale Postpartum-Depression bezeichnet wird – genau in dem Augenblick, da die Natur sie ganz ausgezeichnet auf eines der tiefsten und folgenreichsten Gefühlserlebnisse ihres Lebens vorbereitet hatte.

In diesem Stadium wäre eine Wölfin, die sich dem Wolfs-Kontinuum gemäß verhält, einem menschlichen Baby eine bessere Mutter als seine biologische Mutter, die einen Meter entfernt im Bett liegt. Die Wolfsmutter wäre greifbar; die menschliche Mutter könnte ebensogut auf dem Mars sein.

In den Entbindungsstationen der westlichen Welt besteht kaum Aussicht, von Wölfinnen getröstet zu werden. Das Neugeborene, dessen Haut nach der uralten Berührung durch einen weichen, wärmeausstrahlenden, lebendigen Körper schreit, wird in trockenes, lebloses Tuch gewickelt. Es wird, so sehr es auch schreien mag, in einen Behälter gelegt, und dort einer qualvollen Leere ausgeliefert, in der keinerlei Bewegung ist (zum erstenmal in seiner gesamten Körpererfahrung, während der Jahrmillionen seiner Evolution oder seiner glückseligen Ewigkeit im Uterus). Das einzige Geräusch, das es hören kann, ist das Geschrei anderer Opfer, die die gleiche unaussprechliche Höllenqual leiden. Das Geräusch kann ihm nichts bedeuten. Es schreit und schreit; seine an Luft nicht gewöhnten Lungen werden von der Verzweiflung in seinem Herzen überanstrengt. Keiner kommt. Da es seiner Natur gemäß in die Richtigkeit des Lebens vertraut, tut es das einzige, was es kann: es schreit immer weiter. Schließlich schläft es erschöpft ein – ein zeitloses Leben lang später.

Es erwacht in bewußtloser Angst vor der Stille, der Reglosigkeit. Es schreit. Es flammt von Kopf bis Fuß vor Bedürfnis, vor Sehnsucht, vor unerträglicher Ungeduld. Es schnappt nach Luft und schreit, bis sein Kopf von dem Geräusch angefüllt ist und pulsiert. Es schreit, bis ihm die Brust wehtut, bis seine Kehle wund ist. Es kann den Schmerz nicht länger ertragen; sein Schluchzen wird schwächer und hört auf. Es lauscht. Es öffnet und schließt die Fäuste. Es rollt den Kopf von einer Seite zur anderen. Nichts hilft. Es ist unerträglich. Wieder fängt es zu schreien an, aber seiner überanstrengten Kehle wird das zuviel; es hört bald wieder auf. Es versteift seinen von Sehnsucht gefolterten Körper und erfährt eine Andeutung von Erleichterung. Es wedelt mit den Händen und stößt mit den Füßen. Es hört auf, fähig zu leiden, doch unfähig zu denken, unfähig zu hoffen. Es lauscht. Dann schläft es wieder ein.

Wenn es wieder aufwacht, näßt es die Windeln und wird durch dieses Ereignis von seiner Qual abgelenkt. Schnell jedoch sind das angenehme Gefühl des Nässens und das warme feuchte fließende Gefühl um seinen Unterkörper herum wieder verschwunden. Die Wärme ist jetzt reglos und wird kalt und klamm. Es strampelt. Versteift den Körper. Schluchzt. Außer sich vor Sehnen, seine leblose Umgebung naß und unbequem, schreit es durch sein Elend hindurch, bis es durch einsamen Schlaf beruhigt wird.

Plötzlich wird es emporgehoben; die Erwartungen dessen, was ihm zuteil werden muß, melden sich wieder. Die nasse Windel wird entfernt. Erleichterung. Lebendige Hände berühren seine Haut. Seine Füße werden hochgehoben, und ein neues, knochentrockenes, lebloses Stück Stoff wird ihm um die Lenden gewickelt. Sofort ist es wieder so, als hätte es die Hände nie gegeben, und die nasse Windel auch nicht. Es gibt keine bewußte Erinnerung, keine Spur von Hoffnung. Das Baby befindet sich in unerträglicher Leere, zeitlos, reglos, ruhig, voll endlosen ungestillten Verlangens. Sein Kontinuum probiert seine Notmaßnahmen aus, doch die sind alle nur geeignet, kurze Ausfälle bei ansonsten richtiger Behandlung zu überbrücken oder Erleichterung herbeizurufen durch jemanden, von dem angenommen wird, daß er sie gewähren will. Für den gegebenen Extremfall hat das Kontinuum keine Lösung. Die Situation ist jenseits seiner immensen Erfahrung. Nach nur einigen Stunden Atmens hat das Baby bereits einen Grad von Entfremdung von seiner Natur erreicht, der jenseits der Rettungskräfte des mächtigen Kontinuums liegt. Die Zeit seines

Aufenthaltes im Mutterleib war aller Wahrscheinlichkeit nach die letzte in jenem ungebrochenen Wohlgefühl verbrachte, in welchem es der ihm angeborenen Erwartung zufolge das ganze Leben hätte zubringen sollen. Sein Wesen gründet auf der Annahme, daß die Mutter sich angemessen verhält und daß die Motivationen und das darauf abgestimmte Handeln beider einander naturgemäß wechselseitig dienen werden.

Jemand kommt und hebt es sacht in die Höhe. Das Baby lebt auf. Es wird zwar für seinen Geschmack etwas zu zimperlich getragen, aber wenigstens gibt es Bewegung. Jetzt fühlt es sich am richtigen Platz. Alle durchlittene Todesangst ist nicht mehr existent. Es ruht in den umschließenden Armen; und obwohl seine Haut von dem Stoff keine Erleichterungsbotschaft empfängt, keine Nachricht von lebendigem Fleisch dicht an dem seinen, berichten ihm Hände und Mund, daß alles normal sei. Die entschiedene Lebensfreude, die im Kontinuumzustand normal ist, ist fast vollständig. Geschmack und Struktur der Brust sind da, die warme Milch fließt in seinen begierigen Mund, es gibt Herzschlag, welcher ihm ein Bindeglied hätte sein sollen, eine Versicherung des Zusammenhangs mit dem Mutterleib, seine schwache Sehkraft nimmt Bewegung wahr. Auch der Ton der Stimme ist richtig. Einzig der Stoff und der Geruch (seine Mutter gebraucht Cologne) lassen etwas vermissen. Es saugt, und wenn es sich satt und rosig fühlt, schlummert es ein.

Beim Aufwachen befindet es sich in der Hölle. Keine Erinnerung, keine Hoffnung, kein Gedanke kann ihm die tröstliche Erinnerung an seinen Besuch bei der Mutter in die Öde seines Fegefeuers bringen. Stunden vergehen und Tage und Nächte. Es schreit, ermüdet, schläft ein. Es wacht auf und näßt die Windeln. Jetzt verbindet sich damit kein Wohlgefühl mehr. Kaum wurde ihm von seinen inneren Organen die Freude der Erleichterung vermittelt, da wird diese schon wieder von stetig anwachsendem Schmerz abgelöst, wenn der heiße, säurehaltige Urin seinen schon wundgeriebenen Körper angreift. Es schreit. Seine erschöpften Lungen müssen schreien, um das scharfe

Brennen zu übertönen. Es schreit, bis der Schmerz und das Schreien es erschöpfen, ehe es wieder einschläft.

In seiner Klinik, die keineswegs ein Ausnahmefall ist, wechseln die fleißigen Schwestern alle Windeln nach Zeitplan, ob sie nun trocken, feucht oder schon ganz durchnäßt sind; und sie schicken die Kinder völlig wund nach Hause, wo jemand, der Zeit hat für solche Dinge, sie gesundpflegen muß.

Wenn es in das Zuhause seiner Mutter gebracht wird (das seine kann man es wohl kaum nennen), ist es bereits wohlvertraut mit dem Wesen des Lebens. Auf einer vorbewußten Ebene, die all seine weiteren Eindrücke bestimmen wird, wie sie ihrerseits von diesen ihre Prägung erfährt, kennt es das Leben als unaussprechlich einsam, ohne Reaktion auf die von ihm ausgesandten Signale und voller Schmerz.

Aber noch hat es nicht aufgegeben. Solange Leben in ihm ist, werden die Kräfte seines Kontinuums immer wieder versuchen, ihr Gleichgewicht zurückzuerlangen.

Das Zuhause ist im wesentlichen von der Entbindungsstation nicht zu unterscheiden, bis auf das Wundsein. Die Stunden, in denen der Säugling wach ist, verbringt er in Sehnsucht, Verlangen und in unablässigem Warten darauf, daß „Richtigkeit" im Sinne des Kontinuums die geräuschlose Leere ersetzen möge. Für wenige Minuten des Tages wird sein Verlangen aufgehoben und sein schreckliches auf der Haut kribbelndes Bedürfnis nach Berührung, Gehalten- und Herumgetragenwerden wird erfüllt. Seine Mutter ist eine, die sich nach viel Überlegung dazu entschlossen hat, ihm Zugang zu ihrer Brust zu gewähren. Sie liebt ihn mit einer bis dahin nicht gekannten Zärtlichkeit. Anfangs fällt es ihr schwer, ihn nach dem Füttern wieder hinzulegen, besonders weil er so verzweifelt dabei schreit. Aber sie ist überzeugt davon, daß sie es tun muß, denn ihre Mutter hat ihr gesagt (und *sie* muß es ja wissen), daß er später einmal verzogen sein und Schwierigkeiten machen wird, wenn sie ihm jetzt nachgibt. Sie will alles richtig machen; einen Augenblick lang fühlt sie, daß das kleine Leben, das sie in den Armen hält, wichtiger ist als alles andere auf Erden.

Sie seufzt und legt ihn sanft in sein Bettchen, das mit gelben Entchen verziert und auf sein ganzes Zimmer abgestimmt ist. Sie hat viel Arbeit hineingesteckt und es mit flauschigen Vorhängen, einem Teppich in der Form eines Riesenpanda, einem weißen Toilettentisch, Badewanne und Wickelkommode eingerichtet. Dazu gehören auch Puder, Öl, Seife, Haarwaschmittel und Haarbürste – alles versehen mit und eingewickelt in besonderen Baby-Farben. An der Wand hängen Bilder von Tierkindern, die als Menschen angezogen sind. Die Kommode ist voll kleiner Unterhemdchen, Strampelanzüge, Schühchen, Mützchen, Handschuhe und Windeln. In ansprechendem Winkel steht oben drauf ein wollenes Spielzeugschaf und eine Vase mit Blumen – die von ihren Wurzeln abgeschnitten wurden, denn die Mutter „liebt" auch Blumen.

Sie glättet dem Baby das Hemdchen und bedeckt es mit einem bestickten Laken und einer Decke, die seine Initialen trägt. Sie nimmt sie mit Befriedigung wahr. Nichts ist ausgelassen worden, um das Babyzimmer perfekt auszustatten, wenngleich sie und ihr junger Ehemann sich all die Möbel, die sie für die anderen Zimmer des Hauses planen, noch nicht leisten können. Sie beugt sich über den Säugling und küßt ihn auf die seidige Wange; dann geht sie zur Tür, während der erste qualvolle Schrei seinen Körper durchschüttelt.

Sacht schließt sie die Tür. Sie hat ihm den Krieg erklärt. Ihr Wille muß über den seinen die Oberhand behalten. Durch die Tür hört sie Töne, als würde jemand gefoltert. Ihr Kontinuum erkennt sie als solche. Die Natur gibt kein eindeutiges Zeichen von sich, daß jemand gefoltert wird, wenn dies nicht wirklich der Fall ist. *Es ist genau so ernst, wie es sich anhört.*

Sie zögert. Ihr Herz wird zu ihm hingezogen, doch sie widersteht und geht weiter. Er ist soeben frisch gewickelt und gefüttert worden. Deshalb ist sie sicher, daß ihm *in Wirklichkeit* nichts fehlt; und sie läßt ihn weinen, bis er erschöpft ist.

Er wacht auf und schreit wieder. Seine Mutter blickt kurz durch die Tür, um sich zu vergewissern, daß er richtig liegt; leise, um keine falsche Hoffnung auf ihre Aufmerksamkeit in ihm zu erwecken, schließt sie die Tür wieder. Sie läuft rasch in die Küche zu ihrer Arbeit und läßt diese Tür offen, damit sie das Baby hören kann, falls „ihm irgendetwas zustößt".

Die Schreie des Säuglings gehen in zitterndes Wimmern über. Da niemand antwortet, verliert sich die Antriebskraft seiner Signale in der Verwirrung lebloser Leere, wo schon lange Erleichterung hätte eintreten müssen. Er blickt um sich. Jenseits der Stäbe seines Gitterbettchens gibt es eine Wand. Das Licht ist trüb. Er kann sich nicht umdrehen. Er sieht nur die Gitterstäbe, unbeweglich, und die Wand. Aus einer fernen Welt hört er sinnlose Geräusche. In seiner Nähe ist alles still. Er sieht auf die Wand, bis ihm die Augen zufallen. Wenn sie sich später wieder öffnen, sind Gitterstäbe und Wand genau wie vorher, doch das Licht ist noch trüber.

Die Ewigkeiten, die er damit verbringt, die Gitterstäbe und die Wand anzusehen, werden abgelöst durch andere, in denen er die Riegel an beiden Seiten und die entfernte Zimmerdecke wahrnimmt. In weiter Ferne gibt es an einer Seite reglose Figuren, die sind immer da.

Manchmal gibt es Bewegung und etwas, das seine Ohren bedeckt, verschwommene Töne, und große Stapel Stoff über ihm. Zu solchen Zeiten kann er die weiße Plastikecke im Innern eines Kinderwagens sehen, und manchmal, wenn er auf dem Rücken liegt, den Himmel, das Innere des Kinderwagenaufsatzes und gelegentlich große Blöcke, die in einiger Entfernung stehen und vorbeigleiten. Es gibt entfernte Baumkronen, die haben auch nichts mit ihm zu tun, und zuweilen sehen Menschen auf ihn herunter und sprechen, gewöhnlich zueinander, aber manchmal zu ihm. Sie schütteln fast jedesmal ein rasselndes Ding vor seinem Gesicht, und da es so dicht ist, fühlt er sich dem Leben nahe, und er streckt die Arme aus und wedelt damit in der Erwartung, seinen richtigen Platz zu finden. Wenn man mit der Rassel seine Hand berührt, greift er nach ihr und nimmt sie an den Mund. Sie ist das Verkehrte. Er wedelt mit den Händen, und die Rassel fliegt weg. Ein Mensch bringt sie ihm wieder. Er lernt, daß das Wegwerfen eines Gegenstandes einen Menschen herbeibringt. Er möchte, daß diese vielversprechende Gestalt kommt, also wirft er die Rassel oder was immer gerade zur Hand ist, so lange der Trick funktioniert. Wenn ihm der Gegenstand nicht mehr zurückgebracht wird, gibt es nur noch den leeren Himmel und das Innere des Kinderwagenaufsatzes.

Wenn er im Kinderwagen weint, wird er oft mit Lebenszeichen belohnt. Der Kinderwagen wird von seiner Mutter leicht hin- und hergerüttelt, da sie gemerkt hat, daß ihn das meist beruhigt. Der schmerzende Mangel an Bewegung, an Erfahrung, an all dem, was seine Vorfahren in ihren ersten Monaten hatten, wird etwas vermindert durch das Gerütteltwerden, das ihm eine zwar dürftige Erfahrung vermittelt, die jedoch besser ist als gar keine. Die Stimmen in der Nähe stehen nicht in Verbindung mit irgendetwas, das ihm geschieht, sie sind daher als Erfüllung seiner Erwartungen von geringem Wert. Immerhin geben sie ihm mehr als das Schweigen in seinem Kinderzimmer. Sein Kontinuums-Erfahrungs-Quotient liegt nahe bei Null, seine wirkliche Erfahrung besteht hauptsächlich aus unerfülltem Verlangen.

Seine Mutter legt ihn regelmäßig auf die Waage, stolz auf seine Fortschritte.

Die einzige brauchbare Erfahrung, die stattfindet, ist die Zuteilung von wenigen Minuten täglichen Getragenwerdens und noch ab und zu einigen Bröckchen mehr, die für seine verschiedenen Bedürfnisse annehmbar sind und, zusammengerechnet, einen Teil davon erfüllen. So stürzt vielleicht, wenn der Säugling gerade auf dem Schoß der ihn betreuenden Person sitzt, ein laut rufendes Kind herbei und fügt das spannende Erlebnis hinzu, von Geschehen umgeben zu sein, während er sicher ist. Ein willkommenes Gefühl des Fallens wird ihm vom Fahrstuhl in seinem Haus vermittelt. Auch gibt es das plötzliche In-die-Höhe-Fahren. Es gibt das willkommene Brummen des Autos, wenn er auf dem Schoß seiner Mutter angenehm herumgestoßen wird, während das Auto im Verkehr fährt und wieder anhält. Es gibt Hundegebell und andere plötzliche Geräusche.

Einige lassen sich in einem Kinderwagen verkraften, andere erschrecken ihn, wenn er sich außerhalb der Sicherheitszone der Arme befindet.

Die Dinge, die man in seine Reichweite legt, sollen dem ihm Fehlenden nahekommen. Die Tradition schreibt vor, daß Spielsachen einem kummererfüllten Kleinkind Trost spenden sollen. Irgendwie tut sie dies jedoch, ohne den Kummer anzuerkennen.

Zuerst und hauptsächlich gibt es den Teddybär oder eine ähnliche Stoffpuppe „als Schlafgefährten". Sie sollen dem Kind das Gefühl geben, stetige Gesellschaft zu haben. Die schließliche heftige Zuneigung zu ihnen, die sich manchmal einstellt, gilt als ein entzückendes Beispiel kindlicher Eigenwilligkeit, nicht etwa als Offenbarung eines akuten Mangels im Kind, dem in seinem Hunger nach einem Gefährten, der es nicht im Stich läßt, nur noch übrigbleibt, sich an einen leblosen Gegenstand zu klammern. Auch rüttelnde Kinderwagen oder Wiegen, die sich schaukeln lassen, kommen dem Verlangen des Kindes nahe. Solche Bewegung jedoch stellt einen so armseligen und plumpen Ersatz für die des Getragenwerdens dar, daß sie nur wenig dazu beiträgt, das Verlangen des vereinsamten Säuglings zu stillen. Sie ist nicht nur unzureichend, sondern auch selten. Es gibt auch Spielsachen, die über Bettchen und Kinderwagen hängen, die rasseln, klimpern oder klingeln, wenn das Kind sie berührt. Oft sind es Dinge in leuchtenden Farben, die an Schnüren hängen und ihm außer den Wänden noch etwas zum Betrachten bieten. Sie ziehen wirklich seine Aufmerksamkeit auf sich. Doch sie werden, wenn überhaupt, nur in größeren Zeitabständen ausgewechselt und sind noch nicht geeignet, sein entwicklungsmäßig bedingtes Bedürfnis nach einer Vielfalt an visueller und auditiver Erfahrung zu erfüllen.

Trotz ihres seltenen Vorkommens sind das Rütteln, Wiegen, Rasseln, Klingeln und die farbigen Formen nicht umsonst. Das Kontinuum akzeptiert in seiner steten Bereitschaft, seine Erwartungen erfüllt zu finden, jeden Teil oder Bruchteil davon, den es erhält. Die Tatsache, daß sie in seltenen Teilstücken kommen, daß sie nicht verknüpft sind, wie es die Erfahrung eines Kontinuum-Kindes sein würde (mit beim Getragenwerden wahrgenommenen Bildern und Geräuschen, Bewegungen, Gerüchen und Geschmacksempfindungen, die in harmonischer Struktur auf seine erwartungsvollen Sinne einwirken, wie sie es schon bei unseren gemeinsamen Vorfahren taten), daß einige Erfahrungen mit relativer Häufigkeit wiederholt und andere gänzlich ausgelassen werden: dies verhindert nicht ihre Eingliederung als passendes Material. Die reibungslose Erfahrungskontinuität, horizontal und vertikal in der Zeit, gibt unseren Sinnen die Illusion eines einzigen Vorganges. Es läßt sich jedoch feststellen, daß jeder Bestandteil einzeln wirkt, so daß jedes jeweils nächste Bedürfnis einer einzelnen Entwicklungsreihe akzeptiert werden kann und, wenn es ausreichend befriedigt ist, dem wiederum nächsten Bedürfnis in dieser Reihe Platz macht. Details des Verhaltens, die scheinbar im Verhältnis Ursache – Wirkung zueinander stehen, können sich als voneinander unabhängig motiviert erweisen.

Dies läßt sich vielleicht noch klarer beobachten an der Erfüllung von Verhaltensbedürfnissen bei anderen Tieren, deren Äußerung dieser Bedürfnisse noch nicht durch die Notwendigkeit gehemmt ist, Dinge, die sie aus innerem Trieb heraus tun, rational erklären zu müssen.

Ein Kapuzineraffenweibchen, das ich von meiner ersten Expedition mitgebracht hatte, pflegte so viel von ihrer (geschälten und ihr von mir servierten) Banane zu essen, wie sie zu dieser Mahlzeit wollte. Dann, während sie sich deutlich den Anschein gab, nichts Besonderes zu tun, wickelte sie den Rest in eine Papierserviette, wobei sie umherblickte, als merkte sie nicht, was ihre Hände taten. Anschließend umkreiste sie den Ort in der Haltung eines zufälligen Spaziergängers, entdeckte plötzlich das geheimnisvolle Päckchen und riß mit allen Zeichen steigender Erregung das Einwickelpapier von dem Schatz, den es beherbergte. Siehe da! Eine halbaufgegessene Banane! Potztausend! Aber dann erlahmte die Pantomime für gewöhnlich.

Sie hatte gerade zu Mittag gegessen und brachte es nicht über sich, über diese Beute herzufallen. Sie wickelte die zerfledderte Banane wieder in die Papierfetzen und begann erneut mit ihrer Vorstellung. Sie überzeugte mich davon, daß ihr Trieb, ihr Bedürfnis, Nahrungsbehälter wie Obst- oder Nußschalen zu suchen und zu öffnen, völlig getrennt und unabhängig von ihrem Impuls nach Nahrungsaufnahme existierte. Ich hatte die Nahrungssuche und das Schälen in freundlicher Absicht aus der Abfolge herausgetrennt, die die Natur ihren entwicklungsgeschichtlichen Vorfahren seit je abverlangt hatte (und die ihre Erfahrungserwartungen erfüllt hätte). Ich hatte gemeint, ihr „Mühe zu ersparen". Doch damals verstand ich das Kontinuum noch nicht. Sie folgte ihrem stärksten Impuls zuerst und fraß die Nahrung. Indem der Impuls sich mit der Sättigung verringerte, kam der nächststarke zum Vorschein. Sie wollte jagen. Die Bedingungen waren für eine Jagd nicht günstig, da ihre Banane nackt und sichtbar war. Ihre Lösung des Problems bestand darin, selber alles aufzubauen, um dann die Jagd durchzuführen. Ihre Erregung im Augenblick des Auswickelns war nicht geheuchelt. Ich bin ganz sicher, daß ihr Herzschlag erhöht war, und sie zeigte alle körperlichen Anzeichen echter Vorfreude, obwohl der angebliche Gegenstand dieser Vorfreude, das Fressen, bereits erreicht war. Der wahre Gegenstand des Jagdverhaltens war die Befriedigung des Bedürfnisses nach der Erfahrung selbst – so wie jeder Einzelbestandteil einer Kontinuum-Erfahrung Ursache, Wirkung und Ziel zugleich ist.

Das Ziel des Lebens ist Leben; das Ziel des Wohlbefindens ist, all das zu ermutigen, was Wohlgefühl hervorruft. Ziel der Zeugung ist es, Erzeuger zu schaffen. Der Kreiseffekt ist durchaus nicht von enttäuschender Sinnlosigkeit, sondern vielmehr der beste (und einzige) aller möglichen Effekte. Daß es unser Wesen ist, gänzlich es selber zu sein, ist, was es „gut" macht; denn gut ist ein relativer Begriff. Gemessen am menschlichen Potential ist es die beste aller möglichen Alternativen.

Menschliche Beispiele für Verhaltensweisen, die den eigenen Bedürfnissen gerecht werden in einem Zusammenhang, der das

Erfüllen weiterer Zwecke ausschließt, gibt es zur Genüge. In der Regel sind es Bedürfnisse von Kontinuum-Erfahrungen, die durch eine kulturelle Schablone auf Befehl des Intellekts mit Begründungen wie Zeitvergeudung, Ineffizienz oder Schlechtigkeit aus der ursprünglichen Erfahrungssequenz ausgeschlossen worden sind. Wir werden später einige dieser Ausdrücke näher untersuchen. Ein Beispiel für ein dem des Affenweibchens ganz ähnliches Verhalten beim Menschen ist das Phänomen des Jagens als Sport statt zur Nahrungsbeschaffung. Überbleibsel des Antriebs zu körperlicher Arbeit werden beim Golfspiel, in Bastelschuppen und auf Segelbooten befriedigt von denen, die sich das leisten können; weniger Begüterte geben sich mit Gärtnerei oder Do-it-yourself-Projekten, als Modellbauer oder Sonntagsköche zufrieden. Für Damen, normalerweise solche, die selbst von der Hausarbeit ausgeschlossen sind, gibt es Wandteppich- und andere Stickerei, Ikebana, Teezeremonien und eine Vielfalt freiwilliger Sklaverei für Wohltätigkeitsvereine, in Krankenhäusern mit Personalmangel, Läden für gebrauchte Kleidung oder Suppenküchen für die Armen.

Der Säugling speichert also jedes Stückchen positiver Erfahrung, das er gesammelt hat, gleichgültig, in welcher Erfahrungsreihe es auftrat oder wie bruchstückhaft immer es sein mag. Er muß jedoch am Ende dieses Sammelvorganges über das erforderliche Minimum einer jeweiligen Erfahrung verfügen, um diese als Grundlage für weitere Erfahrungen der jeweiligen Reihe benutzen zu können. Solange das vorausgehende Erfahrungskontingent nicht erfüllt ist, können die Erfahrungen der nächsten Stufe tausendmal vorkommen, ohne daß sie zum Reifen des Individuums beitragen würden.

Während er dabei ist, jedes kleinste bißchen an Erfahrung aufzunehmen, daß sich ihm bietet, entwickelt der Säugling, der nicht genügend getragen wird, auch kompensatorisches Verhalten, um sich seine Qual zu erleichtern. Er stößt so heftig er kann um sich, um das kribbelnde Verlangen seiner Haut zu lindern, wedelt mit den Armen, rollt den Kopf von einer Seite zur andern, um sich die Sinne zu vernebeln, versteift den Körper und biegt den Rücken mit aller Spannkraft, die er aufbringen kann, damit er sie nicht mehr fühlen muß. Er entdeckt ein wenig Trost in seinem eigenen Daumen; dieser erleichtert das unaufhörliche Verlangen in seinem Mund ein wenig. Selten saugt er wirklich daran; er wird gut genug ernährt, um seinen Hunger zu stillen, und er spürt das Verlangen, am Daumen zu lutschen, nur dann, wenn er gefüttert werden will, ehe es gemäß Fütterungsplan Zeit dafür ist. Normalerweise hält er den Daumen nur in den Mund, um gegen die unerträgliche Leere dort anzukämpfen, die ewige Einsamkeit, gegen eine Ahnung, daß der Mittelpunkt von allem woanders sei.

Seine Mutter zieht ihre Mutter zu Rate und ihr wird das Ammenmärchen erzählt, daß Daumenlutschen einen schlechten Einfluß auf die Stellung der zukünftigen Zähne habe. Aus Sorge um sein Wohnbefinden bemüht sie sich um Abschrekkungsmittel wie eklig schmeckende Farbe für all seine Finger; und wenn er sie in seinem übermächtigen Verlangen doch von einem Daumen lutscht, bindet sie ihm die Handgelenke an die Gitterstäbe seines Bettchens. Sie bemerkt jedoch, daß er seine gefangenen Glieder im Kampf, sie zu befreien, so oft herumgedreht hat, daß die Schnüre sich verdreht haben und schon den Blutkreislauf einer Hand abschnüren; bald werden sie dasselbe mit der anderen Hand tun. Der Kampf geht weiter, bis sie mit ihrem Zahnarzt über ihr Problem redet. Er versichert ihr, daß ihre Mutter unrecht hat, und dem Kind wird nun sein magerer Trost gewährt.

Es dauert nicht mehr lange, da kann das Baby lächeln und glucksen, wenn jemand nahe genug kommt, um eine Mitteilung zu empfangen. Wenn es nicht aufgenommen wird, jedoch etwas erkennbare Aufmerksamkeit erhält, lächelt und quietscht es, um noch mehr davon hervorzulocken. Wird es aufgenommen, hat sein Lächeln seine Botschaft erfüllt und kehrt nur wieder, um seinen Gefährten zu weiterem erfreulichem Verhalten zu ermuntern, wie etwa: Töne zu produzieren, ihm den Bauch zu kitzeln, es auf einem Knie zu wippen oder so zu tun, als wolle man es in die Nase kneifen.

Seine Mutter ist überzeugt, die geschätzte Mutter eines glücklichen Babies zu sein, weil es lächelt, wann immer sie zu ihm kommt. Die bittere Qual, aus der die ganze übrige Zeit seines Wachseins besteht, ruft bei ihm keinerlei negative Gefühle ihr gegenüber hervor; vielmehr strebt es dadurch nur um so verzweifelter danach, bei ihr zu sein.

Während das Kleinkind sich weiterentwickelt und seine kognitiven Fähigkeiten erwachen, wird ihm ein Unterschied im Verhalten der Mutter bewußt, wenn sie entdeckt, daß seine Windeln gewechselt werden müssen. Sie gibt einen deutlich abweisenden Ton von sich. Sie wendet den Kopf auf eine Art zur Seite, die zeigt, daß sie es nur ungern sauber und behaglich macht. Ihre Hände bewegen sich schroff und mit dem geringstmöglichen Körperkontakt. Ihre Augen sind kalt und sie lächelt nicht.

Indem sich die Wahrnehmung dieser Haltung schärft, beginnt sich die Freude des Kindes darüber, gepflegt, berührt zu werden und sein chronisches Wundsein für eine Weile gelindert zu finden, mit der Verwirrung zu vermischen, die der Vorläufer von Furcht und Schuldgefühl ist.

Mit dem Erkennungsvermögen wächst die Angst, der Mutter zu mißfallen; und ihr Mißfallen wird durch eine wachsende Anzahl von Handlungen ausgelöst; etwa wenn es sie an den Haaren zieht, sein Essen verschüttet, auf ihre Kleidung sabbert (und, ganz rätselhaft, bei einigen Kleidern mehr als bei anderen), ihr seine Finger in die Augen piekt, an ihrer Halskette zieht, seine Rassel oder seinen Bär aus dem Kinderwagen wirft oder eine Teetasse mit ungezieltem Schlag umstößt.

Es kann die Mehrzahl dieser Handlungen nur schwer mit ihrer Reaktion in Verbindung bringen. Es hat nicht bemerkt, wie die Teetasse umkippte; es versteht nicht, was sie plötzlich dazu bringt, es haßerfüllt zu behandeln, wenn es an ihrer Halskette zieht; es entgeht völlig seiner Aufmerksamkeit, daß es auf irgendetwas sabbert, und es nimmt nur verschwommen wahr; daß das Umstoßen seiner Breischüssel, womit es Aufmerksamkeit erregen wollte, das Gegenteil davon bewirkt. Es fühlt aber, daß das immer noch besser ist, als gar keine Aufmerksamkeit, und stößt weiterhin die Schüssel von dem Gerät, in das es nun zu den Mahlzeiten eingesperrt wird. Wenn seine Mutter versucht, es mit dem Löffel zu füttern, wedelt es mit den Armen und stößt und kreischt mit dem Ziel, ein befriedigenderes Ereignis daraus zu machen. Es sucht das Gefühl der Richtigkeit, das irgendwo zu finden sein muß, in den Bestandteilen: Gegenwart der Mutter, sein Essen und es selbst. Aber trotz aller Mitteilungsversuche vermag es dies nicht zu erlangen. Die Versuche verwandeln vielmehr das bißchen Aufmerksamkeit, das sie ihm entgegenbringt, in eine Ablehnung, deren Art es mit der Zeit leichter deuten kann – im Gegensatz zu all den frühen, ihm völlig unerklärlichen Ewigkeiten der Vernachlässigung. Sein Vernachlässigtsein und sein Verlangen sind ihm bereits grundlegende Bestandteile des Lebens. Es hat nie etwas anderes gekannt. In seinem Verständnis ist Selbst gleichbedeutend mit ungestilltem Verlangen, Warten. Der/die/das andere bedeutet: versagend, verschlossen. Dieser Zustand mag, obwohl er sein Leben lang anhalten wird, unbemerkt bleiben – aus dem einfachen Grund, daß es sich keine andere Art der Beziehung von Selbst zu Anderem vorstellen kann.

Die fehlenden Erfahrungen der Säuglingszeit und, als Ergebnis, die Lücke an der Stelle, wo sein Gefühl von Vertrauen sein müßte, sowie sein unsäglicher Entfremdungszustand werden alles, was das Kind dereinst wird, bedingen und beeinflussen, während es um den Rand des Abgrundes herum aufwächst, an dem man sein Selbstgefühl verkümmern ließ. Doch ist es wichtig zu verstehen, daß in seinem frühen Leben kein Mechanismus vorhanden ist, der eine unzulängliche Mutter in Betracht ziehen könnte, eine Mutter ohne funktionierendes Kontinuum – eine, die auf Säuglingszeichen nicht reagiert, eine, die der Erfüllung seiner Erwartungen entgegensteht anstatt diese zu bejahen. Später, wenn sein Verstand sich entwickelt, „versteht" es vielleicht, daß ihre Interessen und die seinen voneinander abweichen, und wenn es heranwächst, kämpft es vielleicht darum, sich unabhängig von ihr zu verhalten, um sich zu retten. Doch im Grunde seines Herzens kann es nie ganz daran *glauben,* daß die Mutter es nicht bedingungslos liebt, einfach, weil es da ist, mag es auch von den Dächern herunterschreien, daß es das besser *weiß.* Alle Gegenbeweise, all sein verstandesmäßiges Begreifen der Tatsachen, all seine Beteuerungen, Distanzierungen von ihr und all seine gegen sie aufbegehrenden Handlungen aufgrund solcher Beweise ihrer feindlichen Einstellung: nichts davon kann das Kind von seiner innersten Überzeugung abbringen, daß sie es liebt, daß sie es trotz allem irgendwie lieben müsse. „Haß" gegen eine Mutter (oder Mutterfigur) ist der Ausdruck eines aussichtslosen Kampfes, sich von dieser Überzeugung zu befreien.

Das Wachsen der Unabhängigkeit und die Kraft zum emotionalen Reifen entspringen weitgehend der Beziehung, die sich beim Getragenwerden ausgebildet hat, in all ihren Aspekten. Daher kann man nur *durch* die Mutter unabhängig von ihr werden, wenn sie nämlich ihre richtige Rolle einnimmt, einem die Erfahrung des Getragenwerdens gewährt und einem nach dieser Erfüllung erlaubt, selber den nächsten Schritt zu tun.

Von einer Nicht-Kontinuum-Mutter kann man sich jedoch niemals befreien. Das Verlangen nach ihr besteht zwangsläufig fort. Man kann dann nur wie ein Fisch am Angelhaken zappeln – so wie der „Atheist" vor Gottes Thron im Himmel die Fäuste ballt und „Ich glaube nicht an dich!" ruft oder andere Gotteslästerungen ausstößt, deren einziger Nutzen es ist, daß sie von Seinem Namen sinnlos Gebrauch machen.

Im Jahre 1950 wurde Dr. John Bowlby von der Londoner Tavistock-Klinik von der Weltgesundheitsorganisation (WHO) beauftragt, einen Bericht über das Schicksal von „in ihrem Geburtsland heimatlosen Kindern" im Hinblick auf den Zustand ihrer geistigen Gesundheit zu erstellen.[3] Die von ihm untersuchten Kinder stellten in jedem Land die extremsten Fälle von Entbehrung mütterlicher Zuwendung dar; ihre Zahl ging in die Tausende. Die Information, die er von Menschen sammelte,

[3] J. Bowlby, Maternal Care and Mental Health, WHO, 1951

die auf diesem Gebiet arbeiteten, bezog sich auf viele Jahre und Situationen: Kinder, die von klein auf in Institutionen lebten, andere in Pflegeheimen, einige von den eigenen Eltern vernachlässigt, Babies und Kleinkinder, die die kritischen Monate oder Jahre ihrer Frühentwicklung im Krankenhaus verbrachten, in Kriegszeiten Evakuierte und Opfer aller möglichen Umstände, welche sie selbst jenen dürftigen Grad an mütterlichem Kontakt entbehren ließen, der allgemein als normal gilt.

In der Untersuchung wurden andere Gründe als „emotionale Entbehrung aufgrund von Mangel an mütterlicher Zuwendung“ erst nach sorgfältigster Prüfung des Untersuchungsmaterials ausgeschaltet. Das Bild, das aufgrund der Beschreibungen und Statistiken in diesem Bericht entsteht, ist das schrecklicher individueller Qualen, zehn-, hundert-, tausendmal multipliziert über jedes Begriffsvermögen hinaus; und es bezeugt die Leere des Lebens, das den Entbehrungen folgt, die „Gefühlsarmut“jener, die am schwersten vernachlässigt wurden; sie haben die Fähigkeit eingebüßt, Bindungen einzugehen, was gleichbedeutend damit ist, jemals den Wert des Lebens selbst zu kennen. Es dokumentiert die Qualen jener, die immer noch um das ihnen von Geburt zustehende Recht auf Liebe kämpfen, indem sie lügen, stehlen, andere Menschen brutal angreifen oder sich mit der Intensität von Blutegeln an Mutterfiguren klammern, wobei sie in infantiles Verhalten zurückfallen in der Hoffnung, endlich als das Kleinkind behandelt zu werden, das immer noch in ihnen lebt und nach seiner Erfahrung hungert. Es zeichnet auf, wie diese verzweifelten Menschen ständig fortbestehen, indem sie Kinder hervorbringen, die sie nicht lieben können, die genau wie sie aufwachsen, ihrem Selbst entgegengesetzt, der Gesellschaft feindlich gesonnen, unfähig zu geben, ewig dazu verdammt, hungrig zu sein.

Dies sind dokumentierte, unangreifbare Beweise, Beispiele, Belege für jeden, der den grundlegenden Vorrang frühkindlicher Erfahrung bei der Entwicklung der menschlichen Persönlichkeit bezweifelt. Die außergewöhnliche Natur dieser Fälle ist nur ein Vergrößerungsglas, durch das man die Entbehrungen und Wirkungen im breiter gefächerten, verschiedenartigeren und feiner abgestuften Bereich der Normalität klarer erkennen kann. Diese „normalen" Entbehrungen sind inzwischen so in dem Netzwerk unserer Kulturen verstrickt, daß sie unbemerkt bleiben – *außer* in solchen Extremfällen, in denen sie sich auf Kosten und Gefahr aller übrigen Menschen offenbaren (z. B. durch Gewalttätigkeit, Geisteskrankheit und Verbrechen); und auch dann noch werden sie nur außerordentlich verschwommen wahrgenommen und verstanden.

Seit der Intellekt mit seinem Bündel von Theorien das Feld übernommen hat, sind die Wechselfälle, denen menschliche Kleinkinder ausgesetzt waren, vielzählig und schrecklich. Die Gründe dafür, die Methoden der Kinderaufzucht zu verändern, haben nie viel Ähnlichkeit mit den „Gründen" des Kontinuums aufgewiesen; und zielten sie *tatsächlich* einmal in die richtige Richtung, jedoch ohne Beziehung zu den Prinzipien des Kontinuums, dann blieben sie bruchstückhaft und unfruchtbar.

Eine solche Art von Theorie wurde in einer amerikanischen Entbindungsstation in die Praxis umgesetzt, wo jemand den Einfall hatte, Kindern, die ihre ersten Qualen von Erfahrungsentbehrung durchlitten, Herzschlagtöne über Lautsprecher vorzuspielen. Die Wirkung dieses geringen Beitrags war so beruhigend und führte bei den Säuglingen zu derartigen Heilerfolgen, daß das Experiment internationale Beachtung erfuhr.

Ein anderes, ähnliches, doch unabhängig von diesem durchgeführtes Experiment wurde von einem Spezialisten für die Behandlung von Frühgeburten veranstaltet. Eine bemerkenswerte Verbesserung in der Entwicklung der winzigen Versuchspersonen trat ein, wenn die Inkubatoren mit Hilfe einer Maschine ständig in Bewegung gehalten wurden. In beiden Fällen nahmen die Säuglinge schneller an Gewicht zu und weinten weniger.

Harry Harlow[4] machte aufsehenerregende Experimente, die

[4] H. F. Harlow, „The Development of Affectioned Patterns in Infant Monkeys", in: Brian M. Foss (Hrsg.), Determinants of Infant Behavior, London 1961.

die Wichtigkeit enger Umarmung durch die Mütter für die psychologische Entwicklung von Affenkindern bewiesen.

Jane Van Lawick-Goodall fand anregende Beispiele für Kinderaufzucht bei ihren Schimpansenfreunden, deren Verhalten, obwohl sie einer anderen Gattung angehören, dem des menschlichen Kontinuums näher ist, als das Verhalten der heutigen Menschen: gewiß eine der größten Ironien aller Zeiten. Sie schreibt über die Anwendung dieses Vorbilds auf ihr eigenes Kind: „Wir ließen es nicht in seinem Bettchen schreien. Wir nahmen es überallhin mit, so daß seine Beziehung zu den Eltern stabil blieb, auch wenn sich seine Umgebung häufig veränderte."

Weiterhin berichtet sie, daß ihr Sohn im Alter von vier Jahren „gehorsam, außerordentlich aufgeweckt und lebendig ist, mit anderen Kindern und Erwachsenen guten Kontakt hat, verhältnismäßig angstfrei und anderen gegenüber rücksichtsvoll ist." Doch ihre wohl wichtigste Aussage ist folgende: „Darüber hinaus und ganz im Gegensatz zu den Voraussagen vieler unserer Freunde ist er sehr unabhängig." Wieder jedoch fehlen die zugrundeliegenden Prinzipien, und schon mit dem nächsten Satz trennt sie das von ihr herausgefundene Stück Wahrheit von möglicher weitergehender Einsicht: „Doch kann es natürlich sein, daß er ohnehin so geworden wäre, auch wenn wir ihn völlig anders erzogen hätten."[5]

Weitere Forschung mag den Einfluß erhellen, den die Billigung des Kinderwagens durch Königin Victoria (die zu dessen allgemeiner Verbreitung führte) auf die Wesensmerkmale der nachfolgenden Generation hatte, und ihre Auswirkung auf das westliche Familienleben. Hätte doch nur die Erfindung des Kinderwagens dasselbe Schicksal erlitten wie jener Laufstall, dessen Erfindung ich eines Tages in einem Yequanadorf miterlebte!

Er war fast fertig, als ich Tududu an ihm arbeiten sah. Er bestand aus geraden Stöcken, die mit Weinranken an einen

[5] J. Van Lawick-Goodall, In the Shadow of Man, Boston 1971

oberen und einen unteren quadratischen Rahmen festgebunden waren, was ihn aussehen ließ wie einen prähistorischen Laufstall in einem Comic-Strip. Er hatte einen Haufen Arbeit erfordert, und Tududu sah ganz zufrieden mit sich aus, als er das letzte noch hervorstehende Stockende zurechtstutzte. Dann suchte er nach Cananasinyuwana, seinem Sohn, der etwa eine Woche vorher seine ersten Schritte getan hatte. Kaum hatte Tududu das kleine Kerlchen entdeckt, als er ihn auch schon griff und ihn triumphierend in die neue Erfindung hineinsetzte. Cananasinyuwana stand einige Sekunden verständnislos in der Mitte, machte dann eine Bewegung zu einer Seite, drehte sich um und erkannte, daß er in der Falle war. Sofort schrie er eine Botschaft äußersten Entsetzens hinaus, einen Ton, wie man ihn von Kindern seiner Gesellschaft sonst selten hört. Er war unmißverständlich. Der Laufstall war falsch, unpassend für Menschenbabies. Ohne Zögern deutete Tududus Kontinuumsgefühl, das so stark war wie das aller Yequanas, die Entsetzensschreie seines Sohnes. Er holte ihn wieder heraus und ließ ihn zu seiner Mutter laufen, die ihn für einige Minuten beruhigte, bis er den erlittenen Schock verarbeitet hatte und bereit war, wieder zum Spielen hinauszugehen. Tududu nahm das Scheitern seines Experimentes wie selbstverständlich hin; nach einem letzten kurzen Blick auf sein Werk schlug er den Laufstall mit einer Axt in Stücke, und da das von ihm verarbeitete Holz noch grün war, hatten ihm die Anstrengungen des ganzen Vormittags nicht einmal einen Stapel Feuerholz eingebracht. Ich zweifele nicht daran, daß dies weder die erste noch die letzte derartige Erfindung durch einen Yequana war; aber ihr Kontinuumgefühl würde es niemals dulden, einen so offenbaren Irrtum lange währen zu lassen. Hätte unser Kontinuumgefühl nicht mit so elementarer Kraft unsere zwei Millionen Jahre der Stabilität hindurch auf das menschliche Verhalten gewirkt, es wäre nicht imstande gewesen, die mit unserem hochentwickelten Intellekt einhergehenden Gefahren in Schranken zu halten. Die Tatsache, daß es vor nicht langer Zeit entmachtet worden ist bis zu dem Punkt, an dem Unstabilität bzw. „Fortschritt“

uns als unsere immer ruhmreichere Bestimmung erscheint, ändert nicht ein Jota an der Tatsache, daß das Kontinuumgefühl unlösbarer Bestandteil unseres Menschseins selbst ist. Das Zerstören des Laufstalls durch Tududu ist in unserer Entwicklung vorgezeichnet; auch weiterhin hätten wir uns in dieser Richtung entwickelt, wäre unser Gefühl ungetrübt geblieben, nicht verraten von dem, was immer es aus der Bahn geworfen hat, so daß wir heute dem gefährlich unwissenden Zugriff des Intellekts so sehr ausgeliefert sind.

4. Das Heranwachsen

Wenn dem Baby durch die Erfahrung des Getragenwerdens alle damit verbundene Sicherheit und Anregung in vollem Maße zuteil geworden sind, kann es sich dem Kommenden, dem Draußen, der Welt jenseits der Mutter, freudig zuwenden, voller Selbstvertrauen und gewöhnt an ein Wohlgefühl, das seine Natur aufrechtzuerhalten neigt. Erwartungsvoll sieht es der nächsten Folge angemessener Erfahrungen entgegen. Jetzt beginnt es zu kriechen, wobei es häufig zurückkehrt, um sich der Gegenwart seiner Mutter zu vergewissern. Findet es sie in steter Bereitschaft, so wagt es sich weiter hinaus und kehrt weniger häufig zurück, wobei das Kriechen (auf Ellbogen, der Innenseite der Beine und dem Bauch) allmählich in ein Krabbeln (auf Händen und Knien) übergeht; seine zunehmende Beweglichkeit hält dabei Schritt mit seiner Neugier auf das umgebende Gelände, wie das Kontinuum es vorsieht.

Das Bedürfnis nach ständigem Kontakt nimmt, wenn das entsprechende Erfahrungskontingent erfüllt worden ist, rasch ab und normalerweise verlangt ein Baby, Krabbelkind oder Kleinkind nur in Augenblicken von Streß, den es mit seinen gegenwärtigen Kräften nicht bewältigen kann, nach Unterstützung seiner so erlangten Fähigkeiten. Diese Augenblicke werden zunehmend seltener und das Selbstvertrauen nimmt so rapide an Tiefe und Umfang zu, daß es jedem, der nur Kinder der Zivilisation kennt, welche der vollständigen Erfahrung des Getragenwerdens beraubt sind, erstaunlich vorkommen muß. Wenn Kinder auf einigen Entwicklungsgebieten voraus sind, während andere zurückhängen, weil sie noch auf Vervollständigung warten, so ist die Folge eine Spaltung ihrer Motive: sie sind nie fähig, etwas zu wollen, ohne zugleich zu wollen, daß sie Mittelpunkt der Aufmerksamkeit sind; noch sind sie je imstande, sich konzentriert dem jeweils vorliegenden Problem zuzuwenden, dürstet doch ein Teil von ihnen noch immer nach der sorglosen Euphorie des Säuglings in den Armen eines Menschen, der alle Probleme löst. Sie können auch nicht gänzlich von ihrer zunehmenden Kraft und Fähigkeit Gebrauch machen, solange noch ein Teil von ihnen sich danach sehnt, hilflos getragen zu werden. Jede Anstrengung steht in gewissem Maße in Konflikt mit einem darunter verborgenen Wunsch nach dem mühelosen Erfolg des geliebten Babies.

Das Kind, das eine feste Grundlage von Kontinuum-Erfahrung hinter sich hat, nimmt Zuflucht zu körperlichem Trost von seiner Mutter nur in Notfällen. Ein Yequana-Junge, den ich kannte, kam zu mir, während er sich an seine Mutter festklammerte und vor Zahnschmerzen aus vollem Halse schrie. Er war etwa zehn Jahre alt und von so unerschütterlicher Unabhängigkeit und Hilfsbereitschaft, daß ich ihn für äußerst diszipliniert gehalten hatte. In meiner „zivilisierten" Sicht schien er ein Meister darin, Gefühle für sich zu behalten; daher erwartete ich, daß er sich in der vorliegenden Situation gewaltige Mühe geben würde, nicht zu weinen bzw. von keinem seiner Gefährten in einem derartigen Zustand gesehen zu werden. Es war jedoch klar, daß er weder seine Reaktion auf den Schmerz noch sein Bedürfnis nach dem ursprünglichen Trost der mütterlichen Arme zu unterdrücken versuchte.

Niemand machte Aufhebens darum, aber alle waren verständnisvoll. Einige seiner Freunde standen dabei und sahen mir beim Zahnziehen zu. Es fiel ihnen überhaupt nicht schwer, seinen plötzlichen Rückzug aus ihren tapferen Reihen zu kleinkindlicher Abhängigkeit von seiner Mutter zu akzeptieren; es gab keine Spur von Spöttelei auf ihrer Seite, noch von Scham seinerseits. Seine Mutter war da, still verfügbar, während er sich in das Zahnziehen ergab. Mehrere Male, wenn ich den Zahn berührte, zuckte er zusammen und kreischte noch lauter, aber er zog sich nie zurück, noch sah er mich böse an, weil ich ihm Schmerz verursachte. Als ich endlich den Zahn aus dem Kiefer herausbekommen und das Loch mit Watte verstopft hatte, war er weiß im Gesicht und ging erschöpft zu seiner Hängematte. In weniger als einer Stunde tauchte er allein wieder auf; seine Wangen hatten wieder Farbe und sein Gleichmut war wiederhergestellt. Er sagte nichts, sondern lächelte und stocherte ein paar Minuten in der Nähe herum, um mir zu zeigen, daß es ihm gut gehe, dann trottete er wieder zu den anderen Jungen zurück.

Ein anderes Mal war es ein Mann um die zwanzig: ich bemühte mich so gut ich konnte, beim Schein einer Taschenlampe die ersten Spuren von Wundbrand aus seinem Zeh herauszuschneiden. Es muß außerordentlich qualvoll gewesen sein. Während er meinem Ausschaben der Wunde mit einem Jagdmesser keinen Widerstand entgegensetzte, weinte er ohne das geringste Zeichen von Zurückhaltung auf dem Schoße seiner Frau. Sie war, ebenso wie die Mutter des kleinen Jungen, völlig entspannt, setzte sich nicht im mindesten an die Stelle ihres Mannes, sondern war sanft zugänglich, als er sein Gesicht in ihrem Körper vergrub, wenn der Schmerz am größten war, oder beim Schluchzen den Kopf auf ihrem Schoß von einer Seite zur anderen rollte. Die schließliche Anwesenheit etwa des halben Dorfes auf dem Schauplatz schien seine Reaktion weder in Richtung Selbstbeherrschung noch Dramatisierung zu beeinflussen.

Da Yequanafrauen gewöhnlich mit ihren Müttern zusammenwohnen, solange diese am Leben sind, während die Ehemänner ihre Mütter verlassen und ihren Platz in der Familie ihrer Frau einnehmen müssen, kommt es recht häufig vor, daß die Ehefrau dem Mann gegenüber in seinen Krisen die mütterliche Rolle einnimmt. Die Frau hat ihre eigene Mutter als Zuflucht, gibt jedoch ihrem Mann instinktiv mütterliche Zuwendung, wenn *er* sie braucht. Ebenso gibt es für verwaiste Erwachsene einen Brauch, demzufolge sie in andere Familien aufgenommen werden. Die Belastung für den Haushalt der betreffenden Familie ist geringfügig, da erwachsene Yequanas zu ihrer Familie mehr beitragen als sie verbrauchen und von ihr eine stillschweigende Unterstützungsgarantie erhalten, falls und wenn sie benötigt wird. Allein diese Versicherung ist, auch wenn sie niemals in Anspruch genommen wird, ein stabilisierender Faktor. Das Bedürfnis nach gefühlsmäßiger Versicherung ist bei den Yequana ein anerkannter Teil der menschlichen Natur, einer, an dessen Berücksichtigung die Gesellschaft ein Interesse hat. Es ist eine weitere Sicherheitsmaßnahme dagegen, daß irgendeines ihrer Mitglieder durch den Druck von Umständen auf sein natürliches Sozialverhalten sich in Konflikt zur Gesellschaft entwickelt.

Mit dem Beginn des Kriechens fängt das Baby an, von den durch seine voraufgehende Erfahrung gewonnenen Kräften und der körperlichen Entwicklung, welche die Kräfte nutzbar macht, zu profitieren. Im allgemeinen sind seine ersten Ausflüge kurz und vorsichtig, und seine Mutter, oder wer sonst sich um es kümmert, braucht sich in seine Aktivitäten kaum einzumischen. Wie alle kleinen Tiere verfügt es über ein ausgeprägtes Selbsterhaltungstalent und ein realistisches Gespür für seine Fähigkeiten. Gibt die Mutter seinen sozialen Instinkten zu erkennen, daß sie von ihm erwartet, ihr die Sorge für seine Sicherheit zu überlassen, so wird es kooperieren und entsprechend handeln. Wird es hingegen ständig beobachtet und dahin gesteuert, wo es nach Auffassung seiner Mutter hingehen sollte, hält sie es an und rennt ihm hinterher, wenn es aus eigenem Antrieb handelt, so lernt es bald, nicht mehr für sich verantwortlich zu sein, da sie ihm ja zeigt, was sie von ihm erwartet.

Einer der stärksten Impulse in dem höchst sozialen menschlichen Tier ist der Antrieb, zu tun, was man seiner Wahrnehmung nach von ihm erwartet. Seine anfänglichen intellektuellen Fähigkeiten sind gering; seine triebhaften Tendenzen jedoch im ersten Lebensmoment genau so stark wie im letzten. Die Verbindung dieser beiden Kräfte, der vernunftmäßigen, die vom Lernen abhängt, und der instinktiven, die letztlich ausgestattet ist mit der gleichen Art angeborenen Wissens, das andere Tiere ihr Leben hindurch leitet – das Ergebnis dieses Zusammenspiels –, ist der menschliche Charakter und das einzigartige menschliche Potential für intellektuell verfeinerte instinktive Leistungsfähigkeit.

Neben seinen Tendenzen zum Experiment und zur Vorsicht hat das Baby wie zuvor Erwartungen. Es erwartet die Folge, über die seine Vorfahren verfügten. Es erwartet nicht nur Raum und die Freiheit, sich darin zu bewegen, sondern auch die verschiedenartigsten Begegnungen. Hinsichtlich des von ihm Erwarteten ist es jetzt flexibler. Die strengen Erfordernisse frühester Erfahrung sind in der Phase des Getragenwerdens allmählich lockerer geworden, und sie werden in der Phase des Kriechens und Krabbelns immer mehr zu Erwartungen eher von bestimmten *Arten* der Erfahrung als von festgelegten Umständen und Behandlungsweisen.

Es gibt jedoch noch immer Grenzen, innerhalb derer die Erfahrungen des Babies stattfinden müssen, wenn sie ihm dienlich sein sollen. Es kann sich nicht richtig entwickeln ohne die von ihm benötigte Art und Vielfalt von Gelegenheiten und Anteilnahme durch andere. Es müssen ihm mehr Gegenstände, Situationen und Menschen zur Verfügung stehen, als es gebrauchen kann, so daß es unter ihnen seine Fähigkeiten entdekken und ausweiten kann; und natürlich müssen sie sich in geeignetem Maße verändern: so häufig wie erforderlich, aber nicht allzu radikal oder allzu oft. Eignung wird wie immer bestimmt durch Voraufgegangenes, durch die Art der Erfahrung, die im Laufe der Evolution unsere Vorfahren während ihrer Säuglingszeit machten.

In einem Yequanadorf zum Beispiel sind Merkwürdigkeiten, Gefahrenquellen und Kontaktmöglichkeiten in für ein Krabbelkind mehr als ausreichender Menge und Beschaffenheit vorhanden. Während seiner ersten Erkundungszüge probiert es alles aus. Es mißt seine eigene Stärke und Beweglichkeit, und es probiert alles ihm Begegnende aus, wobei es Begriffe ausprägt und Unterscheidungen hinsichtlich von Zeit, Raum und Formen trifft. Es schafft auch eine neue Beziehung zu seiner Mutter, die sich langsam von direkter Abhängigkeit von ihr in das Wissen um ihre Zuverlässigkeit wandelt, und zählt nur noch zu immer seltener werdenden Zeiten besonderer Hilfsbedürftigkeit auf ihre Unterstützung. Sein Selbstvertrauen nimmt jetzt zu einem geringeren Grad in Abhängigkeit von ihrer Verfügbarkeit zu oder ab.

Bei den Yequana ist die Haltung der Mutter bzw. Pflegeperson eines Babies entspannt. Gewöhnlich ist sie mit etwas anderem als Sich-um-das-Baby-Kümmern beschäftigt, aber jederzeit empfänglich für einen Besuch des krabbelnden oder kriechenden Abenteurers. Sie hört nicht auf mit Kochen oder anderer Arbeit, es sei denn, ihre volle Aufmerksamkeit wird erfordert. Sie öffnet dem kleinen Sucher nach Rückversicherung nicht ihre Arme, sondern erlaubt ihm in ihrer ruhigen, beschäftigten Art, von ihrer Person Gebrauch zu machen, oder gewährt ihm, wenn sie gerade umherläuft, einen durch einen Arm gestützten Ritt auf ihrer Hüfte.

Sie initiiert die Kontakte nicht, noch trägt sie – außer auf passive Art – zu ihnen bei. Das Baby selbst sucht sie auf und zeigt ihr durch sein Verhalten, was es will. Seine Wünsche erfüllt sie vollständig und bereitwillig, aber sie fügt nichts hinzu. In ihrem gesamten Verkehr miteinander ist es der aktive, sie der passive Teil; es kommt zu ihr zum Schlafen, wenn es müde, und zum Gefüttertwerden, wenn es hungrig ist. Seine Erforschungen der weiten Welt erhalten durch seinen Rückgriff auf sie und seine Gewißheit ihres steten Daseins, während es fort ist, Gegengewicht und Bestärkung.

Weder fordert es noch erhält es ihre volle Aufmerksamkeit, denn es hat keine angestauten Sehnsüchte, keine uralten Hungergefühle, die an seiner Hingabe an das Hier und Jetzt nagen könnten. In Übereinstimmung mit der Ökonomie der Natur verlangt es nicht mehr als es braucht.

Beim Umherrutschen auf Händen und Knien kann sich ein Baby mit ziemlicher Geschwindigkeit vorwärtsbewegen. Bei den Yequana beobachtete ich einmal mit Unbehagen, wie sich ein Krabbelkind am Rande einer anderthalb Meter tiefen Grube, die zur Beschaffung von Erde für Bauzwecke ausgehoben worden war, heranmachte und dort anhielt. Auf seinen

Streifzügen um den Wohnbereich tat es dies mehrmals täglich. Mit der Beiläufigkeit eines am Rande einer Felswand grasenden Tieres purzelte es in eine sitzende Stellung, und zwar ebenso oft mit dem Rücken zur Grube wie mit dem Gesicht. Beschäftigt mit einem Stock oder Stein oder seinen Fingern oder Zehen, spielte es und rollte in jede Richtung, anscheinend ohne auf die Grube zu achten, bis offenbar wurde, daß es überall, nur nicht in der Gefahrenzone, landete. Die nicht vom Verstand gelenkten Selbsterhaltungsmechanismen funktionierten unfehlbar; und, genau wie sie in ihren Berechnungen sind, funktionierten sie aus jeder Entfernung von der Grube gleich gut, angefangen vom Rand selbst. Unbeaufsichtigt oder – was häufiger vorkam – am Rande der Aufmerksamkeit einer Gruppe von Kindern, die mit dem gleichen Mangel an Respekt für die Grube spielten, übernahm das Baby die Verantwortung für seine eigenen Beziehungen zu all den umgebenden Möglichkeiten. Die einzige Beeinflussung seitens der Mitglieder seiner Familie und Gesellschaft bestand darin, daß sie von ihm erwarteten, es könne sich um sich selbst kümmern. Obwohl es noch immer nicht laufen konnte, wußte es, wo Trost zu finden wäre, wenn es ihn brauchte – was jedoch selten der Fall war. Ging seine Mutter zum Fluß oder zum entfernten Garten, nahm sie es häufig mit, indem sie es am Unteram zu sich heraufzog; dabei rechnete sie auf seine Hilfe beim Balancieren auf ihrer Hüfte oder beim Festhalten an ihrer Schlinge, wenn sie zum Abstützen seines Gewichtes eine trug. Wo immer sie hinging: Wenn sie es an einem sicheren Ort absetzte, erwartete sie von ihm, daß es ohne Beaufsichtigung unversehrt bleiben würde.

Ein Baby hat keine selbstmörderischen Neigungen, jedoch eine ganze Reihe von Überlebensmechanismen, angefangen bei den Sinnesorganen auf der gröbsten Ebene bis hin zu dem, was höchst brauchbare Alltagstelepathie auf den weniger erklärbaren Ebenen zu sein scheint. Es verhält sich wie jedes kleine Tier, das sich zur Stützung seines Urteils auf keine Erfahrung berufen kann; es tut das Sichere und ist sich dabei nicht bewußt, eine Wahl zu treffen. Von Natur aus schützt es sein eigenes

Wohlbefinden, wie seine Angehörigen dies von ihm erwarten und wie seine angeborenen Fähigkeiten sowie sein jeweiliges Entwicklungs- und Erfahrungsstadium es ihm erlauben. Letzteres ist aber in diesem Alter von sechs, acht oder zehn Monaten so kümmerlich ausgebildet, daß es in keinem Fall viel beitragen kann und in neuen Situationen so gut wie gar nichts. Es ist der Instinkt, der für die Selbsterhaltung sorgt. Immerhin ist das Baby nicht mehr bloß ein Säugetier, das zum Primaten geworden ist; es beginnt, spezifisch menschliche Eigenschaften anzunehmen. Jeden Tag neigt es mehr dazu, die Kultur seines Volkes in sich aufzunehmen. Zu diesem Zeitpunkt beginnt es, zwischen der Rolle, die sein Vater, und der, die seine Mutter in seinem Leben spielt, zu unterscheiden. Die seiner Mutter bleibt beharrlich so, wie es die Rollen aller Menschen bisher gewesen sind: die einer Gebenden und Fürsorgenden, die außer der Befriedigung des Gegeben-Habens nichts zurückerwartet. Seine Mutter versorgt es, einfach weil es da ist; sein Dasein ist Grund genug, es ihrer Liebe zu versichern. Ihre bedingungslose Bejahung bleibt stetig, während allmählich sein Vater als wichtige Figur in Erscheinung tritt, die an seinem sich entwickelnden Sozialverhalten und seinem Fortschritt in Richtung Unabhängigkeit interessiert ist. Der Beifall seines Vaters macht sich bemerkbar, wann immer es ihn verdient; die Liebe seiner Mutter ist bedingungslos. Die stetige Liebe des Vaters ist von der gleichen Beschaffenheit wie die der Mutter, doch gibt es da eine Beimischung von Zustimmung, die abhängig ist vom Betragen des Kindes. Auf diese Weise sichert die Natur sowohl Stabilität als auch Anreiz zu sozialem Verhalten. Später wird der Vater sich immer deutlicher herausheben als Vertreter der Gesellschaft, und er wird das Kind leiten, indem er ihm durch sein Beispiel zeigt, was erwartet wird, und zwar hinsichtlich verschiedener Verhaltensmöglichkeiten, die den jeweiligen Traditionen angemessen sind, an denen das Kind teilhaben wird.

Brüder, Schwestern und andere Menschen beginnen, voneinander unterschiedene Plätze in seiner Welt einzunehmen. Noch eine Zeitlang werden all seine Gefährten einen Zug des Mütterlichen aufweisen, wiewohl einen, der langsam geringer wird. Man wird ihm willfährig sein, ihm Hilfe und Schutz bieten müssen, während sein Selbstvertrauen wächst. Es wird weiterhin seine Bedürfnisse signalisieren, und die Zeichen werden für seine älteren Gefährten weiterhin unwiderstehlich sein, bis sie mit beginnender Jugendzeit allmählich verschwinden. Unterdessen wird der Heranwachsende empfänglich werden für die Zärtlichkeit fordernden Zeichen bei jüngeren Kindern und wird sich ihnen gegenüber auf mütterliche Weise verhalten, während er den älteren Kindern und Erwachsenen, auf die er noch immer in gewissem Grade für das eigene Lebenshilfssystem angewiesen ist, ähnliche Signale gibt.

Für Jungen werden dann beim Lernen ihrer Rolle in der Kultur Männer zur Hauptanregungsquelle und zum Beispiel, wie die Dinge in ihrer Gesellschaft getan werden. Kleine Mädchen ahmen Frauen nach, sobald ihr Entwicklungsstadium fordert, daß aus der Verbindung mit ihnen jetzt gemeinsames Handeln werden müsse.

Die Geräte dafür, wenn sie schwierig herzustellen sind, gibt man ihnen. Zum Beispiel gehört es zu den Fähigkeiten eines Kindes, ein Kanu zu rudern oder damit zu spielen, lange bevor es sich selbst ein Paddel schnitzen kann. Wenn es soweit ist, gibt man ihm bzw. ihr ein Paddel in Kleinformat, das von einem Erwachsenen hergestellt ist. Noch ehe sie sprechen können, erhalten Jungen kleine Pfeile und Bogen, die ihnen zu wertvoller Praxis verhelfen, da die Pfeile echt sind und ihnen ein genaues Gefühl ihrer jeweiligen Fähigkeit vermitteln.

Ich war Zeuge der ersten Augenblicke im Arbeitsleben eines kleinen Mädchens. Die Kleine war ungefähr zwei Jahre alt. Ich hatte sie bei den Frauen und Mädchen gesehen; während diese Maniok in einen Trog rieben, spielte sie. Jetzt nahm sie ein Stück Maniok vom Haufen und rieb es an dem Reibholz eines Mädchens in ihrer Nähe. Das Stück war zu groß; sie ließ es bei dem Versuch, es über das rauhe Brett zu führen, mehrmals fallen. Von ihrer Nachbarin erhielt sie ein liebevolles Lächeln und ein kleineres Stück Maniok, und ihre Mutter, auf das Auftauchen des unvermeidlichen Impulses schon vorbereitet, reichte ihr ein winziges Reibholz für sich allein. Das kleine Mädchen hatte die Frauen beim Reiben gesehen, solange es zurückdenken konnte, und so rieb es sofort das Klümpchen an seinem Reibebrett auf und ab wie die anderen.

In weniger als einer Minute verlor es das Interesse und rannte weg, ohne daß das Maniokstück merklich kleiner geworden wäre, wobei es sein kleines Reibholz im Trog ließ. Niemand gab ihm zu verstehen, daß seine Geste komisch oder eine „Überraschung" sei; in der Tat erwarteten die Frauen sie früher oder später; sind sie doch alle vertraut mit der Tatsache, daß Kinder an der jeweiligen Kultur teilnehmen, wenngleich dabei Methode und Tempo von individuellen Kräften in ihnen selbst bestimmt werden. Es steht außer Frage, daß das Endergebnis im Einklang mit der Gesellschaft stehen und auf Zusammenarbeit und völliger Freiwilligkeit beruhen wird. Erwachsene und ältere Kinder tragen nur die Hilfe und Vorräte bei, die sich ein Kind unmöglich selber beschaffen kann. Ein Kind, das noch nicht sprechen kann, ist sehr gut in der Lage, seine Bedürfnisse klar zu machen, und es ist sinnlos, ihm etwas anzubieten, was es nicht braucht; *schließlich ist das Ziel der kindlichen Aktivitäten die Entwicklung von Selbstvertrauen. Bietet man ihm entweder mehr oder weniger Unterstützung an als es braucht, so wird dieses Ziel leicht vereitelt.*

Fürsorge wird, ebenso wie Unterstützung, nur auf Verlangen gewährt. Nahrung für den Körper und Umarmen als Nahrung für die Seele werden weder angeboten noch vorenthalten, sie werden jedoch stets, einfach und anmutig, als Selbstverständlichkeit zur Verfügung gehalten. Vor allem wird die Persönlichkeit des Kindes in jeder Hinsicht als gut respektiert. Weder gibt es den Begriff eines „unartigen Kindes", noch wird umgekehrt irgendeine Unterscheidung hinsichtlich „braver Kinder" getroffen. Es wird angenommen, daß das Kind in seinen Motiven in Übereinstimmung, nicht im Gegensatz zur Gesellschaft steht. Was immer es tut, wird als Handlung eines von Geburt an „richtigen" Geschöpfes anerkannt. Auf dieser Annahme der Richtigkeit bzw. des Sozialtriebes als eines eingebauten Wesenszuges der menschlichen Natur gründet die Einstellung der Yequana gegenüber anderen Menschen jedweden Alters. Sie ist auch die Grundlage auf der der kindlichen Entwicklung durch seine Gefährten – Eltern oder andere – Vorschub geleistet wird.

„Erziehen“ im ursprünglichen Sinne bedeutet „herausführen“, doch obwohl dieser Weg dem weitverbreiteten Verständnis „eintrichtern“ überlegen sein mag, ist keiner von beiden mit den entwickelten kindlichen Erwartungen vereinbar. Von einer älteren Person herausgeführt oder geleitet zu werden, bedeutet Einmischung in die Entwicklung des Kindes, da dieses hierdurch von seinem natürlichen, wirksamsten Weg fortgeführt wird zu einem, der dies in geringerem Maße ist. *Die Annahme eines angeborenen Sozialtriebes* steht in direktem Gegensatz zur allgemeinen zivilisierten Überzeugung, daß die Triebe eines Kindes zwecks Erziehung zu sozialem Verhalten gebändigt werden müßten. Einige meinen, daß Erklärungen und „Kooperation“ mit dem Kind diese Bändigung besser bewerkstelligten als Drohung, Beschimpfung oder der Rohrstock. Die Annahme, das Kind sei von Natur aus gesellschaftsfeindlich und benötige Manipulation, um für die Gesellschaft akzeptabel zu werden, ist jedoch beiden Ansichten nicht minder zu eigen als den verbreiteteren Auffassungen zwischen diesen beiden Extremen. Wenn uns an Kontinuum-Gesellschaften wie den Yequana wirklich etwas von Grund auf fremd ist, so ist es diese Annahme eines angeborenen Sozialtriebes. Erst wenn wir von dieser Annahme und allem, was sie beinhaltet, ausgehen, wird die scheinbar unüberbrückbare Kluft zwischen ihrem merkwürdigen Verhalten und dem daraus resultierenden intensiven Wohlbefinden einerseits und unseren sorgfältigen Überlegungen bei außerordentlich viel geringerem Wohlgefühl andererseits verständlich.

Wie wir gesehen haben, steht sowohl mehr als auch weniger Unterstützung, als ein Kind fordert, seinem Fortschritt entgegen. Initiativen von außerhalb oder unerbetene Führung bieten ihm daher keinen positiven Nutzen. Es kann keinen größeren Fortschritt machen als den, welchen die eigenen Motivationen einschließen. *Die Neugier des Kindes und sein Wunsch, selber Dinge zu tun, bestimmen seine Fähigkeit zu lernen, ohne irgendeinen Teil seiner Gesamtentwicklung aufgeben zu müssen. Anleitung kann nur bestimmte einzelne Fähigkeiten auf Kosten anderer vertiefen, nichts jedoch vermag das volle Spektrum seiner Fähigkeiten über die angeborenen Grenzen hinaus zu verbreitern.* Der Preis, den ein Kind dafür zahlt, daß es zu dem geführt wird, was seine Eltern für es (oder für sich) als das Beste erachten, ist die Beeinträchtigung seiner Ganzheit. Sein gesamtes Wohlbefinden, in dem all seine Wesenszüge sich spiegeln, ob ausreichend genährt oder am Verkümmern, wird direkt betroffen. Die Älteren tragen einen großen Teil zur Bestimmung seines Verhaltens bei, sowohl durch ihr Beispiel als auch durch das, was es als ihre Erwartungen erkennt; sie können jedoch seiner Ganzheit nichts hinzufügen, weder dadurch, daß sie seine Motive durch ihre eigenen ersetzen, noch dadurch, daß sie „ihm sagen, was es tun soll".

Dem Kind ein Beispiel oder Vorbild zu bieten geschieht im Idealfall nicht ausdrücklich, um es zu beeinflussen, sondern heißt lediglich, sich normal zu verhalten: dem Kind keine besondere Aufmerksamkeit zu schenken, sondern eine Atmosphäre zu schaffen, in der man sich vor allem um die eigenen Angelegenheiten kümmert; von dem Kind nimmt man dabei nur Notiz, wenn es dies braucht, und auch dann nicht mehr als notwendig. Ein Kind, welches das Getragenwerden vollständig erfahren hat, wird es nicht nötig haben, über seine körperlichen Bedürfnisse hinaus um Aufmerksamkeit zu betteln; denn es wird nicht, wie die Kinder, die wir unter zivilisierten Umständen kennen, irgendwelche Bestätigung benötigen, um sich seines Daseins oder seiner Beliebtheit zu versichern.

Wenden wir das Prinzip auf die einfachste Situation an, so würde eine zivilisierte Mutter ihrer Hausarbeit nachgehen, während ein kleines Mädchen seine eigenen Interessen verfolgte, aber, wann immer es den Wunsch verspürte, mit einem kleinen Besen aufkehren oder staubwischen oder staubsaugen (falls es den Staubsaugertyp in seinem Haus handhaben kann) oder auf einem Stuhl stehend beim Abwaschen helfen könnte. Es wird nicht allzuviel kaputtgehen und das kleine Mädchen wird nicht vom Stuhl fallen, es sei denn, seine Mutter hege so deutlich die Erwartung einer Katastrophe, daß der Sozialtrieb des Kindes (zu tun, was man seiner Meinung nach von ihm erwartet) es dazu treibt, sich entsprechend zu verhalten. Ein ängstlicher Blick, ein Wort darüber, was die Mutter denkt: „Laß das nicht fallen!", oder ein Versprechen: „Paß auf, du fällst gleich!" können das Mädchen – obwohl dies seinem Selbsterhaltungstrieb und seinem Nachahmungsbestreben entgegenwirkt – schließlich zum Gehorchen veranlassen, so daß es den Teller fallen läßt und/oder vom Stuhl stürzt.

Zu den Einzigartigkeiten der Gattung Mensch gehört die Fähigkeit seines Intellekts, seiner Natur, wie sie von der Evolution ausgeprägt wurde, zu widersprechen. Ist das Kontinuum einmal zum Entgleisen gebracht, sind seine Stabilisatoren bis zur Unbrauchbarkeit aus dem Gleichgewicht, so ergeben sich Verirrungen rasch und zahlreich; denn es ist fast so sicher, daß der Intellekt mit seinen uninformierten, wohlmeinenden Eins-nach-dem-anderen-Erwägungen hinsichtlich der unermeßlichen Menge von Faktoren, die bei jedem Verhalten mitspielen, Schaden anrichten, wie, daß er Gutes bewirken wird.

Eines der seltsamsten Ergebnisse des verlorenen Glaubens an das Kontinuum ist die Fähigkeit von Erwachsenen, Kinder dazu zu bringen, daß sie vor ihnen weglaufen. Nichts könnte dem Kontinuumherzen eines Babies näherliegen als der Wunsch, in unvertrautem Gebiet nahe bei seiner Mutter zu bleiben. Bei allen mit uns verwandten Säugetieren sowie auch Vögeln, Reptilien und Fischen folgen die Jungen, und solches Verhalten liegt eindeutig in ihrem Interesse. Ein Kleinkind der Yequana würde es sich nicht im Traum einfallen lassen, sich auf einem Waldweg von seiner Mutter zu entfernen, denn sie blickt nicht um sich, um festzustellen, *ob* es wohl folgt, sie gibt ihm nicht zu verstehen, daß es eine mögliche Wahl gebe oder daß es *ihre* Aufgabe sei, sie zusammenzuhalten; sie verlangsamt lediglich ihren Schritt so weit, daß es mithalten kann. Da es dies weiß, wird das Kleinkind laut rufen, wenn es aus dem einen oder andern Grund nicht mitkommt. Ein kleinerer Fall, von dem es selber wieder aufstehen und dann durch kurzes Rennen die verlorenen Sekunden wieder aufholen kann, bewirkt meist nicht einmal einen solchen Ausruf. Ihr Verhalten zeigt ihm, daß sie ebenso sachlich wie geduldig ist, wann immer sie auf es warten muß. Es deutet an, daß sie weiß: das Kind wird nicht länger brauchen, als ohne Druck notwendig ist, bis sie gemeinsam ihren Weg fortsetzen können. Sie hat nichts von einem Richter an sich. Ihre Annahme über seinen angeborenen Sozialtrieb wirkt zusammen mit seinem Bestreben, zu tun, was es als ihre Erwartung erkennt. Ob beim Anhalten oder beim Gehen: jene Grundüberzeugung bleibt unverändert und selbstverständlich.

Und doch: trotz unserer millionenjährigen Vorgeschichte und des beständigen Beispiels unserer Tiergefährten sowie immer noch einiger unserer Mitmenschen haben wir es fertiggebracht, unsere Kleinkinder zum Weglaufen zu bewegen.

Nach der vierten Expedition fiel mir die Zahl der kleinen Kinder auf, hinter denen in Manhattans Central Park Erwachsene herrannten. Man sah Mütter und Kindermädchen herumflattern, die Hüften häßlich verrenkt, mit ausgestreckten Händen und schrillen Stimmen, die die flüchtigen Kleinkinder unter kaum überzeugenden Drohungen um Gehorsam anflehten. Sie variierten diese nervenzermürbende Vorführung, indem sie versuchten, sich auf der Parkbank miteinander zu unterhalten, während sie nach den ihnen Anvertrauten riefen, wenn diese sich den Grenzen ihres erlaubten Entfernungsbereiches näherten; oder sie sprangen auf und stürzten tatsächlichen Ausreißern hinterher, die die Spielregeln begriffen und das erste Nachlassen der Überwachung als Zeichen einer Pause gedeutet hatten.

Ein einfacher Vorschlag wie „Geh nicht hin, wo ich dich nicht sehen kann!“ mit einem Beiklang von Besorgnis (Erwartung) geäußert, verursacht viel Verkehr in Sammelstellen für verlorengegangene Kinder, und, wenn noch ein Versprechen beigemischt wird wie „Paß auf, du wirst dir wehtun!“, auch noch eine ganze Reihe von Ertrinkensfällen, ernsten Stürzen und Verkehrsunfällen dazu. Vorwiegend darauf bedacht, im Kampf mit seiner Aufsichtsperson um die Durchsetzung des eigenen Willens die von ihm erwartete Rolle zu spielen, hat der kleine Herausforderer das selbstverantwortliche Gleichgewicht mit seiner Umgebung verloren und sein Selbsterhaltungssystem ist beeinträchtigt. So wird er ganz unbewußt darauf festgelegt, dem absurden Befehl sich wehzutun, Folge zu leisten. Wenn er in einem Krankenhaus aufwacht, wird es ihn jedoch nicht sehr überraschen zu erfahren, daß er von einem Auto angefahren wurde, geradeso, wie seine so überaus bedeutende Aufsichtsperson es ihm so oft versprochen hat.

Das Unbewußte denkt nicht vernünftig – mit seiner Art, aus Erfahrenem Gewohnheit zu machen, um Verhalten zu automatisieren, damit nicht immer die Aufmerksamkeit des Bewußtseins für oft wiederholte Handlungen neu beansprucht werden muß, oder um Daten entsprechend einem Verarbeitungssystem zu strukturieren und zu speichern, einzuordnen und ins Gleichgewicht zu bringen, das zu anspruchsvoll ist für ein so unverläßliches Hilfsmittel wie die Vernunft; darüberhinaus beobachtet das Unbewußte viel zu scharf, um sich einreden zu lassen, etwas sei so wie jemand sagt, obwohl Tonfall und Handeln dies Lügen strafen; deshalb ist die Logik des Unbewußten häufig die genaue Antithese von „Vernunft“. Ein Kind mag daher die vernunftmäßigen Gründe der Aufsichtsperson wohl sehr gut verstehen und sogar ähnliche Gründe anführen und kann dennoch motiviert sein, sich im Gegensatz dazu zu verhalten. In anderen Worten, es wird, mit größerer Wahrscheinlichkeit, das tun, wovon es *spürt, daß man es von ihm erwartet,* als das, was man ihm befiehlt. Sein chronisches unbefriedigtes Verlangen nach Anerkennung durch seine Mutter kann sein Bedürfnis, zu tun, was seine Mutter oder deren Vertreter seinem Gefühl nach von ihm erwarten, bis zur Selbstzerstörung steigern. Ein gesundes Kontinuum-Kind verfügt über eine funktionierende Reihe von angeborenen Tendenzen, das Passende zu tun, wie

z. B. Nachahmen, Erforschen, Prüfen, sich oder andere nicht verletzen, Hereinkommen, wenn es regnet, angenehme Laute von sich geben und ein freundliches Gesicht machen, wenn sich andere Menschen richtig verhalten, auf Zeichen bei jüngeren Kindern zu reagieren usw. Ein Kind hingegen, das Versagung erfuhr oder von dem man gemeinschaftsfeindliches Verhalten erwartet, kann gegen sein angeborenes Gespür für Richtigkeit in dem gleichen Maße verstoßen, in dem man gegen seine Bedürfnisse und seine Empfindlichkeit für die Erwartungen anderer verstoßen hat.

Die gängigen Mittel von Lob und Tadel sind absolut zerstörerisch gegenüber den Motiven von Kindern, besonders der kleinsten. Wenn das Kind etwas Nützliches tut, wie sich selbst anziehen oder den Hund füttern, ein Sträußchen Feldblumen hereinbringen oder aus einem Tonklumpen einen Aschenbecher machen, so kann nichts entmutigender sein als ein Ausdruck der Überraschung darüber, daß es sich sozial verhalten hat: „Oh, was für ein liebes Mädchen!", „Seht mal, was Stefanie ganz alleine gemacht hat!" und ähnliche Ausrufe deuten an, daß soziales Verhalten bei dem Kind unerwartet, uncharakteristisch und ungewöhnlich ist. Sein Verstand mag sich darüber freuen, doch sein Gefühl wird voll Unbehagen darüber sein, daß es gegenüber dem von ihm Erwarteten, dem, was es zu einem wahren Bestandteil seiner Kultur, seines Stammes, seiner Familie macht, versagt hat. Selbst bei Kindern untereinander wird ein Satz wie: „Mensch, guck mal, was die Vera in der Schule gemacht hat!", wenn er mit hinreichendem Erstaunen geäußert wird, der Vera ein unbehagliches Gefühl des Getrenntseins von ihren Spielkameraden vermitteln, gerade so, als hätten sie in demselben Ton gesagt: „Mensch, die Vera ist aber dick!" – bzw. dünn oder lang oder klein oder tüchtig oder dumm, aber jedenfalls nicht so, wie man es von ihr erwartet hätte. Tadel, besonders wenn er verstärkt wird durch ein „Du-machst-das-immer"-Etikett, ist mit seiner Andeutung, daß antisoziales Verhalten erwartet wird, gleichfalls zerstörerisch. „Das sieht dir ähnlich, dein Taschentuch zu verlieren", „Der denkt nur an Unfug", ein resigniertes Schulterzucken, eine umfassende Anklage wie „Typisch Jungens", die impliziert, daß die Schlechtigkeit tief in ihnen drinsteckt, oder auch einfach ein Gesichtsausdruck, der anzeigt, daß ein schlechtes Benehmen *keine* Überraschung war, haben die gleiche verheerende Wirkung wie Überraschung oder Lob für ein Zeichen von Gemeinschaftsgeist.

Auch die Kreativität kann durch den Umgang mit den kindlichen Bedürfnissen nach Kooperation verletzt werden. Man sagt nur etwas wie: „Nimm dein Malzeug auf die Veranda; ich möchte nicht, daß du hier drinnen eine Schweinerei machst". Die Botschaft, daß das Malen eine Schweinerei verursacht, geht nicht verloren, und der Drang nach Kreativität müßte schon enorm sein, um das grundlegende Bedürfnis des Kindes, zu tun, was seine Mutter von ihm erwartet, zu überwinden. Ob es nun mit einem süßen Lächeln gesagt oder wie ein Schlachtruf hervorgestoßen wird: die Aussage über die Schlechtigkeit des Kindes ist gleichermaßen wirksam.

Die Annahme eines angeborenen Sozialtriebes erfordert einige Kenntnis sowohl vom Inhalt wie der Form der kindlichen Bestrebungen und Erwartungen. Sie sind eindeutig nachahmend, kooperativ und der Erhaltung des Einzelwesens und der Gattung dienlich; sie schließen jedoch auch Besonderheiten ein, wie das Wissen über den Umgang mit Kleinkindern und die Fähigkeit, danach zu handeln. Gibt man dem tiefen mütterlichen Drang in Mädchen keine Gelegenheit zur Befriedigung, leitet man ihn um auf Puppen, wenn wirkliche Kleinkinder da sind, so leistet man den Kindern des kleinen Mädchens, wenn es erwachsen wird, einen schlechten Dienst. Noch ehe es Anweisungen von seiner eigenen Mutter verstehen kann, benimmt sich ein kleines Mädchen Kleinkindern gegenüber in genau der Art, wie sie seit unvordenklicher Zeit von Babies verlangt wird. Bis zu dem Alter, wo es über andere Methoden nachdenken könnte, ist es bereits eine erfahrene Expertin in Babypflege und hält es gar nicht für notwendig, darüber nachzudenken. Während seiner gesamten Kindheit kümmert es sich weiterhin um Babies, wann immer es kann, entweder in der eigenen Familie oder bei Nachbarn; und wenn es heiratet, dann hat es nicht nur mit den Dr. Spocks nichts zu diskutieren, sondern verfügt auch über zwei starke Arme zum Tragen und ein Repertoire von Positionen und Bewegungen, in denen man Babies halten kann – beim Kochen, bei der Gartenarbeit, beim Saubermachen oder Kanupaddeln, bei der Körperpflege, beim Schlafen, Tanzen, Baden, Essen oder wobei auch immer. Auch hat es dann ein tief verinnerlichtes Gespür, das gegen eine jede Handlung aufbegehren würde, die für sein Kontinuum oder das eines Babies unpassend wäre.

Ich sah kleine Yequana-Mädchen schon ab drei oder vier Jahren (manchmal sahen sie sogar jünger aus) sich vollverantwortlich um Kleinkinder kümmern. Es war ganz offensichtlich ihre Lieblingsbeschäftigung, hinderte sie aber nicht daran, gleichzeitig anderes zu tun, Feuer zu hüten, Wasser zu holen usw. Sie wurden der ihnen Anvertrauten nicht müde, so wie es ihnen bei Puppen ergangen wäre. Wie es scheint, ist das Kontinuum am stärksten in bezug auf den Schutz von Kleinkindern; und die endlose Geduld und liebevolle Pflege, die sie brauchen, ist in jedem Kind, einschließlich Jungen, angelegt. Obwohl man Jungen kleine Kinder selten für längere Zeit anvertraut, nehmen sie sie doch sehr gern auf und spielen mit ihnen. Junge Männer im Pubertätsalter halten Ausschau nach kleinen Kindern, mit denen sie spielen können, wenn sie von ihren Tagesverrichtungen nach Hause zurückkehren. Sie werfen die Babies hoch in die Luft und fangen sie wieder auf; dabei lachen sie laut und verbringen eine vergnügte Zeit mit ihren winzigen Stammesbrüdern, deren Erfahrungsskala und Gefühl, geliebt zu werden, so auf fröhliche Weise bereichert wird.

Wohl ebenso wesentlich wie die Annahme vom angeborenen Gemeinschaftsgeist bei Kindern und Erwachsenen ist die Achtung eines jeden Einzelwesens als seines eigenen Herrn. Die Yequana haben keinen Begriff dafür, daß man andere Menschen besitzen könne. Die Vorstellung, daß dies „mein Kind" oder „dein Kind" ist, gibt es nicht. Zu entscheiden, was ein anderer Mensch tun sollte, ganz gleich wie alt er ist, liegt außerhalb der Skala von Verhaltensweisen der Yequana. Es besteht ein großes Interesse an dem, was ein jeder tut, aber keinerlei Neigung, irgend jemanden zu beeinflussen, geschweige denn zu zwingen. Die Triebkraft eines Kindes ist sein eigener Wille. Es gibt keine Sklaverei – denn wie anders kann man es nennen, wenn jemand einem anderen seinen Willen aufdrängt und ihn mittels Drohung und Strafe zwingt? Die Yequana meinen nicht, daß die geringere Körperkraft und die Abhängigkeit eines Kindes von ihnen ein Grund ist, es deswegen mit weniger Achtung zu behandeln als einen Erwachsenen. Einem Kind werden keine Befehle erteilt, die seinen eigenen Neigungen, wie es spielen, wieviel es essen, wann es schlafen möchte usw. zuwiderlaufen. Wo jedoch seine Hilfe benötigt wird, erwartet man von ihm, daß es auf der Stelle Folge leistet. Befehle wie „Bring mir etwas Wasser!", „Hack etwas Holz!", „Reich mir das mal!" oder „Gib dem Baby eine Banane!" werden aufgrund eben dieser Annahme eines angeborenen Gemeinschaftsgeistes erteilt, in der Gewißheit, daß ein Kind nützlich sein und an der Arbeit der Seinen teilnehmen möchte. Niemand überwacht, ob das Kind gehorcht – es besteht kein Zweifel an seinem Willen zur Zusammenarbeit. Als das „soziale Tier", das es ist, tut es das von ihm Erwartete ohne Zögern und so gut es kann.

Das funktioniert unglaublich gut. Auf meiner zweiten Expedition jedoch fiel mir ein Junge von etwa einem Jahr auf, der auf irgendeine Weise aus der Mitte seines Kontinuums geraten zu sein schien. Ich kann nicht sagen, was die Gründe dafür waren, aber es ist vielleicht kein Zufall, daß sein Vater, ein alter Mann namens Wenito, der einzige Yequana in der Gegend war, der etwas Spanisch sprach; er war in seiner Jugend als Arbeiter am Gummi-Boom beteiligt gewesen und seine Frau konnte etwas Pemontong sprechen – ein Anzeichen dafür, daß sie bei den weiter östlich wohnenden Indianern gelebt hatte. Womöglich hatten sie sich während ihres ungewöhnlich kosmopolitischen Lebens einige Praktiken von einer so beeindruckenden Autorität angeeignet, daß ihre eigenen Kontinua davon beeinträchtigt wurden. Ich weiß es nicht. Aber Wididi, ihr Sohn, war das einzige Kind, das ich je bei einem Wutausbruch erlebte, wobei er aus Protest über irgendetwas aus Leibeskräften schrie, anstatt auf die ungehemmte Art zu weinen, die man hörte, wenn irgendein anderes Baby einmal weinte. Nachdem er laufen gelernt hatte, schlug er zuweilen andere Kinder. Bemerkenswerterweise sahen die anderen Kinder ihn ohne Gefühlsäußerung an, der Gedanke von Aggressivität war ihnen so fremd, daß sie sie hinnahmen, als würde ihnen durch einen Ast oder eine andere natürliche Ursache ein Schlag versetzt. Nie fiel ihnen ein zurückzuschlagen, und sie fuhren mit ihren Spielen fort, ohne Wididi auch nur auszuschließen.

Ich sah ihn wieder, als er ungefähr fünf war. Sein Vater war gestorben und Anchu, der Dorfälteste, der Wenitos enger Freund gewesen war, übernahm jetzt für Wididi die Rolle des Vaters bzw. Leiters. Der Junge war immer noch weit von dem glücklichen Yequana-Durchschnitt entfernt. Sein Gesicht und die Art, wie er seinen Körper bewegte, ließen eine gewisse Spannung erkennen, die an ein zivilisiertes Kind erinnerte.

Auf dem Weg zu unserem Landeplatz nahm Anchu Wididi mit, wie auch die anderen Mitglieder unserer Truppe ihre kleinen Söhne um der Erfahrung willen mitgebracht hatten. Wididi konnte bereits sehr geschickt sein Kanu paddeln, und da die schwerste Arbeit am Bug zu tun ist und das feine Manövrieren am Heck, paddelte er häufig am Heck, während der Dorfälteste die vorn anfallende Arbeit ausführte. Wenige Worte nur wurden zwischen ihnen gewechselt, aber Anchus ruhige, stetige Erwartung des Richtigen war nahezu greifbar. Unterwegs, wenn wir Fleischstückchen herumreichten, teilte Anchu das seine immer mit Wididi. Es schien manchmal, als sei der Junge ebenso ausgeglichen und tüchtig geworden wie andere Yequana-Jungen.

Eines Tages jedoch bereitete sich Anchu im Lager neben der Landebahn zur Jagd vor, und Wididi beobachtete ihn mit steigender Furcht. Sein Gesicht spiegelte einen schrecklichen Konflikt wider und seine Lippen begannen zu zittern, während er jeder Bewegung des Mannes mit den Augen folgte. Als Anchus Pfeile und Bogen fertig waren, erschütterten Krämpfe und schließlich ein Schluchzen die Brust des Jungen. Anchu hatte nichts gesagt und ihm auch keinerlei wertenden Blick zugeworfen; aber Wididi wußte, daß die Jungen mit ihren Anführern zur Jagd gingen; und er wollte nicht gehen. Es gab niemanden, mit dem er streiten konnte, außer mit sich selbst; denn Anchu war einfach dabei, auf die Jagd zu gehen, und was Wididi tat, war Wididis eigene Sache. Seine gegen die Gemeinschaft eingestellte Seite sagte „nein“, sein angeborener Sozialtrieb, der gerade im Begriff stand, durch Anchu befreit zu werden, sagte „ja“. Anchu nahm Bogen und Pfeile und machte sich auf den Weg. Wididis ganzer Körper zitterte, während er schrie. Mittlerweile waren Trieb und Gegentrieb bei ihm genau ausgewogen, und er stand einfach da und heulte, gequält von Unentschlossenheit. Damals verstand ich noch nichts von den Prinzipien, die im Spiel waren. Ich nahm nur wahr, daß der Junge sich quälte, weil er nicht mit Anchu mitgegangen war. Ich lief zu ihm, legte ihm die Hände auf die Schultern und eilte so mit ihm den Weg entlang. Ich rannte mit ihm hinaus auf die Savanne, auf deren einer Seite Anchu gerade im Urwald verschwand. Ich rief ihm zu, er solle warten, aber Anchu drehte sich weder um noch verlangsamte er seinen Schritt. Ich rief erneut, lauter, aber er verschwand im Wald. Ich schob Wididi nach vorn und ermahnte ihn, sich zu beeilen. Ich glaubte, Wididi zu helfen und Anchu eine Enttäuschung zu ersparen, aber natürlich mischte ich mich ein: mit der für meine Kultur typischen Tölpelhaftigkeit setzte ich meinen Willen anstelle den des Kindes, indem ich es zu veranlassen versuchte, daß es das Richtige *tat,* während Anchu nach dem weitaus gesünderen Prinzip vorgegangen war, ihm die Freiheit zu geben, das Richtige tun zu *wollen.* Vielleicht hat mein Beitrag Wididis Fortschritt um mehrere Wochen zurückgeworfen. Es ist möglich, daß Anchus System gerade im Begriff stand, das Gleichgewicht wiederherzustellen, indem es Wididi von jedem Druck befreite, so daß sein natürlicher Drang, dabei zu sein, die Oberhand über das gewinnen konnte, was ihn zum Aufbegehren veranlaßt hatte, was immer das war.

Es fiel mir schwer, den völligen Verzicht auf Druck durch Überredung, dadurch, daß ein Mensch einem anderen seinen Willen aufdrängt, zu glauben oder zu verstehen – ungeachtet der Beharrlichkeit, mit welcher die Yequana mir Beispiele davon zeigten.

Zu Beginn der dritten Expedition, als wir uns darauf vorbereiteten, flußaufwärts zu ziehen, fragte ich Anchu, ob Tadehah, ein Junge von neun oder zehn Jahren, mitkommen dürfe. Wir machten Filme und er war besonders fotogen.

Anchu ging zu ihm und seiner Pflegemutter und legte ihnen meine Einladung vor. Tadehah sagte, er wolle gern mitkommen, und die Pflegemutter ließ mich durch Anchu bitten, ihn nach der Expedition nicht mit nach Hause zu meiner eigenen Mutter zu nehmen. Ich versprach, ihn zurückzubringen, und am Tag unseres Aufbruchs mit fünf Yequana-Männern als Helfern brachte Tadehah seine Hängematte und suchte sich in einem der Kanus einen Platz.

Etwa eine Woche später ergab sich eine Unstimmigkeit, und die Yequana-Männer marschierten plötzlich mit der Ankündigung, sie gingen nach Hause, aus dem Lager. In letzter Minute wandten sie sich um und sagten: „Mahtyeh!" – Komm mit! – zu Tadehah, dessen Hängematte immer noch unter dem Schutzdach hing.

Das Kind sagte nur sanft „Ahkay" – Nein –, und die anderen gingen ihres Weges.

Sie versuchten nicht, ihn zu zwingen oder auch nur zu überreden, mit ihnen zu gehen. Er gehörte, wie jeder andere auch, sich selbst. Seine Entscheidung war Ausdruck davon, daß er sein eigener Herr war, und ihre Folge war Teil seines Schicksals. Keiner maßte sich an, sein Recht auf eigene Entscheidung außer Kraft zu setzen, nur weil er klein und schwach genug war, um körperlich beherrscht zu werden, oder weil seine Fähigkeit, Entscheidungen zu treffen, durch geringere Erfahrung bestimmt war.

Bei den Yequana wird die Urteilskraft eines Menschen für hinreichend angesehen, jede Entscheidung zu treffen, zu der er sich motiviert fühlt. Der Impuls, eine Entscheidung zu treffen, ist Beweis der Fähigkeit, dies auf angemessene Weise zu tun. Kleine Kinder treffen *keine* größeren Entscheidungen; sie haben ein starkes Interesse an ihrer Selbsterhaltung, und in Angelegenheiten, die ihr Einsichtsvermögen überschreiten, erwarten sie von Älteren, daß diese beurteilen, was am besten ist. Dadurch, daß man dem Kind von klein auf die Wahl überläßt, bleibt seine Urteilskraft von höchster Wirksamkeit, beim Delegieren ebenso wie beim Treffen von Entscheidungen. Vorsicht äußert sich in dem Maße, in dem Verantwortung im Spiel ist, und Irrtümer kommen auf diese Weise außerordentlich selten vor. Eine so gefällte Entscheidung trifft beim Kind nicht auf Widerstand und funktioniert daher harmonisch und angenehm für alle Betroffenen.

In seinem Alter war Tadehah durchaus imstande, eine – wie es mir schien – für ein Kind gewaltige Verpflichtung einzugehen. Er entschied sich dagegen, mit seinen Stammesgefährten zu ziehen, um bei drei höchst seltsamen Fremden zu bleiben, die gerade begonnen hatten, einen großen Fluß hinaufzufahren – ohne Mannschaft und, da ich nicht daran gedacht hatte, Paddel für uns selber einzuhandeln, ohne Paddel; denn die Männer hatten ihre beim Weggehen mitgenommen.

Tadehah kannte seine eigenen Fähigkeiten und wollte das Abenteuer. Wir hatten eine Menge davon in den Monaten bis zu unserer Rückkehr; aber er war der Sache immer gewachsen, nie anders als hilfsbereit und immer zufrieden.

Das Ausmaß ihres Widerstrebens dagegen, aufeinander Druck auszuüben, beeindruckte mich auch auf unserer vierten Expedition, auf der ein Europäer und ich trotz unseres Wunsches abzureisen durch Anchu zurückgehalten wurden. (Es scheint angebracht, zu erklären, daß dieser scheinbare Widerspruch in bezug auf das Aufzwingen des eigenen Willens auf andere Menschen sich einesteils durch die Tatsache erklären läßt, daß die Yequana uns oder auch die Sanema-Stämme nicht als Menschen betrachten, und anderenteils dadurch, daß sie uns festhielten, damit ich sie weiterhin medizinisch versorgen könne, indem sie uns einfach auf unserer Reise aus dem Urwald nicht begleiteten – einer Reise, die zwei Menschen allein nicht hätten wagen können. Sie gaben uns Essen und bauten uns eine Hütte, und unseren Forderungen, man möge uns hinausgeleiten, wurde immer ausgewichen, nie wurden sie blank abgelehnt. Mit anderen Worten: niemand zwang uns tatsächlich, irgendetwas zu tun, außer dadurch, daß man es unterließ, uns zu helfen.)

Es gab zwei Männer, einen im Dorf und einen in der Nähe, die schwer krank waren. Einer hatte Blinddarmentzündung mit Komplikationen und der andere zwei Fisteln an seinem Rücken. Beide waren sichtlich dem Tode geweiht, da Wochen und Monate ohne Besserung verstrichen, obwohl ich es schaffte, sie mit Hilfe von Antibiotika am Leben zu halten.

Im Frühstadium dieses scheinbar aussichtslosen Kampfes – es war bei meinem ersten „Hausbesuch" flußaufwärts bei dem jungen Mann mit Blinddarmentzündung – sagte ich seinem Vater, er müsse nach Ciudad Bolivar zu einem richtigen Arzt gebracht und dort operiert werden. Ich erklärte ihm, daß ein Einschnitt gemacht und der Krankheitsherd herausgenommen werden müsse, und zeigte ihm meine eigene Blinddarmnarbe. Er stimmte zu, sagte jedoch, Masawiu könne nicht in eine venezolanische Stadt fahren, ohne spanisch sprechen zu können. Er bat mich nicht direkt, daß ich ihn begleiten solle, obwohl er seinen einzigen Sohn sehr liebte. Offensichtlich hätte er Masawiu eher sterben lassen als mich zu bitten, mir irgendwelche Umstände zu machen. Er hatte mich das Problem wissen lassen, das war alles an Überredung, was er je gebrauchte.

Ich sagte ihm, daß ich seinen Sohn mitnehmen würde, damit er geheilt werde; er müsse jedoch zu Anchu gehen und darauf bestehen, daß er uns unverzüglich ziehen ließe. Bei diesen Worten bekam der alte Mann einen ganz leeren Gesichtsausdruck, obwohl ich mit Nachdruck wiederholte, er müsse mit Anchu sprechen oder sein Sohn würde sterben. Er ließ es sich nicht im entferntesten einfallen, dies mit Nachdruck zu verlangen, obwohl er dem Dorfältesten die Situation dargestellt haben mag, als er mit seiner gesamten Familie ins Dorf zog, damit ich Masawiu behandeln könne. Seine Beziehung zu Anchu blieb weiterhin so locker, als sei das Leben seines Sohnes nicht in den Händen des Dorfältesten.

Vier Monate später, als ich endlich befreit wurde, um die lange, schwierige Reise nach draußen mit meinen Patienten zu machen, kamen der Vater und die ganze Familie in einem anderen Kanu mit, um auf einem nahegelegenen Fluß auf Masawius Heilung zu warten und ihn später mit nachhause zu nehmen. Die Weigerung des alten Mannes, irgendjemanden seinethalben unter Druck zu setzen, war also nicht auf Mangel an Liebe zurückzuführen.

Es war das gleiche, als ich Nahakadi, eine besondere Freundin von mir und sowohl eine enge Freundin als auch Adoptivschwester von Anchu bat, ihn zu überreden, er solle uns freilassen, damit wir ihren sterbenden Mann ins Krankenhaus bringen könnten. Sie traf den Dorfältesten oft und hatte reichlich Gelegenheit, hielt jedoch ihre Gespräche mit ihm stets auf einer unbeschwerten und angenehmen Ebene, selbst im Umkreis nur weniger Meter von der Hängematte entfernt, in der ihr geliebter Mann lag und in Schmerzen dahinsiechte.

Jedoch kam sie in jenen Monaten, als ich ihn behandelte, mehrmals zu mir mit dem Vorschlag, ich möge einen Einschnitt in seinem Rücken machen, um die Fistel zu entleeren. Aus Furcht vor meiner eigenen Unwissenheit in Chirurgie lehnte ich ab; und schließlich versuchte sie selbst, es durchzuführen. Sie konnte sich jedoch nicht überwinden, ihrem Mann den Fischhaken, den sie benutzte, in den Rücken zu treiben, und ließ mich durch ihren Sohn holen. Als ich sah, was sie da machte, versprach ich, es lieber selbst zu tun als das größere Risiko ihrer unhygienischen Methode einzugehen. Wenn sie mich also durch „moralische Erpressung“ überreden wollte, so war dies erfolgreich; es gab jedoch keine direkte Beeinflussung meines Willens durch den ihrigen.

Schließlich schaffte ich es, beide Männer noch lebend ins Krankenhaus zu bringen. Sie überlebten und kehrten zu ihren Familien zurück.

Mein eigenes Beharren, daß Anchu uns gehenlassen müsse, traf auf taube Ohren. Jedesmal wechselte er das Thema und fragte, ob mir die Hütte, die sie uns gebaut hatten, oder das Essen, das sie uns gaben, nicht zusagte. Als ich ihm jeden Tag neu die Gefahr schilderte, die eine Verzögerung für das Leben der Männer bedeutete, antwortete er schließlich dadurch, daß er sich anmalte, mit all seinen Ketten behängte und mit den beiden Männern eine Woche lang einschloß, während er in der Tradition der Yequana-Schamanen zur Begleitung einer Maraca sang. Zu den Zeiten, da er kurz schlief, setzten andere den Singsang fort. Seine Behandlung besserte das Befinden der Patienten zwar nicht, hielt jedoch jeden davon ab, zu denken, daß Anchu sich vielleicht nicht genügend um das Leben seiner Leute kümmerte. Damit soll nicht gesagt sein, er wäre ein Schwindler. Er war nicht einer der großen Schamanen der Yequana, aber wird wohl durchaus sein bestes getan haben; und wahrscheinlich meinte er, es sei auf lange Sicht hin besser, mich dazubehalten, um seinem ganzen Stamm als Ärztin zu dienen, anstatt mich ziehen zu lassen in dem Bemühen, zwei aussichtslos scheinende Fälle zu retten.

Die Unwilligkeit eines Yequana, einen anderen selbst durch Schmeichelei zu etwas zu überreden, scheint nicht eine individuelle Entscheidung darzustellen. Es handelt sich hier anscheinend um ein durch das Kontinuum im Laufe der Evolution herausgeprägtes und von ihrer Kultur aufrechterhaltenes Verbot. Sie sind durchaus in der Lage, anderen Arten gegenüber Gewalt anzuwenden; sie trainieren Jagdhunde mittels strenger Disziplin und Bestrafung, die einschließt, daß sie sie mit Fäusten, Stöcken und Steinen schlagen und ihnen Schnitte in die Ohren beibringen. Sie sind jedoch nicht gewillt, ihren Mitmenschen ihren Willen aufzuzwingen, nicht einmal, wie wir gesehen haben, den Kindern.

Es gab eine Ausnahme, die diese Regel bestätigte, ähnlich

dem Vorfall mit dem Laufstall. Ich sah eines Tages, wie ein Vater mit seinem einjährigen Sohn die Geduld verlor. Er schrie und machte irgendeine heftige Bewegung, während ich zusah, und hat ihn vielleicht sogar geschlagen. Das Baby schrie in unverkennbarem Entsetzen ohrenbetäubend auf. Der Vater stand da, gezüchtigt und zur Besinnung gebracht von dem schrecklichen Ton, den er verursacht hatte; es war eindeutig, daß er sich gegen die Natur vergangen hatte. Da ich nebenan wohnte, sah ich die Familie oft; aber ich sah den Mann nie wieder den Respekt vor der Würde seines Sohnes verlieren.

Dennoch ist die Einstellung der Eltern nicht so, daß sie etwa alles gestatteten. Während sie die Autonomie ihrer Söhne und Töchter respektieren und annehmen, daß sie sich als soziale Wesen verhalten werden, legen sie doch auch viele der Normen fest, denen die Kinder sich unterordnen.

Der Anschein, den man bei den Mahlzeiten am Herd der Familie erhält, ist für zivilisierte Augen der von feierlichem Ernst, wenn die Mutter dem Vater schweigend die Schalen und Matten vorlegt und die Kinder dabeisitzen und wortlos essen oder Essen herumreichen. Es kann vorkommen, daß die Mutter mit ihrer leisen kleinen Stimme etwas sagt, dann springt ein Kind vielleicht auf und holt ihr oder dem Vater eine Kürbisflasche. Das geschieht rasch, leise und zweckbezogen, selbst wenn das Kind bloß ein winziges Kerlchen ist. Es sah mir nach einer Angsthandlung im Kleinen aus; so als ziele das ganze Ritual darauf hin, das Familienoberhaupt, das für die anderen eine Art egozentrischer Bedrohung darstellte, nicht herauszufordern. Dem war jedoch nicht so.

Bei genauerem Hinsehen erwiesen sich alle Parteien als völlig entspannt, und die Ruhe barg keine Bedrohung, stellte in der Tat überhaupt keine Anforderungen, abgesehen von gegenseitigem Verständnis und dem Vertrauen darauf, die Dinge so zu tun, wie sie seit je getan werden. Die „Feierlichkeit" war, wenn man erkannte, daß sie keine Spannung barg, einfach Frieden. Das Fehlen einer Unterhaltung war ein Zeichen der bestehenden Ungezwungenheit untereinander, nicht etwa des Gegenteils. Das Kind bzw. die Kinder hatten gelegentlich etwas zu sagen und sagten es dann ohne jedes Anzeichen von Schüchternheit oder Heftigkeit, aber gewöhnlich sagten sie nichts. Es ist ein Yequana-Brauch, daß während der Abendmahlzeit „am oberen Ende des Tisches" Stille herrscht um der Friedlichkeit willen, und das wenige, was gesprochen wird, geschieht in diesem Geiste.

Die Ankunft des Vaters ist es, die Frau und Kinder ruhig werden läßt. Unter den Augen der Väter und allgemein der Männer, sind Frauen und Kinder besonders bemüht, ihr Bestes zu geben, um den Erwartungen der Männer ebenso wie ihren eigenen zu entsprechen. Jungen messen sich vor allem gern mit ihren Vätern, während Mädchen ihnen gern dienen. Es ist Belohnung genug für ein kleines Mädchen, ihrem Vater ein frisches Stück Kassaba bringen zu können und es ihn aus ihren Händen entgegennehmen zu sehen. Durch sein Verhalten, seine eigene Würde und Vollkommenheit bei dem, was er tut, zeigt er den Heranwachsenden die Lebensweise ihrer Gesellschaft. Weint ein kleines Kind, wenn die Männer eine Unterredung haben, trägt seine Mutter es außer Hörweite. Beschmutzt es den Boden, wenn es noch nicht sauber, aber schon alt genug ist zu verstehen, so wird ihm in strengem Ton befohlen, hinauszugehen. Ihm wird zwar gesagt, es dürfe den Fußboden nicht beschmutzen, aber nicht, daß es „schlecht" sei oder sich immer falsch verhalte. Es empfindet niemals, daß es schlecht sei, allerhöchstens, daß es ein geliebtes Kind ist, welches eine unerwünschte Handlung begeht. Das Kind selber möchte aufhören, das zu tun, was den Seinen zuwider ist. Gemeinschaftsgeist ist ihm angeboren.

Gibt es irgendeine Abweichung oder auch nur eine zufällige Ausnahme vom sonst richtigen Verhalten eines Kindes, üben weder die Mütter noch die Väter Nachsicht. Sie verwöhnen es nicht im geringsten. Wie Anchu während der Krise von Wididi, bleiben ihre Verhaltensnormen beständig.

Wenn ein Kind sich verletzt, geben sie keine mitleidigen Töne von sich. Sie warten darauf, daß es von selber wieder aufsteht und sie einholt, wenn nicht mehr erforderlich ist. Handelt es sich um eine ernsthafte Verletzung oder Krankheit, so tun sie ihr Bestes, den Heilungsprozeß durch Medikamente oder schamanische Verrichtungen zu beschleunigen, wobei sie manchmal Tage und Nächte hindurch ununterbrochen singen. Dabei wenden sie sich an das Böse, das in den Körper eingetreten ist, drücken aber kein Mitgefühl mit dem Patienten aus, der sich so gut er kann mit seinem Leiden abfindet, ohne irgendjemanden unnötig zu stören.

Während meines dortigen Aufenthaltes brachten oder schickten sie Kinder mit Beschwerden zu mir zur Behandlung. Bei diesen Gelegenheiten trat der sehr große Unterschied zwischen Kontinuum-Kindern und Nicht-Kontinuum-Kindern besonders deutlich in Erscheinung. Die Yequana, die während der Phase ihres Getragenwerdens angemessen behandelt worden waren, die wußten, daß sie liebenswert waren, verlangten kein Extra-Maß an Bemutterung zum Ausgleich für ihren Schmerz, es sei denn, dieser war allzu durchdringend. Unseren zivilisierten Kindern hingegen, bei denen man stillschweigend akzeptiert, daß sie jeder eine dauernde Schmerzenslast mit sich tragen (das Verlangen nach mehr liebevoller Zuwendung als sie bekommen haben), werden für die kleinsten Stöße Umarmungen und Küsse und Koseworte zuteil. Ihrem abgeschürften Knie ist damit sicher nicht geholfen, aber die gesamte Schmerzenslast wird in einem Augenblick erleichtert, in dem sie besondere Belastung erfährt.

Es könnte sein, daß es sich beim Erwarten von Mitgefühl um weitgehend angelerntes Verhalten handelt. Ich bezweifele kaum, daß es so ist; doch das Selbstvertrauen und Vertrauen zu anderen (in diesem Fall zu einem Außenseiter), welches kleine Kinder besaßen, die zu mir in Behandlung kamen, war ein Anzeichen für etwas weitaus Positiveres als die bloße Abwesenheit der Erwartung, verwöhnt zu werden.

Auf einer frühen Expedition im Gebiet der Yequana befand ich mich in Wanania, Anchus Dorf, als ein etwa vierjähriger Junge mich aufsuchte. Er näherte sich schüchtern, ungewiß, wie ich ihn empfangen würde. Als unsere Augen sich trafen und auf beruhigende Weise ein Lächeln ausgetauscht worden war, hielt er mir seinen Daumen zur Betrachtung entgegen. Auf seinem Gesicht stand weder Selbstmitleid, noch die Bitte um Mitleid, nur ein strahlendes Lächeln. Die Spitze seines Daumens und ein Teil des Nagels waren bis auf einen Hautfetzen, der sie am Abfallen hinderte, durchgetrennt. Halbgetrocknetes Blut hielt sie zwar zusammen, aber ganz schief. Als ich den Daumen zu säubern und geradezurichten begann, füllten sich seine großen Rehaugen vor Schmerz mit Tränen und seine winzige Hand zitterte zuweilen, während er sie mir hinhielt; aber er zog sie nie zurück oder gab mehr als ein Wimmern in besonders schmerzhaften Augenblicken von sich. Meistens war er entspannt und sein Gesicht ganz ruhig. Als sein Daumen verbunden war, zeigte ich darauf und sagte „Tuunah, *ah* key!" – Kein Wasser! – und sein musikalisches Stimmchen wiederholte „Tuunah *ah* key!", dann „Hwaynamah ehtah" – Morgen hier – und er ging. Sein gesamtes Verhalten stand im Widerspruch zu meinen Annahmen darüber, wie Kinder sich verhielten und wie man sie in Notfällen behandeln müsse, die Bedeutung der Beruhigung als Teil ärztlicher Behandlung usw. Ich konnte das, was ich gesehen hatte, kaum glauben.

Auf einer späteren Reise wurde ich eines Morgens von einem *zwei* Jahre alten Jungen geweckt, der in leisem Piepston „Si! Si!" rief. Es war das Beste, was er zustandebrachte, um „Shi", meinen Yequana-Namen, auszusprechen. Ich sah aus meiner Hängematte heraus, und da stand Cananasi ganz allein mit einer Schnittwunde, die versorgt werden mußte. Er weinte überhaupt nicht und brauchte nicht gehalten oder beruhigt zu werden. Er wartete, bis sein Verband umgelegt war, hörte sich meine Ermahnung an, die Hand nicht in Wasser zu tauchen und am nächsten Tag wiederzukommen, und rannte wieder zum Spielen.

Als ich ihn am nächsten Tag endlich wiederfand, war sein Verband sowohl naß als auch schmutzig. Sein geistiges Fassungsvermögen mit zwei Jahren reichte noch nicht aus, um einer Anordnung zu folgen, an die er sich den ganzen Tag lang hätte erinnern müssen; jedoch befähigte ihn die Solidität seiner Erfahrung des Selbst und des Anderen während zweier guter Jahre – eines eine reich erfüllte Phase des Getragenwerdens und das andere angefüllt mit praktischer Erfahrung des Auf-Sich-Gestelltseins in einer Welt voller Herausforderungen –, zur Behandlung zu kommen und sie zu ertragen, auch ohne Unterstützung, Mitleid oder irgendeine Beachtung über das Mindestmaß hinaus. Ich nehme an, seine Mutter hatte die Schnittwunde gesehen und nur gesagt, „Geh zu Jean", und Cananasi hatte den Rest besorgt.

Ein anderes Ereignis stellte für mich eine Offenbarung dar, obwohl es stattfand, nachdem ich schon viele Monate mit der Beiläufigkeit, mit der die Yequana sich ärztlich behandeln lassen, vertraut war. Awadahu, Anchus zweiter Sohn, der ungefähr neun war, kam allein zu meiner Hütte mit einer Wunde im Bauch. Sie stellte sich als nicht gefährlich tief heraus, aber auf den ersten Blick hatte ich Angst vor dem Schaden, den sie an einer derartig verletzbaren Stelle angerichtet haben konnte. „Nehkuhmuhduh?" – Was war es? – fragte ich.

„Shimada", sagte er höflich – ein Pfeil.

„Amahday?" – Deiner? – fragte ich nach.

„Katawehu", sagte er, womit er den Namen seines zehnjährigen Bruders nannte, und zwar etwa so erregt, als hätte ich ihn nach dem Namen einer Blume gefragt.

Während ich an der erschreckend aussehenden Wunde arbeitete, kamen Katawehu und einige andere Jungen herein, um nachzusehen, was ich tat. Es gab keinerlei Anzeichen von Schuldgefühl bei Katawehu oder von Ärger bei Awadahu. Es war einfach ein Unfall. Ihre Mutter kam hinzu, fragte, was geschehen sei, und wurde mit knappen Worten darüber aufgeklärt, daß ihr ältester Sohn ihren Zweitältesten am Flußufer mit einem Pfeil getroffen habe.

„Yeheduhmuh?" sagte sie sanft – Tatsächlich?

Noch ehe ich fertig war, hatte sie die Gruppe der Zuschauer verlassen, um ihren täglichen Pflichten weiter nachzugehen. Ihr

Sohn war versorgt, ohne daß er nach ihr gerufen hatte; es bestand kein Grund, weshalb sie dableiben sollte. Der einzige Mensch, der sich überhaupt Sorgen machte, war ich. Was geschehen war, war geschehen; die beste verfügbare Versorgung wurde gewährt und selbst für die anderen Jungen gab es keinen Grund mehr zu warten, bis ich fertig war, ehe sie wieder zum Spielen wegliefen. Awadahu benötigte keine moralische Unterstützung, und als ich das letzte Pflaster befestigt hatte, ging er zum Fluß zurück, um sich ihnen wieder anzuschließen.

Seine Mutter nahm an, daß er zu ihr gekommen wäre, wenn er sie gebraucht hätte, und sie war für einen solchen Fall immer erreichbar.

Meine Erwähnung dieser Vorfälle mag den falschen Eindruck vermitteln, daß die Yequana viele Unfälle hätten. Im Vergleich zu ihren Altersgenossen der amerikanischen Mittelklasse haben sie bemerkenswert wenige. Es ist kein Zufall, daß jene Amerikaner, was äußere Vorsichtsmaßnahmen betrifft, vielleicht die meistbehüteten Kinder sind, die es je gab, und deshalb auch diejenigen, von denen am wenigsten *erwartet* wird, sie könnten sich um sich selbst kümmern.

Ein Fall, der dies unterstreicht, ist der einer Familie, von der ich hörte. Sie war beunruhigt über die Gefahr, die ihr Swimmingpool für ihr kleines Kind darstellte: Ihre Sorge war nicht, daß das Wasser ansteigen und das Kind verschlingen könnte, sondern, daß es nicht unwahrscheinlich sei, daß das Kind in das Becken stürzen oder sich hineinwerfen könne. Sie ließen um den Swimmingpool einen Zaun bauen und hielten sein Tor verschlossen.

Es ist sehr gut möglich, daß das logische Bewußtsein des Kindes (nicht der Teil, der vernünftig denkt), unterstützt durch Erklärungen seiner Eltern, die Idee des Zauns und des verschlossenen Tors erfaßte. Es verstand so gut, was man von ihm erwartete, daß es eines Tages, als es das Tor offen fand, hineinging, in das Becken fiel und ertrank.

Als ich diese Geschichte hörte – man erzählte sie mir, um mir zu zeigen, daß Kinder vor ihrer eigenen Fähigkeit, sich Schaden zuzufügen, ständig beschützt werden müssen –, konnte ich nicht umhin, an jene Grube bei dem Dorf Wanania zu denken, in deren Nähe die Kinder den ganzen Tag lang unbeaufsichtigt ohne Zwischenfall spielten. Diese beiden Einzelfälle bedeuten natürlich nicht viel, sie verkörpern jedoch recht zutreffend einen Unterschied zwischen den beiden Kulturen. Es gibt viel mehr potentiell gefährliche Situationen bei den Yequana. Eine der auffallendsten ist die Allgegenwart von Macheten und Messern, die alle rasiermesserscharf sind und ständig verfügbar zum Drauftreten, Dagegenfallen oder Spielen. Babies, die zu klein waren, um etwas über Griffe gelernt zu haben, ergriffen sie bei der Klinge und wedelten sie, während ich zusah, in ihren Grübchenfäusten herum. Sie schnitten sich nicht nur die eigenen Finger nicht ab oder verletzten sich überhaupt, sondern sie verletzten auch ihre Mütter nicht, wenn sie in deren Armen lagen.

Ähnlich war es, als ein Baby, das mit einem brennenden Holzscheit spielte, damit stolperte und hinfiel, über eine dreißig Zentimeter hohe Schwelle ins Haus und wieder hinauskletterte und dabei tatsächlich niemals das Holz oder das überhängende Palmdach oder sein eigenes Haar oder das eines anderen Menschen berührte. Babies spielten wie kleine Hunde um das Familienfeuer herum, ohne Einmischung von seiten der jeweils anwesenden Älteren.

Die Jungen ab einem Alter von etwa achtzehn Monaten übten sich mit scharfen Pfeilen im Bogenschießen, und manche Enthusiasten trugen Pfeile und Bogen während der meisten Stunden des Tages mit sich herum. Das Schießen war nicht auf eigens bezeichnete Stellen begrenzt, noch galten irgendwelche „Sicherheitsregeln". Während meiner zweieinhalb Jahre dort sah ich nur die eine Pfeilwunde, die ich erwähnt habe.

Es gibt die Fährnisse des Urwaldes, einschließlich der großen Leichtigkeit, mit der man sich in seiner pfadlosen Unermeßlichkeit verirren kann, und der Gelegenheiten, sich den bloßen Fuß und nackten Körper beim Laufen zu verletzen, abgesehen von offensichtlicheren Gefahren wie Schlangen, Skorpionen oder Jaguaren.

Und dann gibt es die Flüsse, in denen Stromschnellen noch häufiger und gefährlicher sind als Anakondas oder Krokodile, und bei einem Kind, das in der Strömung weiter hinausschwimmt als seine Kraft und Fähigkeit dies erlauben, besteht große Wahrscheinlichkeit, daß es gegen die Felsen oder einen der vielen Äste unter Wasser geschleudert wird. Die Tiefe und Geschwindigkeit eines vertrauten Teils des Flusses ändern sich von Tag zu Tag gewaltig, je nach der Regenmenge stromaufwärts, und demzufolge kann das Wissen um die Gefahren an einem Tag schon am folgenden Tag nichts nutzen. Die Kinder, die jeden Tag im Fluß baden und spielen, müssen ihre Fähigkeit unter allen Bedingungen genau abschätzen.

Der hier maßgebliche Faktor ist offenbar die Zuteilung von Verantwortung. Der Mechanismus des Sich-um-sich-selbst-Kümmerns ist bei den meisten westlichen Kindern nur teilweise in Kraft, da ein Großteil der Last von erwachsenen Aufsichtspersonen übernommen worden ist. Mit seinem charakteristischen Widerwillen gegen Überflüssiges entzieht das Kontinuum dem Selbst die Vormundschaft in dem gleichen Maße, wie sie von anderen übernommen wird. Das Ergebnis ist verminderte Wirksamkeit, da niemand mit Bezug auf die Umstände eines anderen so beständig oder so gründlich wachsam sein kann wie hinsichtlich der eigenen. Dies ist ein weiteres Beispiel für den Versuch, die Natur zu verbessern; ein weiteres Beispiel für das Mißtrauen gegenüber Fähigkeiten, die nicht vom Verstand kontrolliert werden, und für die gewaltsame Übernahme ihrer Funktionen durch den Intellekt, der gar nicht die Fähigkeit besitzt, alle wichtigen Informationen zu berücksichtigen.

Abgesehen davon, daß er zivilisierte Kinder dazu bringt, mehr Unfälle zu haben, läßt dieser unser Hang, uns in die Verteilung der Verantwortlichkeit durch die Natur einzumischen, wo sie am wirkungsvollsten ist, unzählige andere Gefahren aufkommen. Ein auffälliges Beispiel dafür ist unbeabsichtigte Brandstiftung.

In einer Stadt des Mittleren Westens der USA gab es vor gar

nicht langer Zeit im Winter einen Schneesturm, der den Verkehr mehrere Tage lang vollständig lahmlegte – und somit auch die Feuerwehr. Gewohnt, es mit durchschnittlich etwa vierzig Feuern täglich zu tun zu haben, erschien der Brandmeister im Fernsehen und appellierte an die Bevölkerung, während der Zeit des Notstandes keine Feuer zu verursachen. Er sagte ihnen, sie müßten mit allen Feuern selber fertigwerden. Als Ergebnis sank der Tagesdurchschnitt auf vier Feuer ab, bis die Straßen wieder passierbar wurden, womit die Zahl wieder auf das Normale anstieg.

Es ist kaum vorstellbar, daß viele der vierzig normalen Feuer täglich absichtlich gelegt wurden; doch war jenen, die sie unbeabsichtigt hervorriefen, offensichtlich bewußt, daß große Vorsicht eigentlich nicht vonnöten war, wenn die Feuerwehr schnell und wirksam funktionierte. In Kenntnis gesetzt über den Wechsel in der Zuteilung von Verantwortung, verringerten sie unbewußt die Zahl um neunzig Prozent.

Ähnlich hat Tokio, die größte Stadt der Welt, beständig einen geringeren Prozentsatz an Feuern als die meisten Großstädte. Dies ist offenbar so, weil viele Häuser aus Holz und Papier gebaut sind und ein Feuer sich in bestimmten Vierteln mit katastrophaler Geschwindigkeit ausbreiten würde, während die Feuerwehr außergewöhnliche Mühe hätte, sich durch die überaus menschenreichen Straßen zu bewegen. Die Bürger sind mit den Zuständen vertraut und verhalten sich entsprechend.

Diese Zuteilung von Verantwortung ist ein Aspekt der Erwartung – jener Kraft, deren machtvolles Wirken sich an einem so großen Teil des Verhaltens von Kindern und Erwachsenen beobachten läßt. Wie könnten wir auch als soziale Wesen bezeichnet werden, besäßen wir nicht einen starken Trieb, uns so zu benehmen, wie wir spüren, daß man es von uns erwartet?

Für jeden, der versucht, Kontinuum-Prinzipien im zivilisierten Leben anzuwenden, wird dieser Wechsel zum Glauben an die Selbstschutzfähigkeit der Kinder eins der schwierigsten Probleme darstellen. Wir sind daran so wenig gewöhnt, daß es mehr ist als mancher fertigbringt, die Kinder einfach sich selbst zu überlassen – nach der Theorie, sie seien ohne unsere Überwachung besser dran. Die meisten von uns würden zumindest heimlich ängstliche Blicke auf sie werfen, wobei sie riskierten, ertappt zu werden und den Blick als Erwartung von Unvermögen interpretiert zu sehen. Und wodurch auch könnten wir das notwendige Vertrauen erwerben, ein Baby mit einem wirklich scharfen Messer spielen zu lassen – das Vertrauen, das den Yequana aufgrund langer Erfahrung zu eigen ist? Es handelt sich ja nicht um ihre Erfahrung in bezug auf Kleinkinder mit Messern, denn Metall wurde bei ihnen erst vor sehr kurzer Zeit eingeführt, sondern um die Vertrautheit mit der Fähigkeit von Babies, die geringfügigsten Faktoren in ihrer Umgebung wahrzunehmen und sich sicher darin zu bewegen.

Uns bleibt keine Wahl, als *durch* den Gebrauch des Verstandes unseren Weg zurück zu dem den Yequana wie unseren eigenen Vorfahren geläufigen Wissen zu finden. Das ist nicht sehr viel anders, als wenn man sich selbst auffordert, zur Kirche zu gehen und um Glauben an Gott zu beten; man müßte sich bis zum äußersten anstrengen, so zu handeln, als glaube man bereits. Darin werden einige bessere Schauspieler und Schauspielerinnen sein als andere.

Die Sprache ist die neueste der bedeutenden Entwicklungen in der erstaunlichen Liste von Fähigkeiten der Tiere. Die Fähigkeit, eine Begriffsfolge von wachsender Komplexität zu bilden, spiegelt sich in den sprachlichen Fähigkeiten eines sich entwikkelnden Kindes wider. Seine Ansicht vom Kosmos und der Beziehung des Selbst zum Anderen muß sich mit dieser Entwicklung sowie seinem von Zeiterfahrung geprägten Zeitbegriff unweigerlich verändern.

Als Folge besteht zwischen verschiedenen Altersgruppen eine begriffliche Kluft. Ungeachtet der neueren Mode, Dinge mit Kindern zu besprechen und „vernünftige" Gründe anzugeben, bleibt ein völlig unüberbrückbarer Abgrund zwischen dem, was von dem Sechsjährigen innerhalb seines Kosmos gemeint bzw. verstanden wird, und dem, was ein Dreißigjähriger innerhalb des seinen meint bzw. versteht. Die Sprache ist in ihrer Beziehung von begrenztem Wert.

Interessanterweise läßt sich feststellen, daß es bei den Yequana nur eine sehr fundamentale Art der sprachlichen Kommunikation zwischen Erwachsenen und Kindern gibt, die von Ausdrücken wie „Warte hier“ oder „Reich mir dies“ geprägt ist. Es gibt ein abgestuftes System der Unterhaltung; dieses besteht aus umfassendem sprachlichem Austausch zwischen Kindern annähernd gleichen Alters, wobei die Kommunikation um so mehr abnimmt, je größer die Altersunterschiede werden. Zwischen den Jungen und den Mädchen, deren Leben und Interessen sich so sehr voneinander unterscheiden, ist nur das Mindestmaß von Unterhaltung zu beobachten, und selten scheint sich, selbst bei den Erwachsenen, Anlaß zu langen Gesprächen zwischen den Geschlechtern zu ergeben.

Wenn Erwachsene sich unterhalten, hören die Kinder im allgemeinen zu. Sie reden nicht untereinander. Zu keiner Zeit wird ein Mensch, gleich welchen Alters, veranlaßt, einen falschen Standpunkt einzunehmen, wie wir und unsere Kinder es tun, wenn wir miteinander reden. Erwachsene Yequana sagen vor den Kindern, was immer sie zu sagen haben, und die Kinder hören zu und begreifen die Vorgänge entsprechend ihren Fähigkeiten. Wenn die Zeit für ein Kind kommt, sich den Erwachsenen zuzugesellen, hat es allmählich in dem ihm eigenen Tempo deren Sprechweise, Sprachmuster und Standpunkt zu verstehen gelernt, ohne eine Reihe von Mustern und Ansichten abwerfen zu müssen, die von jenen für Kinder fabriziert wurden.

Jede Altersgruppe erfaßt die begrifflichen Strukturen, die ihrer Entwicklung angemessen sind und tritt dabei in die Fußstapfen der etwas älteren Kinder, bis sie über ein vollständiges Repertoire sprachlicher Denkformen verfügt, das imstande ist, erwachsene Ansichten einzubeziehen, sowie den gesamten Inhalt, der ihr seit ihrer Säuglingszeit verfügbar gewesen ist.

Unser eigenes System, mittels dessen wir herauszufinden suchen, was oder wieviel der Verstand eines Kindes aufnehmen kann, hat Aneinander-Vorbeireden, Mißverständnisse, Enttäuschung, Ärger und einen allgemeinen Verlust von Harmonie zur Folge. Der verheerende Brauch, Kindern beizubringen, daß „das Gute" immer belohnt und „das Schlechte" immer bestraft werde, daß Versprechen immer gehalten würden, daß Erwachsene niemals lögen usw., macht es nicht nur notwendig, ihnen späterhin vorzuwerfen, sie seien „unrealistisch" und „unreif", falls sie den Ammenmärchen zufällig weiterhin Glauben geschenkt haben –, es schafft auch ein Gefühl der Desillusionierung, das sich gewöhnlich auf ihre Erziehung allgemein erstreckt und auf das, was sie für die Kultur *hielten,* der zu folgen man von ihnen erwartete. Das Ergebnis ist Unsicherheit, wie sie sich verhalten sollen, da ihnen die Grundlage des Handelns entzogen wurde, sowie Mißtrauen allem anderen gegenüber, was ihre Kultur ihnen sonst noch vorschreibt.

Wieder versucht hier der Intellekt zu „entscheiden", was ein Kind verstehen könne, während der Kontinuum-Weg es dem Kind einfach erlaubt, vom gesamten sprachlichen Umfang das unverzerrt und unzensiert aufzunehmen, was immer es kann. Es ist unmöglich, die Seele eines Kindes mit Begriffen zu verletzen, die es nicht verstehen kann, so lange es dieser Seele gestattet ist, das, was sie nicht verdauen kann, beiseite zu lassen. Aber es kann einen traurigen Konflikt zwischen dem, was es begreifen kann, und dem, wovon es spürt, daß man es von ihm erwartet, hervorrufen, wenn man das Kind an den Schultern packt und es zum Verstehen zu zwingen sucht. Den Kindern zu gestatten, ungehindert zuzuhören und zu verstehen, was sie können, schließt jeden Hinweis auf das Ausmaß des von ihnen Erwarteten aus und beugt jenem zerstörerischen Konflikt vor.

Während Yequana-Mädchen ihre Kindheit mit anderen Mädchen und Frauen zusammen verbringen und dabei von Anfang an deren Arbeit zu Hause oder im Garten teilen, rennen Jungen die meiste Zeit zusammen herum; ihre Väter können ihnen nur bei passenden Gelegenheiten erlauben, sie zu begleiten. In der Zwischenzeit schießen die kleinen Jungen tausende Male auf Grashüpfer oder später auf kleine Vögel, während ein

Mann auf der Jagd den ganzen Tag lang vielleicht nur ein- oder zweimal schießt, was einem Jungen wenig Gelegenheit gäbe, seine Fähigkeit zu entwickeln, außer darin, das Wild aufzuspüren und einzubringen.

Sowohl Jungen als auch Mädchen gehen fast jeden Tag schwimmen. Auch im Paddeln sind sie unglaublich früh versiert und lotsen schwere Einbäume durch gefahrvolle Strömungen und Stromschnellen, manchmal mit einer Besatzung, in der niemand über sechs oder sieben Jahre alt ist. Jungen und Mädchen paddeln oft Kanus gemeinsam. Es besteht keine Art von Tabu hinsichtlich ihres Verkehrs, nur ein gewöhnlicher Mangel an Gemeinsamkeit bei den jeweiligen Tätigkeiten.

Zugleich ist jedes Yequanakind, da es frei von dem Bedürfnis nach Bestätigung ist, sehr gut in der Lage, Dinge allein zu tun. Mitglieder beider Geschlechter, Kinder ebenso wie Erwachsene, fischen häufig allein. Korbflechterei sowie Waffenherstellung und -reparatur werden von Jungen und Männern verrichtet, die dabei allein arbeiten. Das Einhämmern der Zacken in die Kassaba-Reibhölzer, das Weben von Armbändern oder Hängematten und das Kochen wird von Frauen und Mädchen erledigt, sehr häufig allein oder nur mit einem Säugling als Gesellschaft.

Die Yequana erlauben sich jedoch niemals, unter Langeweile oder Einsamkeit zu leiden. Der größte Teil ihrer Zeit wird in Begleitung ihrer Altersgenossen verbracht. Männer jagen und praktizieren bestimmte Arten des Fischfangs, einige Arbeitsgänge bei der Kanuherstellung sowie den Hausbau häufig gemeinsam. Sie machen Handelsreisen in Gruppen und jeweils mehrere von ihnen roden und brennen gemeinsam die Stellen, an denen sie ihre Gärten planen. Frauen und Mädchen gehen in Gruppen zu den Gärten, bereiten die Kassaba zu, holen Wasser und sammeln Feuerholz usw. Jungen sind gewöhnlich in Gruppen, wenn sie sich im Bogenschießen und Blasen von Pfeilen üben, sowie beim Spielen, Schwimmen, Fischen und Suchen oder Einsammeln von Nahrung. Männer, Frauen, Mädchen, Jungen oder Familien sprechen, wenn sie zusammen arbeiten, alle lebhaft und fröhlich miteinander. Lachen ist auffallend häufig, und die jungen Männer stoßen am Ende einer guten Geschichte, Nachricht oder eines Witzes oft Freudenschreie im Chor aus. Solche Festtagsstimmung ist die Alltagsnorm. Ihre Feste können tatsächlich den gewöhnlichen hohen Grad an Fröhlichkeit kaum übertreffen.

Einer der auffallendsten Unterschiede zwischen den Yequana und allen anderen Kindern, die ich gesehen habe, besteht darin, daß erstere untereinander weder kämpfen noch streiten. Es gibt keinen Wettbewerb; Anführer werden auf Initiative der Gefolgschaft eingesetzt. Während meiner ganzen Jahre bei ihnen sah ich nie ein Kind mit einem anderen streiten, geschweige denn sich schlagen. Die einzigen ärgerlichen Worte, die ich hörte, waren sehr seltene Ausbrüche von Ungeduld seitens eines Erwachsenen einem Kind gegenüber, das etwas Unerwünschtes getan hatte. Dann regnete ein kurzer Schwall von Vorwürfen auf es herab, während es betroffen dastand oder sich beeilte, den Fehler wiedergutzumachen, und wenn die Sache in Ordnung gebracht war, blieb weder beim Kind noch beim Erwachsenen irgendein Groll zurück.

Obwohl ich vielen Festen beiwohnte, bei denen jeder Yequana, Mann, Frau und Kind, betrunken war, habe ich nie auch nur den Ansatz eines Streites bemerkt, was den Gedanken nahelegt, daß sie wirklich so sind wie sie scheinen – in Harmonie untereinander und glücklich und zufrieden in ihrer eigenen Haut.

5. Die Versagung wesentlicher Erfahrungen

Jede Betrachtung des Lebens in der Zivilisation ist sinnlos, wenn wir nicht ständig die Tatsache mitberücksichtigen, daß wir fast der gesamten Erfahrung des Getragenwerdens sowie eines Großteils der späteren von uns erwarteten Erfahrung beraubt worden sind und daß wir weiterhin, auf eine planmäßige, doch unbewußte Art, die Erfüllung jener Erwartungen in ihrer unwandelbaren Abfolge suchen.

Schon bei der Geburt werden wir aus der Verbindung mit unserem Kontinuum gerissen, werden nach Erfahrung hungernd in Bettchen und Kinderwagen vom Strom des Lebens entfernt. Teile von uns bleiben kindisch und können nichts Positives zu unserem Leben als ältere Kinder und Erwachsene beitragen. Aber wir lassen sie nicht hinter uns, wir können es nicht. Das Bedürfnis nach der Erfahrung des Getragenwerdens besteht weiterhin, Seite an Seite mit der Entwicklung von Geist und Körper, und wartet auf seine Erfüllung.

Wir in der Zivilisation haben alle Teil an gewissen Leiden des Kontinuums. Selbsthaß und -zweifel sind unter uns in unterschiedlichem Grade ziemlich verbreitet, je nachdem wie und zu welchem Zeitpunkt das gesamte Bündel an Versagungen unsere angeborenen Eigenschaften beeinträchtigte. Die Suche nach der Erfahrung des Getragenwerdens nimmt mit den Jahren und indem wir erwachsen werden sehr viele Formen an. Der Verlust des wesentlichen Zustandes von Wohlgefühl, der aus der Zeit des Getragenwerdens hätte erwachsen müssen, führt zur Suche danach und zu Ersatz dafür. *Sich-glücklich-Fühlen ist nicht mehr der Normalzustand des Lebendig-Seins, sondern wird zum Ziel.* Das Ziel wird auf kurz- und langfristigen Wegen verfolgt.

Denken wir an die Lebensführung der Yequana, so wird

zunehmend klar, weshalb wir viele der scheinbar sinnlosen Dinge tun, die wir tun.

Die Versagung des Getragenwerdens drückt sich vielleicht am gewöhnlichsten als ein unterschwelliges Gefühl von Unwohlsein im Hier und Jetzt aus. Man fühlt sich aus der Mitte geworfen, als fehle etwas; es besteht ein vages Gefühl des Verlustes, ein Gefühl, etwas zu wollen, was man nicht näher bezeichnen kann. Das Wollen heftet sich häufig an einen Gegenstand oder ein Ereignis in mittlerer Entfernung; in Worten würde man etwa sagen: „Es ginge mir gut, wenn nur erst ..." – worauf irgendein Vorschlag der Veränderung folgte, wie z. B. einen neuen Anzug zu bekommen, ein neues Auto, eine Beförderung oder Gehaltserhöhung, eine neue Stellung, eine Gelegenheit, in Ferien oder auf Dauer wegzufahren, oder auch eine Frau, einen Ehemann oder ein Kind zum Liebhaben, falls man sie bzw. ihn noch nicht hat.

Wenn das Ersehnte errungen ist, wird die mittlere Entfernung, in der sich einst die Mutter befand, alsbald besetzt durch ein neues „Wenn nur erst ...", und die Entfernung zwischen ihm und einem selbst wird zum neuen Maßstab der Entfernung zwischen sich und der vermißten Richtigkeit – Richtigkeit im Hier und Jetzt.

Man wird aufrechterhalten durch die Hoffnungen, welche die Folge der Wunschobjekte auslöst, wenn sie in der Entfernung auftauchen. Die Entfernung wird durch den Grad von Unerreichbarkeit bestimmt, die man benötigt, um sich „zuhause" zu fühlen – d. h. in derselben Beziehung, wie man sie zur Mutter hatte, als die Erfahrung des Getragenwerdens einem versagt blieb.

Gelingt es einem nicht, ein Wunschobjekt in der notwendigen Entfernung zu halten, so kann dies schließlich sogar zur Katastrophe führen. Das geschieht nicht sehr häufig, da es den meisten Menschen leichtfällt, sich einen beständigen Vorbeimarsch von Dingen vorzustellen, die sie nicht haben können – ungeachtet dessen, was sie tatsächlich haben. Doch gelegentlich wird die Vorstellungskraft durch ein zu schnelles oder zu vollständiges Erreichen der Ziele, die sie sich zu setzen imstande sind, überholt.

Vor nicht allzu langer Zeit wurde eine berühmte blonde Filmschauspielerin Opfer eines offenbar unerträglichen Ungleichgewichts zwischen ihrem Bedürfnis zu hoffen und den Dingen, die noch zu hoffen übrigwaren. Sie war die erfolgreichste Schauspielerin der Welt, die begehrteste Frau der Welt. Sie hatte Männer von bemerkenswerter körperlicher und geistiger Vollendung begehrt, geheiratet und sich von ihnen scheiden lassen. Gemessen an ihrer Vorstellungskraft besaß sie alles, was sie wollte. Verwirrt darüber, daß sie das fehlende Gefühl von Richtigkeit nicht erlangt hatte, suchte sie den Horizont nach etwas Wünschenswertem ab, das sie nicht sofort haben konnte und, als sie damit keinen Erfolg hatte, beging sie Selbstmord.

So manche anderen Mädchen und Frauen, deren Ziele den ihrigen ähnlich gewesen waren, fragten sich: Wie konnte gerade sie, die alles besaß ...? Der Schaden, der diesem Teil des Amerikanischen Traums dadurch zugefügt wurde, war jedoch nicht ernsthaft, denn in ihrem Herzen war jede sich dies fragende Frau sicher, daß, wenn nur ... wenn nur *sie* es doch wäre, die so viele begehrenswerte Dinge des Lebens besäße, sie, die das Glück schon fast in Reichweite spürte – sie würde unfehlbar glücklich sein.

Es mangelt nicht an Beispielen von ähnlich motivierten Selbstmorden; weitaus verbreiteter jedoch ist das verzweifelte Verhalten jener Erfolgreichen, deren Selbsterhaltungstrieb den letzten Schritt ins Vergessen verhindert, deren Leben jedoch angefüllt ist mit Alkohol- oder Drogenkonsum, Scheidungen und Depressionen. Die meisten Reichen können noch reicher werden und ersehnen dies tatsächlich, die Mächtigen wollen mehr Macht, und ihrem Sehnen wird dadurch Gestalt gegeben. Die wenigen, die am Ende angelangt sind, oder in Sichtweite all dessen, das zu wünschen sie fähig waren – sie allein müssen sich der Tatsache stellen, daß ihr Verlangen sich nicht befriedigen läßt. An seine ursprüngliche Gestalt können sie sich nicht erinnern: nämlich an ihr Sehnen als Säuglinge nach ihrem Platz in den Armen ihrer Mutter. Praktisch starren sie in einen bodenlosen Abgrund, ohne Antwort auf ihr Fragen nach dem Sinn des ganzen, wo sie doch einst vielleicht ganz sicher gewesen sind, daß es Geld, Ruhm oder Leistung sei.

Die Ehe ist im zivilisierten Leben in vielen Fällen zum Doppelvertrag geworden; die eine Klausel könnte heißen „... und ich will deine Mutter sein, wenn du die meine sein willst." Die immer gegenwärtigen frühkindlichen Bedürfnisse beider Partner drücken sich aus in der stillschweigenden (häufig auch ausgesprochenen) Behauptung: „Ich liebe dich, mich verlangt nach dir, und ich brauche dich." Die ersten beiden Drittel dieses Satzes sind reifen Männern und Frauen angemessen, doch für gewöhnlich beinhaltet der Begriff „brauchen" – obwohl er in unserer Kultur in romantischem Sinne akzeptabel ist – ein Bedürfnis nach einem gewissen Maß an Bemutterung. Dies kann sich von Babysprache („Hattu mich auch lieb?") bis hin zu einer stillschweigenden Abmachung erstrecken, anderen Menschen nicht mehr als oberflächliche Aufmerksamkeit zu schenken. Häufig ist das vorherrschende Bedürfnis, der Gegenstand der Aufmerksamkeit zu sein (eine Abwandlung jener Art von Aufmerksamkeit, die Säuglingen, nicht aber Kindern oder Erwachsenen angemessen ist), und die Partner können durchaus zu einer einigermaßen freundschaftlichen Aufteilung der Bühnenmitte kommen.

Liebeswerben ist häufig ein Versuchsfeld zur Klärung, wie weit die frühkindlichen Bedürfnisse jedes Partners sich erfüllen lassen. Für Menschen mit weitreichenden Ansprüchen – Menschen, deren frühes Leben sie ohne ausreichende Erfüllung gelassen hat, um mit einem anderen Menschen und seinen Bedürfnissen auch nur befriedigende Kompromisse zu schließen – ist die Suche nach einem Partner oft eine traurige und endlose Angelegenheit. Sie wurden in der Frühkindheit im Stich gelassen und ihre Sehnsüchte sind umfassend und tief. Die Angst davor, erneut im Stich gelassen zu werden, kann so stark sein, daß sie in dem Augenblick, da die Gefahr besteht, einen Gefährten zu finden, in großem Schrecken die Flucht ergreifen. Denn sie wollen es vermeiden, den Kandidaten dem Test zu unterwerfen und auf unerträgliche Weise daran erinnert zu werden, daß sie nicht auf die bedingungslose Art liebenswert sind, die sie benötigen.

Unzählige Männer und Frauen sind Opfer eines Verhaltens-„Musters" hinsichtlich der Liebeswerbung, das eine scheinbar unerklärliche Angst vor dem Glücklichsein offenbart. Auch wenn es ziemlich leicht ist, die Angst vor dem Finden eines Partners zu überwinden, scheuen Bräutigame am Altar, und Bräute weinen noch immer vor Angst, wenn die Zeit kommt, vorzutreten und ihr Glück zu beanspruchen. Doch viele leben so jahrelang weiter, mit wechselnden Partnern auf der Suche nach einer Beziehung, die sie nicht benennen können. Sie sind unfähig, sich an irgendjemand so Unbedeutenden zu binden wie einen Mann oder eine Frau, die nicht größer oder wichtiger sind als sie selbst.

Die Schwierigkeit, einen annehmbaren Gefährten zu finden, ist durch kulturelle Leitbilder wie die von Film, Fernsehen, Romanen, Zeitschriften und der Werbung herausgestellten Liebesobjekte noch kompliziert worden. Die den Zuschauer zum Zwerg machenden Kinoleitbilder erwecken die Illusion, dies seien die langverlorenen „richtigen" bzw. Mutterstatur aufweisenden Menschen. Wir hegen ein vernunftwidriges Zutrauen zu diesen überdimensionalen Geschöpfen, und wir übertragen auf die Schauspieler selbst die Aura von Vollkommenheit, die ihnen in unserer Vorstellung anhaftet. Sie können nichts Falsches tun, sie stehen jenseits der Art von Urteilen, wie wir sie übereinander fällen. Und um alles noch mehr zu verwirren, prägen die Figuren, die sie darstellen, wie unrealistisch auch immer sie sein mögen, die Normen für unsere Wünsche, durch welche die wirklichen Menschen noch weniger zufriedenstellend als je erscheinen.

Die Werbung hat gelernt, aus den Sehnsüchten der der Erfahrung des Getragenwerdens beraubten Öffentlichkeit Kapital zu schlagen, indem sie Versprechen macht, die zu besagen scheinen: „Wenn du dies hättest, würdest du dich wieder richtig fühlen." Eine Limonade wird mit dem Werbespruch versehen „Sie ist das Wahre." Ihr Hauptrivale appelliert an das fehlende Gefühl der Zugehörigkeit mit „Du gehörst zur Pepsi Generation" oder mit Bildern von „richtig" aussehenden „Pepsi-Menschen". Eine Firma schlägt ein Ende des Sehnens vor mit den Worten „Ein Diamant besteht ewig". Die unausgesprochene Folgerung ist, daß der Besitz einer Sache von garantiertem Wert einem selbst einen Wert von derselben Beständigkeit, Unantastbarkeit und Absolutheit verleiht. Es ist, als brauche man nicht liebenswert zu sein, um geliebt zu werden, wenn man einen Diamanten trägt, einen Zauberring, der alle Menschen zu jeder Zeit anzieht. Statuspelze und -autos, eine gute Wohngegend usw. scheinen ebenfalls die Anerkennung zu bewirken, nach der man sich sehnt. Zugleich umgeben sie einen mit Sicherheit inmitten von Unsicherheit, nicht unähnlich den umfangenden Armen, die wir seit je vermissen. Was immer unsere Kultur uns auch als die richtige Sache zum Besitzen anbietet: Was wir wollen ist, „drinnen" zu sein; denn wir fühlen uns chronisch draußen, obwohl wir uns fortwährend einzureden suchen, wir seien „in" – selbst dann noch wenn wir neue Anstrengungen unternehmen, um uns dies glauben zu machen.

Obwohl die meisten von uns sich nicht erinnern können, sich je völlig richtig gefühlt zu haben, wirklich mitten in dem gelebten Augenblick, übertragen wir doch häufig die Illusion davon sowohl auf die Vergangenheit als auch auf die Zukunft. Wir sprechen von den goldenen Kindheitstagen oder der guten alten Zeit, um die Illusion aufrechtzuerhalten, daß Richtigkeit nicht wirklich fern sei. Die Unschuld der Kindheit, von der wir meinen, sie habe uns vor den grausamen Wirklichkeiten beschützt, war von Bestürzung und Verwirrung begleitet angesichts der Widersprüche zwischen dem uns Gesagten und dem, was wir geschehen sahen. Und das Gefühl von etwas Fehlendem war damals ebenso wie heute stets anwesend; damals jedoch gab es noch irgendwie die Illusion, daß uns die „Richtigkeit“ eröffnet werden würde, wenn wir nur erst endlich erwachsen und den Menschen des „richtigen“ Alters zugesellt wären.

Wir ahnten damals noch kaum, daß die Menschen des richtigen Alters uns immer um eine Länge voraus sein würden, bis die Zeit uns zu glauben gestatten würde, sie seien nun eine Länge oder mehr hinter uns.

Der Gedanke, daß Erfüllung, d. h. das Gefühl der Richtigkeit, durch Kämpfen und Gewinnen erreichbar sei, ist eine Erweiterung dessen, was Freud „Geschwisterrivalität“ nannte. Er meinte, wir alle hätten Eifersucht und Haß auf unsere Brüder und Schwestern zu bewältigen, die unseren exklusiven Zugang zu unseren Müttern bedrohten. Aber Freud hatte keine ungeschädigten Menschen in seinem Bekanntenkreis. Hätte er Gelegenheit gehabt, die Yequana kennenzulernen, so hätte er festgestellt, daß der Gedanke des Konkurrierens und Gewinnens als Selbstzweck ihnen gänzlich unbekannt ist. Er kann daher nicht als integraler Bestandteil der menschlichen Persönlichkeit angesehen werden. Wenn einem Baby alles an Erfahrung auf den Armen seiner Mutter zuteil geworden ist, was es braucht, und es sich von ihr aus eigenem freien Willen löst, so wird es dadurch befähigt, ohne Schwierigkeit die Ankunft eines neuen Babies an dem Ort, den es freiwillig verlassen hat, zu ertragen. Es besteht kein Grund zur Rivalität, wenn nichts beansprucht wurde, was es noch braucht.

Bei den Yequana gibt es eine Vielfalt von Motiven, um deretwillen sie Dinge und Menschen begehren, aber andere lediglich auszustechen gehört nicht dazu. Sie haben keine Wettbewerbsspiele, wenngleich es Spiele gibt. Es gibt das Ringen, aber es gibt keinen Wettkampf, nur eine Reihe von Kämpfen zwischen je zwei Männern. Die beständige Übung im Bogenschießen geschieht immer mit dem Ziel, sich zu vervollkommnen, aber nie in Wettbewerb mit anderen Jungen, noch ist Jagen eine Angelegenheit des Konkurrierens unter Männern. Ihr Gefühlsleben erfordert das nicht, folglich sieht ihre Kultur es nicht vor. Uns fällt es schwer, uns das Leben ohne Wettbewerb vorzustellen – ebenso schwer wie die Vorstellung, wir fühlten uns „richtig“ gerade so wie wir sind.

Das gleiche ließe sich sagen von der Jagd nach Neuem. Sie ist in so hohem Maße ein Bestandteil der gegenwärtigen Phase unserer Kultur, daß unser natürlicher Widerstand gegen Veränderung eine Verzerrung erfahren hat. Es scheint fast, als habe er sich in einen Zwang verwandelt, sich mit einer so regelmäßigen Häufigkeit zu verändern, daß es an Eintönigkeit oder Unveränderlichkeit grenzt.

Seit kurzem ist die Vorstellung aufgekommen, der neueste Weg müsse auch der beste Weg sein. Die Werbung hat es übernommen, den Neuheiten-Wettlauf zu fördern. Es gibt keine Rast, keine Atempause. Nichts darf je gut genug sein, nichts je zufriedenstellend. Unsere unterschwellige Unzufriedenheit wird im Wunsch nach dem Neuesten kanalisiert.

Unter den Dingen ganz oben auf der Liste sind solche, die Arbeit sparen. Beim arbeitssparenden Gerät ist die Anziehung zweifacher Art, genährt durch zwei Aspekte der Entbehrung des Getragenwerdens. Die erste, etwas „richtiges“ zu erwerben, wird verstärkt durch die zweite, mit der geringsten Anstrengung den höchsten Grad an Wohlbefinden zu erreichen. Bei einem Menschen mit vollständigem Kontinuum weicht die Fähigkeit des Säuglings, das Erwünschte ohne sein Zutun zu erlangen, dem wachsenden Wunsch, von seiner Arbeitsfähigkeit Gebrauch zu machen. Wenn als passives Baby kein Erfolg erfahren wurde, besteht eine Neigung zum Knopfdrücken, zum Arbeitssparen als Bestätigung, daß alles für einen getan und nichts von einem erwartet werde. Die Handlung des Knopfdrückens gleicht der des Signalgebens an eine Person, die sich um einen kümmert, kann dabei jedoch mit der Zuversicht auf Erfüllung des Wunsches ausgeführt werden. Der Trieb zu arbeiten, notwendigermaßen stark bei gesundem Kontinuum, ist verkümmert; er kann sich auf dem unfruchtbaren Boden fehlender Bereitschaft, für sich selber zu sorgen, nicht richtig entwickeln. Arbeit wird, was es für die meisten von uns ist: eine grollend ausgeübte Notwendigkeit. Und das arbeitssparende Gerät strahlt mit dem Versprechen der vermißten Bequemlichkeit. Bis dahin wird die Auflösung der Diskrepanz zwischen dem erwachsenen Wunsch, seine Fähigkeiten zu nutzen, und dem kindlichen Wunsch, nutzlos zu sein, häufig in etwas gefunden, das zutreffend Erholung genannt wird.

Ein Mensch, der sein notwendiges lustloses Arbeitsleben inmitten von Papieren und Gedanken verbringt, (er-)*holt* sich dann seine angeborene Erwartung körperlicher Arbeit durch so etwas wie Golf wieder. Ohne sich der Tatsache bewußt zu sein, daß dessen Haupttugend seine Nutzlosigkeit ist, trottet der Golfspieler mit einer schweren Last von Schlägern in der Sonne herum und konzentriert immer wieder seine Aufmerksamkeit auf das Problem, einen Ball dazu zu bringen, daß er in ein Loch in der Erde fällt; dies wird auf sehr unpraktische Weise mit dem Ende eines der Schläger ausgeführt, nicht etwa dadurch, daß man den Ball hinträgt und ihn hineinfallen läßt. Würde er zu all dem gezwungen, so würde er sich arg unter Druck gesetzt fühlen; da es jedoch Erholung genannt wird und garantiert keinem Zweck dient, außer ihn fitzuhalten, kann er es ebenso genießen, wie die Yequana sich an nützlicher Arbeit erfreuen.

Heute gibt es jedoch viele Golfspieler, die es dem arbeitssparenden Impuls gestattet haben, einen Teil selbst dieses Vergnügens zu verderben, da ihnen durch den betreffenden Sektor unserer Kultur nahegelegt wurde, das Tragen der Schläger sei unerfreulich und, neuerdings, auch das Umhertrotten zwischen den Schlägen sei der Kategorie Arbeit zuzurechnen; man solle daher statt dessen kleine Elektroautos benutzen. Um sich vom Golfspiel zu erholen, werden sie bald zum Tennisspielen übergehen müssen.

Das fortbestehende Bedürfnis nach den fehlenden Erfahrungen der Phase des Getragenwerdens veranlaßt uns zu sehr merkwürdigem Verhalten. Unsere Vorliebe für Achterbahnen, Berg-und-Tal-Bahnen und Riesenräder wäre schwer erklärbar, wäre nicht unser Kontingent an Zeit in einer Situation von verläßlicher Geborgenheit, mit unerwarteten Ortswechseln und von lauernden Gefahren umgeben, unerfüllt geblieben.

Der Reiz, den es für jedes Tier besitzt, herumgepufft und erschreckt zu werden und dafür bezahlen zu müssen, läßt sich nur erklären, wenn wir herausfinden, welches Bedürfnis wohl damit befriedigt wird. Die Jahrmillionen behaglichen Nervenkitzels, den auf Armen getragene Säuglinge durchlebten, während ihre Mütter zwischen Bäumen, auf Savannen, in Gewässern oder wo immer sonst herumsprangen, werden von den unglücklichen Nachkommen zwangsläufig entbehrt, die nur die Ruhe und Unbeweglichkeit eines Kinderbettes oder die gutgefederte und gepolsterte Bewegung eines Kinderwagens kennen, dazu ein wenig Auf-den-Knien-Reiten und, wenn sie Glück haben, einige Würfe in die Luft durch Väter, die die Stimme des eigenen Kontinuums noch zu hören vermögen.

Das Geheimnis des besagten Reizes liegt in der Sicherheitszone, dem gutgesicherten Sitz in dem kleinen Gefährt, wenn es auf den Schienen oder hoch in der Luft dahinjagt bzw. niederstürzt. Es ist die Lust daran, sicher zu sein inmitten von Umständen, die *sonst* erschreckend wären. Bei der „Geisterbahn" erscheinen plötzlich Gespenster und Skelette und versetzen uns in Erschrecken, das wir in dem Wissen, sicher zu sein, genießen können; dies ist die Erwartung, mit der wir unsere Fahrkarten kaufen.

Das gleiche trifft auf den außerordentlich populären Horrorfilm zu, den wir uns aus einem Sessel ansehen, von dem wir mit Sicherheit unversehrt wieder aufstehen werden. Würde das Kino tatsächlich von einem entlaufenen Gorilla, Dinosaurier oder Vampir besucht, gäbe es kaum Nachfrage nach Eintrittskarten.

Die Aufgabe des Säuglings, während er getragen wird, ist es, Erfahrungen zu machen, die ihn auf weitere Entwicklung in Richtung Selbstverantwortung vorbereiten. Die Anwesenheit bei und passive Teilnahme an jenen erschreckenden, heftigen und bedrohlichen Vorkommnissen, aus denen der Alltag eines von einer beschäftigten Mutter getragenen Babies besteht, sind wesentliche Bausteine für sein Selbstvertrauen. Sie sind ein wichtiger Bestandteil des Stoffes, aus dem das Selbstgefühl gemacht ist.

Auf schwächere Weise fügt die Fortbewegung auf wirklichen bzw. Schaukel-Pferden, in richtigen bzw. Tret-Autos und in oder auf was immer sonst noch unserem fehlenden Kontingent *jenes* Aspektes der Erfahrung des Getragenwerdens etwas hinzu und verringert das Ausmaß unseres Bedarfs daran. Reiten bzw. Fahren macht oft süchtig, denn sobald mancher von uns das Vergnügen entdeckt, von einem Pferd bzw. Auto getragen zu werden, hat er das Gefühl, im Stich gelassen zu sein, sobald er wieder auf sich selbst gestellt ist. Auf die Rolle der Sucht möchte ich jedoch später eingehen.

Ausdrucksformen der Entbehrung ausreichenden Getragenwerdens behindern so häufig unser Leben und prägen die Personen um uns herum, daß wir dazu neigen, sie als Teil der menschlichen Natur anzusehen. Ein Beispiel dafür ist das „Casanova-Syndrom", das einen Mann zu dem Versuch treibt, sich seine Liebenswertheit durch zahlreiche Eroberungen zu beweisen; er sucht den Mangel hinsichtlich der besonderen Qualität der Liebe, die er in seiner Mutter hätte finden sollen – Liebe jener Art, die einen seines Daseins und Wertes versichert – durch Vielzahl auszugleichen. Das Sammeln von Bezeugungen seiner Liebenswertheit kann tatsächlich bis zu einem gewissen Grad die fehlende Überzeugung ersetzen. In jedem Augenblick in den Armen jeder Frau wird ein wenig wiedergutgemacht, und schließlich „verliert" der unersättliche Casanova das Interesse an dieser Art Suche nach dem Gefühl der Richtigkeit und ist imstande, eine fortgeschrittenere, reifere Haltung Frauen gegenüber zu erwägen. Bei den meisten Casanovas geschieht dies noch recht früh im Leben; einige Fälle jedoch können sich niemals von der Illusion befreien, die sexuelle Eroberung sei ein Pluspunkt auf der richtigen Punktetafel und das Perfektionieren der Eroberungstechnik der Weg zur Erstattung dessen, was unerklärlicherweise im Leben fehlt.

Gigolos und Frauen „vom Stamme Nimm" halten den mit den von ihnen errungenen Frauen bzw. Männern verknüpften Geldwert für das wahre Maß ihres eigenen Wertes; gewöhnlich glauben sie, die Ehe mit einem reichen Menschen werde sie reich und demzufolge zugleich unbestreitbar akzeptabel machen. Irgendwie ist ihnen zusätzlich zu der allgemeiner verbreiteten Illusion, Geld sei gleichbedeutend mit Glück, der Eindruck vermittelt worden, daß Geld auf diese Weise gleichbedeutend mit Liebe ist. Die kulturellen Einflüsse, die diese Irrtümer verewigen, lassen sich unschwer auffinden. Jedoch würde die Beseitigung der irreführenden Ansichten über die Umstände, in denen Liebenswertheit bzw. Glück zu finden sei, die Schwierigkeit nicht beseitigen. Das Gefühl mangelnder Richtigkeit würde dann lediglich irgendeine andere Hoffnung finden, an die es sich heften kann; und die Wahrscheinlichkeit, daß diese ebenso illusorisch wäre, ist groß.

Das „Schlampensyndrom" ist eine weitere verbreitete Manifestation von in der Frühkindheit erlittener Entbehrung. Der schlampige Mensch, das sabbernde zerzauste Baby, möchte geliebt werden, einfach weil er existiert, und schließt von vornherein aus, daß er irgendetwas getan haben könnte, um die Gefühle ihm gegenüber durch angenehmes Verhalten positiv zu beeinflussen. Er schmatzt, um sich das Gefühl zu geben, jeder in seiner Nähe sei froh darüber zu wissen, daß das Essen ihm schmeckt; er macht seine körperliche Anwesenheit bemerkbar, wo immer er kann, indem er Asche oder Flecken oder Abfall hinterläßt, die sein Dasein bezeugen sollen; damit fordert er alle Anwesenden heraus, ihn und sein Recht auf Liebe abzulehnen. Wenn er sich dann abgelehnt sieht, verstärkt er seine traurige Feststellung der Mutter Kosmos gegenüber: „Siehst du? Keiner liebt mich, weil du dich nicht darum kümmerst, mir das Kinn abzuputzen!" Damit stolpert er weiter seinen Weg entlang, ungewaschen, ungekämmt und beiläufig jedem auf den Fuß tretend. Seine Hoffnung ist, die Mutter Kosmos werde, wie eine Mutter dies unweigerlich tun wird (sein Kontinuum sagt ihm das), für alles, was er durchlitten hat, Mitleid mit ihm haben und ihm schließlich zu ihrer vollkommenen Liebe Einlaß gewähren. Nie wird er ihrer Rückkehr die Tür verschließen, indem er seine Pflege selbst übernimmt; dies würde ja ein Eingeständnis von Hoffnungslosigkeit bedeuten.

Dem Schlampenmenschen nicht unähnlich ist der Märtyrer, der auch auf anklagende Weise leidet, jedoch mit größerer Betonung der Leidensmenge, für die er letztendlich entschädigt werden *muß*. Menschen mit leuchtendem Blick sind um aller möglichen Ziele willen festen Schrittes auf Scheiterhaufen, zum Galgen und in Löwenrachen hinein marschiert. Sie glauben, daß sie – indem sie ihr Alles hingeben – sich mit Sicherheit schließlich ihren rechtmäßigen Platz verdienen werden. Der Vorteil ist, daß diejenigen, die das höchste Opfer bringen, nicht zurückkehren, um sich zu beklagen, man habe sie betrogen; also bleibt die Illusion unberührt für andere, die dieselben Neigungen haben, – vielleicht aufgrund einer frühen Kindheit mit einer Mutter, die auffallende Zeichen von Reue von sich gab, wenn das Baby sich verletzt hatte.

Die Schauspielerpersönlichkeit fühlt sehr häufig das Bedürfnis, auf der Bühne zu stehen oder von einer großen Anzahl Menschen umringt zu sein, um zu beweisen, daß sie tatsächlich, trotz ihrer nagenden gegenteiligen Gefühle, der Mittelpunkt der Aufmerksamkeit ist; von daher auch ihr nicht nachlassendes Bedürfnis, diese Stellung einzunehmen. Pathologischer Exhibitionismus und Narzißmus können ein noch verzweifelteres Flehen um diese grundlegende Aufmerksamkeit darstellen, wenn das Bedürfnis danach zu Beginn des Lebens ständig vergebens signalisiert wurde. Oft läßt sich beobachten, daß eine „enge" Beziehung zwischen der Mutter und dem zukünftigen „Angeber" in Wirklichkeit darin bestand, daß die Mutter, als Ergebnis des eigenen dringenden Bedürfnisses, dem Baby den Mittelpunkt der Aufmerksamkeit streitig zu machen suchte.

Der zwanghafte Akademiker, der endlose Promovierer und lebenslange Bewohner von Schulen in der einen oder anderen Funktion hat aus der Alma Mater einen recht anpassungsfähigen Mutterersatz gemacht. Die Schule ist größer und stabiler als er. Sie belohnt gutes und schlechtes Betragen auf recht vorhersagbare Weise. Sie schützt vor der brutalen Außenwelt, die für die unzulängliche Gefühlsausstattung eines erwachsen gewordenen geschädigten Kindes zu risikoreich ist. Das erwachsene Verlangen, sich an den Herausforderungen der Welt zu messen und damit die eigene Entwicklung zu fördern, kann sich bei der unbestätigten Persönlichkeit egal welchen Alters nicht entfalten.

In scheinbarem Gegensatz zum Akademiker, der an seiner kindlichen Situation der Schule gegenüber festhält (oder zum Geschäftsmann, der sich jahrzehntelang an den Rockzipfel einer Firma klammert) steht der Abenteurer-Eroberer, dem der Eindruck vermittelt worden ist – vielleicht von einem Elternteil –, der Weg zur Anerkennung bestehe darin, den höchsten Berg zu besteigen oder das Meer einhändig in einer Nußschale zu besegeln: der einzigartigen Leistung, die mit Gewißheit zur Niederlage aller Rivalen um die Aufmerksamkeit führen wird. Der Beifall, der jedem unweigerlich sicher ist, der länger als irgendein anderer auf einem Flaggenmast verweilt oder der erste Weiße ist, der sich irgendwohin begibt, oder einen Wasserfall auf einem Seil überquert, sieht sehr nach dem aus, was er begehrt – natürlich nur, bis er erlangt und für unzureichend befunden wurde und ein neues Projekt vorgeschlagen wird, das aussieht wie das Wahre, die Antwort, der Reisepaß in die Richtigkeit.

Den zwanghaften Reisenden nährt eine sehr ähnliche Art von Illusion. Neue Orte beinhalten das Versprechen, der richtige Ort zu sein; denn die Illusion einer magischen Rückkehr in die Mutterarme ist in jeder klar wahrgenommenen Wirklichkeit unhaltbar. So besitzt im Vergleich das Grün weitentfernter Felder ein verlockendes Strahlen für den Wenn-nur-Menschen, der aus Gründen, die er selber nicht einmal erinnert, meint, die Erfüllung bestünde im Wechsel zu einem bestimmten anderen Ort.

In Übereinstimmung mit dem Wesen des menschlichen Kontinuums und seinen Jahrmillionen von Erfahrung scheint das Verlangen, direkt im Mittelpunkt des Lebens zu stehen, Beweis dafür zu sein, daß jener Mittelpunkt erreichbar ist. Daß die versäumte Erfüllung ihren Platz in der Zukunft beibehält, ist Bestandteil des Plans; nur auf diese Weise kann sie ja als

Motivation in Richtung auf Vervollständigung der Entwicklung dienen. Diese Überzeugung lockt uns – ungehemmt durch den Verstand oder persönliche Erfahrung – voran, so, wie es ihre Bestimmung ist, gleichgültig wie aus dem Zusammenhang gerissen, gleichgültig wie verspätet. Aus der Wenn-nur-Einstellung der einen oder anderen Art erklärt sich ein gewaltiger Prozentsatz der unter zivilisierten Menschen wirksamen Antriebskraft.

Wohl trauriger für den Betrachter sind Menschen mit Anzeichen von Entbehrung, die ihren Schmerz an andere weitergegeben. Mißhandelte Kinder stellen die augenscheinlicheren Fälle einer Vielzahl von Leidenden, die geschädigten und leidenden Eltern ausgeliefert sind.

Professor C. Henry Kempe, Vorsitzender der Abteilung für Kinderheilkunde am Colorado Medical Center, stellte aufgrund von Forschungen, die bei tausend Familien durchgeführt wurden, fest, daß zwanzig Prozent aller Frauen Schwierigkeiten haben, ihren mütterlichen Instinkt zu entfalten. „Viele Mütter lieben ihre Babies nicht sehr", sagte er.[6] Fatalerweise interpretierte er die Zahlen dahingehend, daß, da so viele Mütter unfähig seien, ihre Kinder zu lieben, Mutterliebe als Naturtrieb „ein Mythos" sein müsse (siehe S. 78). Seine Botschaft hieß, es sei falsch, von jeder Mutter zu erwarten, sie müsse eine Madonna sein, ihrem Kind gegenüber allgewährend und beschützend; und er warf den Alten Meistern vor, sie hätten die Menschen einer Gehirnwäsche unterzogen, um sie glauben zu machen, sie müßte so sein. Nichtsdestoweniger sprechen seine Ergebnisse hinsichtlich der Kindesmißhandlung für sich. „Alle Forschung weist auf eine unwiderlegliche Tatsache hin: mißhandelte Kinder werden zu mißhandelnden Eltern." Und einer der Umstände, von denen man herausfand, daß sie diese Art von Brutalität bei Eltern erzeugen, war, daß sie irgendwie seit ihrer eigenen Kindheit selber in bezug auf „mütterliche" Für-

[6] C.H. Kempe u. R. Helfer (Hrsg.), Helping the Battered Child and his Family, Oxford – New York 1972

sorge auf der ganzen Linie zu kurz gekommen waren: seitens der richtigen Lehrer, Freunde, Geliebten oder Ehepartner.

„Die Mutter", sagt Kempe, „die selbst mütterliche Fürsorge entbehrte, ist unfähig, ihrem Kind mütterliche Fürsorge angedeihen zu lassen; sie erwartet im Gegenteil, das Kind müsse imstande sein, sie zu lieben; sie erwartet weit mehr, als wozu ein Baby fähig ist, und sie sieht sein Weinen als Zurückweisung an." Er zitierte eine intelligente, gebildete Mutter, die sagte, „Wenn er weinte, hieß das, daß er mich nicht liebte, also schlug ich ihn."

Die Erwartung, ihre Suche nach Liebe müsse durch ihren eigenen liebesbedürftigen Säugling endlich belohnt werden, ist die Tragik vieler Frauen. Und sie stellt natürlich einen bedrohlichen Faktor dar in der Beschaffenheit der vom Kind erlittenen Versagung. Nicht nur wird ein großer Teil der notwendigen liebevollen Zuwendung und Aufmerksamkeit dem Kind vorenthalten, es muß auch gegen einen größeren, stärkeren Menschen darum konkurrieren. Was könnte erschütternder sein als die Situation, in der ein Kind aus Verlangen nach mütterlicher Zuwendung weint und die Mutter es schlägt, weil es *ihr* Sehnen nicht mit mütterlicher Zuwendung beantwortet?

Bei einem solchen Spiel gibt es keinen Gewinner; und niemand ist der Schurke. Von Horizont zu Horizont erblickt man nichts als die Opfer von Opfern.

Kinder, die sich verbrennen, sind ein weniger direkter Ausdruck elterlicher Schädigung. Die Fälle werden meist als Unfälle bezeichnet, jedoch stellt Helen L. Martin, die auf der Brandwundenstation im Londoner Kinderkrankenhaus Forschungen betrieben hat, fest, daß sie es nicht sind. Sie untersuchte fünfzig Fälle über einen Zeitraum von sieben Monaten und kam zu dem Schluß, daß die meisten Brandwunden tatsächlich aus „emotionalen Problemen" resultierten. Sie fand heraus, daß sich mit Ausnahme von fünf Fällen alle Verbrennungen während Konfliktsituationen zugetragen hatten: Spannungen entweder bei der Mutter, zwischen dem Kind und irgendeinem anderen Familienmitglied oder zwischen feindseligen Erwachsenen. Bezeichnenderweise trugen sich nur zwei Verbrennungen zu, während das Kind allein war.

Im Gegensatz zu prügelnden Eltern geben Eltern, die verursachen, daß ihre Kinder sich verbrennen, nicht offen ihrem Wunsch nach, sie zu verletzen. Sie sind hin- und hergerissen zwischen kindlichem Zorn und Frustration und ihren elterlichen Beschützergefühlen. Indem die unglückliche Mutter unbewußt die Waffe der Erwartung benutzt, um dem Kind nahezulegen, es solle sich verbrennen, und vielleicht dadurch noch nachhilft, daß sie als weiteren Vorschlag die kochendheiße Suppe an einem ungewöhnlich erreichbaren Ort plaziert, kann sie ihr notwendig tugendhaftes Gesicht wahren und sich zugleich mit Schuldgefühlen bestrafen. Dies geschieht in dem Bemühen, es der äußerst verletzten Mutter zu ermöglichen, in derselben Haut zu leben wie das haßerfüllte destruktive Kind, das sie ebenfalls ist.

Mangel an „mütterlicher" Zuwendung seitens ihrer Ehemänner zur Zeit der Unfälle ihrer Kinder war offen erkennbar bei nahezu der Hälfte der Mütter, die ihre Haltung ihren Männern gegenüber als ‚entfremdet, gleichgültig oder feindselig' beschrieben. In einer Kontrollgruppe von Familien gleicher Altersstufe und Herkunft fand Helen Martin nur drei unter fünfzig, die solche Gefühle hegten.

Es gibt Beweise dafür, daß der starke Strom der Forderung nach Liebe und Aufmerksamkeit seitens einer Mutter dem Sohn gegenüber dadurch, daß er das Bedürfnis des Babies überrollt, Homosexualität im späteren Leben verursachen kann. Die Mutter, die als besitzergreifend oder überfürsorglich angesehen wird, *gibt* tatsächlich in ihrer konzentrierten Anstrengung, das ungeteilte Interesse ihres Kindes zu gewinnen, keine Liebe, sondern fordert sie. Häufig spielt sie die Rolle des „kleinen Mädchens" und versucht, ihr Kind mit kindlichen Zeichen dazu zu verlocken, ihr Aufmerksamkeit zu schenken oder Mitleid mit ihr zu empfinden. Unfähig, sich gegen ihr Zerren an ihm durchzusetzen, bleibt das Ziehen des Sohnes an ihr unbemerkt, unbeantwortet, und er kann sich nicht von seinem Bedürfnis befreien, ihre Aufmerksamkeit auf seine eigene Liebenswertheit zu lenken. Er wächst auf in dem Gefühl, der Weg zum Erfolg sei das Spielen der Rolle des schmollenden neckischen kleinen Mädchens. Er spielt sie gegenüber dem ähnlichen Bemühen seiner Mutter; und als Erwachsener fühlt er sich magisch angezogen von seiner scheinbar ständig verfügbaren Mutter, die ihre Liebe und selbstlose Bewunderung für ihn beteuert, während sie tatsächlich jede Spur von Aufmerksamkeit aus ihm heraussaugt, die *er* als heranwachsendes Kind und Erwachsener geben kann.

Indem Jungen auf solche Weise erfahren haben, daß von den weiblichen Exemplaren der Gattung keine Liebe zu erhalten ist, sondern daß stattdessen die männlichen diejenigen sind, die mütterliche Zuwendung geben, wenden sie sich später bei ihrer Suche nach Liebe Männern zu. Häufig werden sie von sehr jungen angezogen, wie die Jungen, die sie selbst waren, als ihre Mütter die intensive mütterliche Zuwendung von ihnen forderten und erhielten.

Die Beziehung ist dann häufig eine, bei der um mütterliche Zuwendung konkurriert wird. Der männliche Homosexuelle ahmt im ‚Schwulsein' nicht den weiblichen Erwachsenen nach, sondern *das weibliche Kind, das seine Mutter ihm gegenüber spielte.* Reifere Aspekte der Erwachsenenliebe fehlen dabei oft, und das homosexuelle Paar hat Schwierigkeiten, eine Verbindung von der Art einzugehen, die sich im Laufe der Zeit weiterentwikkelt.

Ausnahmen finden sich oft bei Männern, die aus anderen Gründen von Frauen ferngehalten wurden, wie z. B. durch fortwährende Schreckensgeschichten über die Schlechtigkeit der Frauen, die man ihnen von früher Kindheit an erzählte. Diese können von Müttern stammen, die ansonsten in ihrer Zuwendung den Söhnen gegenüber recht mütterlich sind.

Weibliche Homosexuelle fühlen sich häufig gegenüber der Möglichkeit, Liebe von Männern zu empfangen, durch grausame oder lieblose Väter blockiert. Wuchsen sie bei einer Mutter auf, deren Sehnsucht nach männlicher Aufmerksamkeit ein starker Beweggrund für ihre Unaufmerksamkeit ihnen gegenüber war, so können sie sich auf männliche Art verhalten, weil ihnen dies die Rolle des Gewinners zu sein scheint.

Die wissenschaftliche Erforschung solcher möglichen Zusammenhänge könnte für Verständnis und Behandlung des damit verbundenen Gefühlselends von grundlegendem Wert sein.

Die Kriminalität als pathologischer Charakterzug läßt sich gleichfalls auf ein Widerstreben zurückführen, nach Erwachsenen-Regeln zu spielen, sich das Seine als Gleicher unter Erwachsenen zu verdienen. Der Dieb kann es vielleicht nicht aushalten, für die Dinge, die er braucht und haben will, arbeiten zu müssen, da er das Gefühl hat, er müsse sie in etwa wie von einer Mutter, d. h. umsonst, bekommen. Die Tatsache, daß er sich häufig großer Mühe unterzieht, um sehr wenig „umsonst" zu bekommen, hat nichts zu bedeuten; das Wichtige ist, daß er am Ende das Gefühl hat, er habe von der kosmischen Mutter „etwas für nichts" erhalten.

Das Bedürfnis nach Strafe oder, wie es dem Kriminellen erscheinen mag, persönlicher Aufmerksamkeit, ist häufig Bestandteil seiner infantilen Beziehung zur Gesellschaft, der er Zeichen von Wert, Zeichen von Liebe, stiehlt.

Diese Erscheinungen sind denen, die zivilisiertes Verhalten erforschen, nicht unvertraut; betrachtet man sie jedoch als Ausdrücke des unterbrochenen Kontinuums, könnte ihre Bedeutung klarer hervortreten.

Körperliche Krankheit, die sich als ein Versuch des Organismus begreifen läßt, sich nach oder bei einem Angriff auf ihn wieder zu stabilisieren, kann dementsprechend eine Vielfalt von Rollen spielen. Wie wir bereits gesehen haben, ist eine davon die „Richtigkeit" vermittelnde Wirkung, welche Bestrafung auf den unerträglichen Schmerz von Schuldgefühlen ausübt.

Zu Zeiten besonderen emotionalen Bedürfnisses kann das Kontinuum es für uns einrichten, daß wir krank werden und die Fürsorge anderer benötigen – die Art Fürsorge, die wir als Erwachsene bei guter Gesundheit nur schwer bekommen. Das

Bedürfnis nach Aufmerksamkeit kann sich an einen besonderen Menschen heften oder an einen Kreis von Familie und Freunden oder an das Krankenhaussystem. Ein Krankenhaus versetzt den Patienten tatsächlich in eine kindliche Rolle, obwohl es unpersönlich scheint; und selbst bei Personalmangel und anderen Unzulänglichkeiten übernimmt es die Verantwortung, seine Ernährung und das Treffen aller Entscheidungen für ihn – eine Situation, die der Behandlung nicht unähnlich ist, die er als Kleinkind durch eine nachlässige Mutter erfahren haben mag. Obwohl das nicht unbedingt alles ist, was er braucht, könnte es doch das am nächsten Erreichbare sein.

Im Loeb Center for Nursing and Rehabilitation des Montefiore Krankenhauses in New York hat man Entdeckungen gemacht, die vom Kontinuum-Standpunkt aus so manches erklären. Das Center nahm für sich in Anspruch, im Jahre 1966 die Rückfallquote durch eine Methode des „Akzeptierens" und der Ermutigung der Patienten, über ihre Probleme zu reden, um achtzig Prozent gesenkt zu haben. Die Krankenschwester Lydia Hall, die Direktorin und Gründerin des Centers war, bezeichnete die Pflege als gleichwertig der Fürsorge, die eine Mutter einem Neugeborenen angedeihen läßt. „Wir reagieren sofort auf die Bedürfnisse des Patienten", sagte sie, „egal, wie trivial sie scheinen mögen."

Mit offenbarer Einsicht in die Tendenz, unter Streß in eine infantile emotionale Haltung zurückzuverfallen oder zu regredieren, sagte Genrose Alfano, der Stellvertretende Direktor des Centers: „Viele Menschen werden krank aufgrund ihrer Unfähigkeit, mit ihrem Leben fertigzuwerden. Wenn sie lernen, wie sie selber Probleme lösen können, brauchen sie nicht krank zu werden."

Ehe sie krank wurden, wurden die Patienten natürlich auf die eine oder andere Art mit ihren Problemen fertig, als ihnen jedoch alles zuviel wurde, brauchten sie Unterstützung. Am Center stellte man fest, daß, wenn diese mütterliche Technik angewandt wird, auch die Heilung schneller vorangeht. Miss Hall sagte, daß gebrochene Hüftgelenke, ein verbreitetes Leiden, doppelt so schnell heilen wie es sonst für einen Menschen dieses Alters und allgemeinen Gesundheitszustandes normal ist. Nach einem Herzanfall bleiben die meisten Patienten drei Wochen lang im Bett, aber Dr. Ira Rubin, einer Herzspezialistin zufolge, waren jene im Loeb Center schon nach der zweiten Woche ausreichend wiederhergestellt, um aufstehen zu können.

„Nehmen Sie einen älteren Menschen, der keine Kontakte hat, versetzen Sie ihn in eine soziale Umgebung, in der Menschen an ihm interessiert sind, wo er über seine familiären Probleme reden kann, dann erhalten die Muskeln schneller ihre Spannkraft zurück", sagte Dr. Rubin.

Eine Studie über zweihundertfünfzig nach Zufallskriterien ausgewählte Patienten erwies, daß nur 3,6% der Patienten am Center innerhalb von zwölf Monaten mit Rückfällen wieder eingeliefert werden mußten, verglichen mit achtzehn Prozent jener, die zuhause gepflegt wurden. Diese Zahlen lassen sich unschwer als Beweis dafür deuten, daß bewußte mütterliche Pflege das gefühlsmäßige Bedürfnis, das den Patienten in die Krankheit und zur Hospitalisierung führte, auf wirksamere Weise erfüllt. Wird das Mangelnde gewährt, so verkürzt sich das Bedürfnis danach, abhängig zu sein, und verleiht die notwendige Kraft, sich wieder in dem Tempo weiterzuentwickeln, das man normalerweise aufrechtzuerhalten vermag, sei es als Erwachsener oder als Kind.

Die unmittelbarste aller Ausdrucksformen der Entbehrung des Getragenwerdens ist – wie die Forschung vielleicht bestätigen wird – die Sucht nach Drogen wie Heroin. Die Forschung allein wird die genaue Beziehung zwischen früher Versagung und Sucht feststellen können, und wenn sie dies tut, werden die vielen Suchtarten – nach Alkohol, Tabak, Glücksspiel, Barbituraten oder Nägelkauen – im Lichte des Kontinuum-Gedankens menschlicher Ansprüche vielleicht einen Sinn zu ergeben beginnen.

Um der Einfachheit willen jedoch wollen wir hier nur den Heroinsüchtigen betrachten. Heroin macht auf chemische

Weise süchtig, indem es im Körper des ‚Benutzers' das Verlangen nach mehr erweckt und die Wirkung mit häufigem Genuß abnimmt, so daß immer mehr von der Droge die erwünschte Wirkung immer weniger hervorruft. Schließlich erstrebt der Süchtige die Droge weniger, um das „High" zu erfahren, als vielmehr, um die Entzugserscheinungen abzuwehren. In dem Versuch, dem immer enger werdenden Kreislauf von Sucht und Gebrauch zu entrinnen, werden Süchtige manchmal zur tödlichen Überdosis getrieben.

Häufiger noch stellen sie sich freiwillig den Qualen des Entzugs, um „sauber zu werden", befreit von dem zunehmenden chemischen Ungleichgewicht, das der Gebrauch der Droge hervorruft. Wieder und wieder befreien sie sich von der körperlichen Abhängigkeit, um imstande zu sein, nicht nur die Entzugserscheiungen zu bekämpfen, sondern auch erneut das „High" zu erfahren. Auf diese Weise besteht ein Großteil ihres Leidens darin, sich gegen das dringende Verlangen ihres Körpers einem Entzug zu unterwerfen, gegen den Schmerz und die mit dem Entzug verbundene heftige Übelkeit, damit sie frisch anfangen können, das „High" zu erfahren. Das Wissen, daß sie dafür mit dem Wiederholen des ganzen schrecklichen Kreislaufs werden bezahlen müssen, schreckt sie nicht ab.

Warum? Warum begeben sie sich wieder in die Sucht, wenn sie doch immer wieder aus der sogenannten Sucht auszubrechen vermögen? Worin *besteht* das Gefühl „high" zu sein, das es so unwiderstehlich macht, daß die bloße Erinnerung daran Hunderttausende dazu bringt, sich dem Entzug zu unterwerfen, wieder süchtig zu werden, den Tod zu riskieren, zu stehlen, sich zu prostituieren, ihr Zuhause und ihre Familien und alles, was ihnen je zu eigen oder lieb war, zu verlieren?

Ich bin der Meinung, daß man bisher die zerstörerische Anziehungskraft des High-Seins nicht verstanden hat. Man hat sie mit dem ganz unabhängig davon bestehenden Verlangen verwechselt, das die Droge im Chemiehaushalt des Körpers hervorruft und diesen dazu treibt, wenn sie einmal das chemische Gleichgewicht zu ihren Gunsten verändert hat, den Gebrauch fortzusetzen und zu erhöhen. Wird die Droge jedoch einmal abgesetzt und sind die letzten Spuren davon aus dem Körper gewichen, so hat die chemisch hervorgerufene Sucht aufgehört. Dann bleibt nur die Erinnerung daran, die unauslöschliche Erinnerung an das Gefühl, das man hatte.

Ein vierundzwanzigjähriger Süchtiger sagte im Versuch, dies zu erklären, folgendes:

„Also, die längste Zeit, die ich je auf der Straße allein sauber geblieben bin, war, als einer meiner älteren Brüder an einer Überdosis starb. Ich wollte keine Drogen nehmen. Ich glaube, es waren ungefähr zwei, drei Wochen. Ich dachte, ich würde es wirklich schaffen – sauber zu bleiben – wegen meines Bruders. Und dann war ich eines Tages mit einem meiner anderen Brüder zusammen und ich sah diesen Typen, den ich kannte, an der Ecke stehen. Er war krank. *Mir* ging es *gut,* ich war noch gut angezogen und führte ein gutes Leben. Ich war glücklich. Er war krank. Also sagte ich zu ihm: ‚Was schießt du? Wie hoch ist dein Fix?' Und er sagt ‚Zwei Beutel', da gab ich ihm sechs Dollar. Und ich weiß, wo er hingeht und was er macht, und ich kenne das Gefühl, das er dann kriegt.

Es muß mich bis ganz tief rein durchzuckt haben.

Ich sah meinen Bruder an. Er wußte, woran ich dachte, und er zuckte so mit den Schultern, so als wollte er sagen ‚Mir ist's egal'. Also sagte ich zu dem Jungen ‚Hier sind noch sechs Dollar. Hol noch zwei.' Dann gingen wir in die Toilette von irgendeiner Kneipe und der Junge schoß sich zuerst, weil es ihm schlechtging, und mein Bruder schoß und dann zog ich mir das Zeug in die Spritze und saß einfach, so da und hielt es in der Hand. Und ich mußte immer an meinen toten Bruder denken. Und ich wollte es nicht nehmen, wegen dem, was ihm passiert war. Dann sagte ich zu mir, bloß, daß es wie zu ihm war ‚Ich hoffe, du verstehst, Du weißt ja, wie's ist.'"

Er spürte, daß sein Bruder ihm vergeben würde dafür, daß er seinen Tod nicht so ernstnahm wie das Bedürfnis nach dem Gefühl. Der Bruder hatte das Gefühl selbst gekannt und würde daher einsehen, daß es nichts anderes gab als dahin zurückzukehren. Die Erinnerung an das High durchzuckte ihn, wie er sagte, ‚bis ganz tief rein'. Aber was ist hier wirksam? Er kann es nur andeuten. Welcher Bestandteil der menschlichen Seele beschließt, das zu opfern, was man opfern muß, um diese eine Forderung zu erfüllen?

Ein anderer Süchtiger erklärte es folgendermaßen. Er sagte, daß andere Menschen nach vielem suchten, was sie glücklich machen sollte: Liebe, Geld, Macht, Frauen, Kinder, gutes Aussehen, Status, Kleidung, schöne Häuser und alles übrige – ein Süchtiger jedoch wolle nur eins, all seine Bedürfnisse könnten auf einmal befriedigt werden – von der Droge.

Dieses Gefühl, das High, von dem sie reden, wird im allgemeinen als irgendeine bizarre Empfindung angesehen, der Erfahrung eines Durchschnittsmenschen völlig unähnlich, ohne Bezug zu irgendetwas Natürlichem und ohne verständliche Beziehung zur Struktur der menschlichen Persönlichkeit. Im allgemeinen sagt man nur, die davon Gefangenen seien schwach, unreif, verantwortungslos. Das erklärt jedoch nicht, was die Anziehungskraft der Droge so stark macht, daß sie all die vielen anderen Verlockungen in der zivilisierten Welt, denen ein schwacher Mensch erliegen könnte, übertrifft. Das Leben eines Heroinsüchtigen ist, milde ausgedrückt, nicht leicht, und ihn als Schwächling abzutun reicht nicht aus. Uns bleibt die Aufgabe, den Unterschied zwischen einem zeitweise „sauberen" Menschen mit einem Hang zum Rückfall und einem, der nie Drogen probiert hat, klar zu begreifen.

Ein süchtiges Mädchen, das gefragt wurde, ob es je ein „ordentliches" – nicht drogensüchtiges – Mädchen auf der Straße ansehe, unterbrach mit den Worten: „... und sie beneide? Ja. Jeden Tag. Weil sie nicht weiß, was ich weiß. Ich könnte nie so ordentlich sein. Ich war es einmal, aber als ich jenen ersten Schuß nahm, das machte all das kaputt – denn da wußte ich." Jedoch drückt auch sie sich nicht deutlich aus und kann dieses überaus wichtige Gefühl nicht beschreiben, sondern nur darauf hinweisen. „Da wußte ich, was es hieß, high zu sein. Ich wußte, was es hieß, der Droge zu verfallen. Sogar der erste

Entzug, den ich machte, der der *schlimmste* war, den ich *je* gemacht habe, ich machte ihn auf cold turkey, ganz freiwillig – und *trotzdem* bin ich zur Droge zurückgegangen."

Das Mädchen war nicht zu schwach, um die furchtbare Prozedur des Drogenentzugs auf sich zu nehmen ohne Hilfe durch eine überbrückende Droge wie Methadon, noch befand sie sich im Gefängnis oder Krankenhaus, wo die Unerreichbarkeit der Droge die ununterbrochene Belastung ihrer Willenskraft hätte vermindern können. Was sie *nicht* vermochte, war, zu vergessen, was sie wußte, was nicht zu wissen sie dem „ordentlichen" Mädchen jeden Tag ihres Lebens neidete ... wie es sich anfühlt, high zu sein. Es schiene mir angesichts der Beweislast außerordentlich naiv anzunehmen, daß jene von uns, die das, was sie weiß, nicht wissen, sich viel anders verhalten würden, wenn sie es wüßten. Es hat unzählige Fälle genau derselben Art Sucht gegeben, die anfingen mit einem ‚Durchschnitts'-Menschen, dem aufgrund einer schmerzhaften Krankheit im Krankenhaus Morphium verabreicht wurde, und der dann süchtig blieb und gezwungen war, das kriminelle Leben des Süchtigen zu führen, der seiner Gewohnheit ohne medizinische Hilfe nachgehen muß. Das Zuhause, die Familie sind oft von unzulänglichem Wert, um der rätselhaften Anziehungskraft der Droge entgegenzuwirken. Die daraus resultierende Verwüstung ist aktenkundig.

Psychiater, die lange Studien über Süchtige angefertigt haben, sagen, die meisten von ihnen seien außerordentlich narzißtisch, und ihr intensives Absorbiertsein durch Heroin sei die Oberflächenerscheinung eines tieferen gefühlsmäßigen Absorbiertseins mit sich selbst. Auch auf andere Weise zeigen sie ihre infantilen Neigungen. Bei der Suche nach Heroin beweisen sie gewaltige erwachsene Geschicklichkeit und Wagemut, sind sie aber einmal im Besitz ihres Stoffes, verschwinden diese Eigenschaften. Sie sind bekanntermaßen ungeschickt darin, ihre Festnahme zu verhindern – benutzen Verstecke von kindlicher Offensichtlichkeit, nehmen unnötige Risiken auf sich und machen unweigerlich irgendjemand oder irgendetwas anderes für ihr Ergreifen verantwortlich.

Man sagt, das vorherrschende Gefühls-Merkmal des Süchtigen sei sein gewaltiger Zwang, die Verantwortung für das eigene Leben abzuwerfen. Ein Psychiater berichtete, eine seiner Drogenpatientinnen sei, als sie einen anderen Patienten an einer künstlichen Lunge hängen sah, wütend geworden und habe die Lunge für sich gefordert.[7]

Es scheint, daß das durch Heroin hervorgerufene Gefühl auf eine sehr wesentliche Art dem Gefühl ähnelt, das ein Säugling hat, wenn er getragen wird. Die lange richtungslose Suche nach einem verschwommenen Etwas ist zu Ende, wenn ein Heroinkonsument das verlorene Gefühl erfährt. Weiß er einmal, wie er es erreichen kann, kann er nicht auf die von uns Übrigen praktizierte Weise weiter danach suchen. Das ist es vielleicht, was die Süchtige meinte, als sie sagte „... als ich jenen ersten Schuß nahm, das machte all das kaputt – denn da wußte ich." Das „all das", von dem sie spricht, ist das Motiv dafür, auf dem langen, dem blinden, tastenden, sehr indirekten Weg, der in Wahrheit nie dorthin führt, Zugang zu jenem Gefühl zu finden – auf dem Weg, auf dem wir mit Suchen unser Leben verbringen. Dem „ordentlichen" Menschen bleibt das unmittelbare Bewußtsein des Ziels erspart und er läuft ziemlich ruhig in dem Irrgarten der Illusionen herum, die ihn in die richtige Richtung zu führen scheinen; dabei findet er seine kleinen verhältnismäßigen Befriedigungen am Wege. Der Süchtige jedoch weiß, wo es das alles gibt, wo man es an dem einen Ort bekommen kann, so wie der Säugling alles, was er braucht, in den Armen seiner Mutter bekommt. Und: er kann nicht der Versuchung widerstehen – schuldbewußt, gehetzt, abgerissen und krank wie er ist –, zu dem zurückzukehren, was in der Tat sein angeborenes Recht an Erfahrung darstellt. Der drohende Schrecken, der das Leben des Süchtigen umgibt, oder selbst der Tod, sind keine Abschreckung angesichts dieses elementaren Bedürfnisses. Die auf die Droge fixierte Persönlichkeit des Süchtigen wirft jeden

[7] Teil I einer zweiteiligen Serie von James Mill in „Life" vom 26. Februar 1965

Anschein von Reife, den zu erreichen ihr gelungen war, von sich und zieht sich auf die frühkindliche Ebene zurück, auf der das Kontinuum unterbrochen worden war.

Sofern sie überleben, hören die meisten Süchtigen tatsächlich nach einer Reihe von Jahren auf, die Droge zu nehmen, was durchaus darauf zurückzuführen sein mag, daß sie ausreichend viele Stunden unter ihrem Einfluß verbracht haben, um das von der Säuglingszeit übriggebliebene Erfordernis nach Getragenwerden erfüllt zu haben – jetzt sind sie endlich bereit, sich gefühlsmäßig in die nächste Motivfolge zu begeben, so wie ein Yequana-Baby dazu bereit ist, noch ehe es ein Jahr alt wird. Es ist schwierig, das spontane Aufhören der Sucht nach Jahren der Abhängigkeit auf irgendeine andere Weise zu erklären; aber Tatsache ist, daß es nahezu keine älteren Süchtigen gibt, und dies *nicht* deshalb, weil sie alle gestorben wären.

Es ist müßig, darüber zu rätseln, welcher Anteil der sechs bis acht Monate der versäumten Lebensphase auf den Armen der Mutter nachgeholt werden müßte, damit ein Patient freigesetzt würde, sich in die nächste gefühlsmäßige Phase zu begeben. Bei wissenschaftlicher Erforschung der Zusammenhänge würde sich bald herausstellen, ob eine Therapie der Art, wie ich sie später noch zur Diskussion stellen möchte, mit Erfolg an die Stelle des Drogenkonsums treten könnte. Sollte sich dies als zutreffend erweisen, dann erschiene der Süchtige nur deshalb so krank, weil die Krankheit, an der wir alle teilhaben, bei ihm auf grausame Weise zur Oberfläche gelangt ist: Bei ihm wurde der Mangelzustand mit Erfüllung konfrontiert, wenn auch durch einen lebensgefährlichen Ersatz für seine ursprüngliche Erfüllung. Daher ist er vielleicht dringender behandlungsbedürftig, aber es könnte sich eines Tages herausstellen, daß dies der einzige Unterschied zwischen ihnen und den meisten von uns ist.

Im Fernsehen sah ich ein Sonntagabendprogramm, in dem eine hitzige Debatte über Moral stattfand. Es gab dort Geistliche und humanistische Atheisten sowie einen jungen Mann der langhaarigen Sorte, die als erste Maßnahme zur Verbesserung der Gesellschaft Cannabis legalisieren möchte. Es gab eine

Nonne und ein paar Schriftsteller, die ebenfalls Meinungen darüber hatten, wie Menschen sich verhalten sollten. Mir fiel auf, daß sie, trotz ihrer Uneinigkeit und der Emotionen, die sie zur Verteidigung ihrer Positionen einsetzten, wesentlich mehr Gemeinsamkeit als Unterschiede aufwiesen. Sie waren alle Verfechter der einen oder anderen nachdrücklichen Position. Auf ihre Art waren sie alle Idealisten. Einige wollten mehr Einschränkungen, mehr Disziplin, andere wollten mehr Freiheit, alle wollten die menschlichen Zustände verbessern. Sie alle waren Suchende, alle „Wenn-nur-erst"-Verfechter; ihre Vorstellungen darüber jedoch, was auf das Wenn-nur-erst folgen sollte, unterschieden sich stark voneinander.

Es hatte den Anschein, als sei das, was wir Moralgefühl nennen, das Kontinuum-Gefühl in einer Vielzahl von Verkleidungen. Es gab die Sehnsucht nach Ordnung, einer Ordnung, die die Bedürfnisse des menschlichen Tieres befriedigen würde, die passen würde, ohne allzusehr zu belasten, und die einen Grad an Wahlmöglichkeiten ließe, der im Interesse des Sich-Wohlfühlens läge. Es waren die Menschen der „veränderten", der „progressiven" Gesellschaft beim Versuch, sich ihren Weg zu jener Art stabiler Befriedigung hindurchzudenken, zu der Kontinuum-„richtige" Menschen durch lange gesellschaftliche Evolution gelangen.

Es scheint jedoch, daß das so allgemein in uns vorhandene Gefühl des Falschseins von zwei getrennten Quellen gespeist wird. Die eine ist die Ahnung des Individuums über das Kontinuum in ihm, die als Maß dafür fungiert, was dessen Erwartungen entspricht; die andere ist eine noch urwüchsigere.

Allen Mythologien ist die eine Prämisse gemeinsam, daß wir einst eine glückliche Geisteshaltung kannten und irgendwann einmal wieder erringen können.

Die Tatsache, daß wir so ausnahmslos der Überzeugung sind, der Zustand der Glückseligkeit sei uns verlorengegangen, läßt sich nicht einzig mit dem frühkindlichen Verlust unseres Platzes innerhalb eines Kontinuums von angemessener Behandlung und Umgebung erklären. Selbst Menschen wie die entspannten und fröhlichen Yequana, die ihrer erwarteten Erfahrungen nicht beraubt wurden, besitzen eine Mythologie, die einen Verlust der Gnade und die Vorstellung, sie lebten außerhalb jenes verlorenen Zustandes, einschließt. Sie bietet auch die Hoffnung eines Weges zurück zur Glückseligkeit mittels Ritualen, Brauchtums und eines Lebens nach dem Tode. Es ist hier nicht der Ort, die besonderen Einzelheiten dieser Mythologie zu beschreiben. Das Wichtige ist die Grundstruktur, von der die vergleichende Anthropologie herausgefunden hat, daß sie den religiösen Mythen universell zu eigen ist. Es scheint, als genüge es, Mensch zu sein, um einer Reihe von Erklärungen und Versprechungen einer bestimmten Art zur Erfüllung angeborener Sehnsüchte zu bedürfen.

Es scheint fast, als hätten wir in dieser gewaltig langen Zeitspanne, die Hunderte von Jahrmillionen umfaßt, ehe unsere Vorfahren einen Intellekt entwickelten, der über solch schwierige Dinge wie Sterblichkeit und Sinn nachdenken konnte, tatsächlich auf die einzig glückselige Weise gelebt: vollkommen in der Gegenwart. Wie jedes andere Tier erfreuten wir uns des großen Segens, unfähig zu sein, uns Sorgen zu machen. Es gab selbst im Stadium der wilden Tiere Unbequemlichkeiten, Hungersnöte, Verletzungen, Ängste und Mangel zu ertragen, jedoch wäre der Sündenfall, ausnahmslos bezeichnet als eine verkehrt getroffene Wahl, unmöglich für Geschöpfe ohne ausreichenden Verstand, überhaupt eine Wahl zu treffen. Erst mit der Ausbildung der Fähigkeit des Wählens wird der Sündenfall möglich. Und erst mit dem Wählen schwindet das vollkommene Glück der Unschuld (die Unfähigkeit, verkehrt zu wählen). Nicht die Tatsache, daß man eine verkehrte Wahl getroffen hat, sondern die Fähigkeit des Wählens überhaupt, beseitigt die Unschuld. Es läßt sich unschwer vorstellen, daß sich jene Jahrmillionen der Unschuld tief genug in unsere ältesten Erwartungen eingekerbt haben, um ein Gefühl zu hinterlassen, der mit der Unschuld einhergehende Glückszustand sei irgendwie erreichbar. Wir erfreuten uns seiner im Mutterleib und verloren ihn, als wir in der Säuglingszeit zu denken begannen.

Er scheint so nahe und doch so fern; man kann sich beinahe an ihn erinnern. Und in Augenblicken der Erleuchtung oder der sexuellen Ekstase scheint er vielleicht sogar in Reichweite, greifbar, wirklich ... bis das Bewußtsein von Vergangenheit und Zukunft, Erinnerungen und Spekulationen wiederauftauchen und das reine Gespür für die Gegenwart, das einfache, vollkommene Seinsgefühl verderben.

Auf der jahrhundertealten Suche nach diesem Gefühl unvermischten Daseins, diesem Gefühl des „Soseins" der Dinge, aller Dinge, uneingeschränkt durch Wahlmöglichkeiten oder Bedingtheiten, haben die Menschen Disziplinen und Rituale gefunden, mittels deren sich die Tendenz zum Denken umkehren läßt. Es sind Wege entdeckt worden, die galoppierenden Gedanken des Menschen zum Stillstand zu bringen, ihm Frieden zu geben, ihn nicht denken, sondern einfach sein zu lassen. Auf verschiedenen Wegen hat man das Bewußtsein darin geübt, unablässig auf die Leere oder auf irgendeinen Gegenstand oder ein Wort, einen Gesang oder eine Übung gerichtet zu sein. Unbehagen und Schmerz sind eingesetzt worden, um das Bewußtsein von seinem rastlosen Schweifen abzubringen, es hinunter in die Gegenwart zu versetzen, es der Verantwortung des Nachdenkens zu entheben.

Das Wort, das diesem Vorgang des Nicht-Denkens gewöhnlich zugeordnet wird, ist Meditation. Sie steht im Mittelpunkt vieler Schulen von Übungen, welche das Niveau heiterer Gelassenheit zu heben suchen. Eine gemeinhin angewandte Technik ist die Wiederholung eines Mantras, eines Wortes oder Satzes zur Auslöschung von Gedankenassoziationen, denen das Bewußtsein gern nachhängt. Indem der Lauf der Gedanken verlangsamt und angehalten wird, verändert sich der physiologische Zustand des Betreffenden so, daß er schließlich in gewisser Weise dem eines Säuglings ähnelt. Das Atmen wird flacher, und kürzlich wurde experimentell nachgewiesen, daß Hirnzellen erzeugt werden, die von anderer Art sind als jene eines Erwachsenen sowohl im Wachzustand als auch im Schlaf.

Bei regelmäßig Meditierenden gibt es einen offensichtlichen

Anstieg von Glücksgefühl, manchmal Spiritualität genannt, der auf ihre übrige Zeit einen stabilisierenden Einfluß ausübt – auf die Zeit, in der sie Gedanken ungehindert aufkommen lassen. Es ist, als füllten sie – wenn es sich um zivilisierte, der Erfahrung des Getragenwerdens beraubte Menschen handelt – jene Lücke in der Säuglingserfahrung, die sie mit größerem Glücksgefühl ausgestattet hätte, dadurch, daß sie sich in einen Zustand versetzen, der dem von ihnen entbehrten ähnelt; und der womöglich auch durch den Gebrauch von Opiaten erreicht wird. Die am stärksten geschädigten Menschen, jene unserer westlichen Kulturen, müßten beim Meditieren viel Zeit darauf verwenden, die Zentriertheit eines Einjährigen mit vollkommenem Kontinuum zu erreichen. Es würde sie weit mehr Zeit kosten, das versäumte Quantum von Glücksgefühl aufzuholen, als Menschen anderer Kulturen, deren Frühkindheit eine verhältnismäßig längere Zeit von Erfahrung des Getragenwerdens einschloß.

Menschen des Ostens, die im allgemeinen weniger geschädigt sind als der westliche Durchschnittsmensch, verfügen über einen verhältnismäßig größeren Anteil an Glücksgefühl; wenn sie sich also einer ihrer Schulen spiritueller Disziplin zuwenden – Zen, Yoga, Transzendentaler Meditation oder was immer –, brauchen sie viel weniger weit zu gehen, ehe sie anfangen können, den Verlust an Glücksgefühl aufzuholen, der durch den Abfall der menschlichen Gattung von der Unschuld der Tiere verursacht wurde. Das dringendere frühkindliche Bedürfnis kommt zuerst, aber wenn sie Zeit und Ausdauer darauf verwenden, steigen sie tatsächlich von einer Stufe des inneren Friedens zur nächsten, bis sie einen einfachen unerschütterlichen Zustand erreichen, welcher sie gegen die Kümmernisse und Sorgen feit, die uns übrige weiterhin beunruhigen. Weise, Erleuchtete oder Gurus sind Männer oder Frauen, die von der Tyrannei ihrer Gedankenvorgänge befreit sind; sie messen den Dingen und Ereignissen um sich herum nicht die relative Wichtigkeit zu, wie wir es tun.

Als ich die Sanema-Indianer kennenlernte, war ein großer

Prozentsatz von ihnen – mehr als bei den benachbarten Yequana – damit befaßt, dieses besondere Glücksgefühl, die Spiritualität, aktiv zu kultivieren. Ihre Methode schließt den gelegentlichen Gebrauch halluzinogener Drogen ein, besteht jedoch hauptsächlich aus religiösem Singen, dem „Chanten". Das Chanten, das mit der Wiederholung eines einzelnen kurzen musikalischen Satzes von drei oder vier Silben begonnen wird, wird wie das Mantra ohne Anstrengung fortgesetzt, bis es sich mit geänderten oder hinzugefügten Noten bzw. Silben auszuweiten beginnt, ohne bewußte Anstrengung seitens des Singenden. Erfahrene Chanter finden, wie erfahrene Meditierende, jedesmal schnell den Weg zur Mühelosigkeit, das Umschalten vom Denken zum Nichtdenken wird mit Leichtigkeit vollzogen; doch der Anfänger muß sich vor Anstrengung, vor der Tätigkeit des Intellekts, hüten, indem er jedesmal zum ursprünglichen Tonsatz zurückkehrt, wenn das Bewußtsein irgendeinen Gedanken einwirft, der die völlig ungesteuerten Wechsel im Singsang unterbricht.

Da die Sanema, ebenso wie die Yequana, ihrer erwarteten Erfahrungen in der Frühkindheit nicht beraubt worden sind, haben sie uns auf dem Weg zum Glücksgefühl einen Riesenvorsprung voraus. Mit seiner erfüllten Persönlichkeit, die fest im Gefühl der eigenen Richtigkeit gründet, vermag der Sanema, der oft und auf lange Zeit die gedankenleere Glückseligkeit des Kleinkindes in sich wieder hervorbringt, sich von den am Rande auftauchenden Belastungen durch den Intellekt mit weit größerer Geschwindigkeit und Wirksamkeit zu befreien.

Der Prozentsatz der Sanema, die einen wahrhaft beeindrukkenden Zustand von Freude und Harmonie mit ihrer Umgebung erlangt haben, ist bemerkenswert hoch, und weder im Westen noch im Osten ließe sich irgendwo ein ähnlich hoher finden. In jeder Sippe gibt es mehrere, die so unbeschwert und glücklich leben wie die fortgeschrittensten Gurus. Ich kenne Familien, in denen sich beinahe jedes erwachsene Mitglied dieser in der Zivilisation so sehr seltenen Eigenschaften erfreut.

In nur kurzer Zeit wurde es mir möglich, mit ziemlicher

Genauigkeit anhand ihres besonderen Gesichtsausdrucks zu erraten, welche in einer Gruppe von Sanema die Schamanen waren, denn es sind diese höchst ausgeglichenen Menschen, die sich gewöhnlich dem Schamanentum zuwenden.

Die Beziehung zwischen dem glücklichen Zustand dessen, der das Chanten kultiviert, und den Kräften, über die er als Schamane verfügen mag, ist komplex und mysteriös, und das wenige, das ich darüber weiß, ist hier nicht von Bedeutung. Wichtig ist, welchen Grad von Wohlbefinden er erreicht und warum.

Das Ritual ist eine weitere Art der Entlastung von der Bürde des Wählens. Man spricht und handelt, indem man das Bewußtsein und den Körper nach vorbestimmtem Muster gebraucht. Das Nervensystem ist mit Handeln und Erfahren beschäftigt, doch wird kein Gedanke verlangt, keine Wahl. Man befindet sich in der Lage eines Säuglings oder einer anderen Tiergattung. Während des Rituals, besonders wenn man eine aktive Rolle dabei spielt, indem man tanzt oder singt, dient der Organismus einer Fahne, die weit älter ist als die des Intellekts. Der Intellekt ruht; er hält inne mit seinem ständigen Galoppieren von Gedankenverbindung zu Gedankenverbindung, von Vermutung zu Vermutung, von Entscheidung zu Entscheidung. Die Ruhepause erfrischt nicht nur den Intellekt, sondern das gesamte Nervensystem. Es fügt als Gegengewicht gegen das vom Denken bewirkte Un-Glücksgefühl ein Quantum Glücksgefühl hinzu.

Zum gleichen Zweck setzt man seit langem und an vielen Orten Wiederholungen ein. Ob durch den regelmäßigen Rhythmus einer Trommel, das monotone Absingen eines Ritus, eine kopfschüttelnde, fußstampfende, das Bewußtsein ausschaltende Session in einer Diskothek oder fünfzig Ave Marias, die Wirkung ist „reinigend". Seelenfrieden wird hervorgebracht, die Angst wird zurückgeworfen. Das sehnende Kleinkind in einem erfährt vorübergehend Erleichterung, die mangelnde Erfahrung wird weiter aufgefüllt und jene, die nur ihre atavistische Sehnsucht nach Unschuld zu beschwichtigen haben, erhalten genau das. Bei allen, die eine Zeitlang die Zügel des Intellekts dem nicht-denkenden Sein übergeben, wird damit der Sache höheren Wohlbefindens gedient.

6. Die Gesellschaft

Obwohl wir die Kindheit und Erwachsenenzeit hindurch zunehmend anpassungsfähig werden an eine riesige Vielfalt von Umständen, gibt es immer Grenzen, innerhalb derer wir optimal funktionieren. Während es beim Säugling weitgehend dem Verhalten der Bezugsperson obliegt, seine Bedürfnisse zu erfüllen, benötigt das heranwachsende Individuum in zunehmendem Maße Unterstützung durch seine Gesellschaft und deren Kultur, um seine angeborenen Erwartungen zu erfüllen. Der Mensch vermag unter dem Kontinuum erschreckend feindlichen Bedingungen zwar zu *überleben,* kann jedoch sein Wohlbefinden, seine Freude, seine Erfüllung als ganzer Mensch dabei einbüßen.

Von manchem Blickwinkel aus wäre es dann für ihn besser, er wäre tot; denn in ihrer steten Neigung zum Ausbessern von Schäden und zur Vervollständigung der Entwicklungsstufen bedient sich die Lebenskraft unter anderem der Angst, des Schmerzes und einer Reihe anderer Mittel als Werkzeug, um zu signalisieren, daß etwas nicht stimmt. Sich unglücklich fühlen in all seinen Erscheinungsformen ist das Ergebnis. In der Zivilisation ist beständiges Elend ein häufiges Resultat der Arbeit dieses Systems. Allzu häufig üben zur gleichen Zeit seit langem unerfüllte Bedürfnisse von innen her Druck aus und von außen gewisse Umstände, denen gegenüber wir unzureichende Vorbereitung oder Reife besitzen. Wir führen ein Leben, für das unsere Evolution uns nicht ausgestattet hat und werden auch bei unseren Versuchen, es zu meistern, durch die von erlittener Versagung bewirkte Verkrüppelung unserer Anlagen behindert.

Unser Lebensstandard erhöht sich, ohne das Niveau unseres Wohlgefühls, die Lebensqualität, zu erhöhen – ausgenommen die seltenen Fälle, gewöhnlich am unteren Ende der sozioökonomischen Leiter, wo so etwas wie Hunger oder Kälte als Faktor beim Verlust von Wohlgefühl noch immer Wirklichkeit ist. Häufiger jedoch treten die Gründe des Unglücklichseins weniger klar hervor.

Möglicherweise ist die verbreiteste Ursache für den Verlust eines bestehenden Niveaus von Wohlgefühl und die Entstehung ausgesprochen unerfreulicher Gefühle Besorgnis hinsichtlich der Fähigkeit des Selbst, mit anderen umzugehen. Aufbauend auf dem beständigen Gefühl, daß ihm etwas fehle, was ihm Richtigkeit verliehen hätte, ist das Selbst in seinen Grundfesten geschwächt und fällt leichter der Angst vor alltäglichen Niederlagen anheim. Unsere Erwartungen schließen jedoch auch eine geeignete Kultur ein, in der wir unsere Kräfte einsetzen können. Wo immer die Umstände eines Menschen nicht innerhalb der Toleranzgrenze jener Erwartungen bleiben, ist ein Verlust von Wohlgefühl die Folge.

Traurigerweise ist es unpraktisch, unrealistisch, utopisch, eine Kultur zu beschreiben, zu der die unsrige verändert werden könnte, um unsere Kontinuum-Ansprüche zu erfüllen. Selbst wenn die Veränderung vollzogen würde, wäre sie ziemlich nutzlos; denn sie stellte lediglich eine unbefriedigende, zu sofortiger Verzerrung und schließlichem Fehlschlag verdammte Übung dar, wenn wir selbst nicht zuvor zu der Art von Menschen würden, die ihr Funktionieren garantieren könnte.

Dennoch kann es sinnvoll sein, einigen der Eigenschaften nachzuspüren, die eine Kultur in der einen oder anderen Form aufweisen müßte, um den Ansprüchen der Kontinua ihrer Mitglieder gerecht zu werden. Zunächst einmal würde sie eine Sprache benötigen, innerhalb welcher das menschliche Potential für Verbalisierung wachsen kann. Ein Kind sollte Erwachsene miteinander sprechen hören können, und es sollte Gleichaltrige haben, mit denen es sich auf der eigenen Interessens- und Entwicklungsebene verständigen kann. Es ist fernerhin wichtig, daß es stets Gefährten um sich hat, die etwas älter sind als es selbst, damit es ein Gefühl dafür bekommt, wohin es geht, noch ehe es dort ist. Dies wird ihm den Inhalt seiner sich entwickelnden Interessen vertraut machen, so daß es ihn ohne Schwierigkeiten aufnehmen kann, wenn es bereit ist.

In gleicher Weise erfordern die Tätigkeiten eines Kindes sowohl Gemeinschaft als auch Beispiel. Eine Gesellschaft, die dies nicht zur Verfügung stellt, wird Einbußen erleiden sowohl hinsichtlich der Tüchtigkeit als auch des Wohlgefühls ihrer Mitglieder.

Ein sicheres Anzeichen eines ernsten Mangels in einer Gesellschaft ist eine Kluft zwischen den Generationen. Wenn eine jüngere Generation nicht ihren Stolz daransetzt, wie die ältere zu werden, hat die Gesellschaft ihr eigenes Kontinuum, ihre eigene Stabilität, eingebüßt und besitzt dann wahrscheinlich keine Kultur, die den Namen verdiente, denn sie befindet sich dann in einem beständigen Zustand der Veränderung von dem einen unbefriedigenden Wertesystem zum nächsten. Haben die jüngeren Mitglieder der Gesellschaft das Gefühl, die älteren seien lächerlich oder im Unrecht oder langweilig, so fehlt ihnen ein natürlicher Weg, dem sie folgen könnten. Sie fühlen sich dann verloren, erniedrigt und betrogen und sind voller Wut. Auch die Älteren fühlen sich betrogen, empfinden Groll angesichts des Kontinuitätsverlustes innerhalb der Kultur und leiden genau wie die Jungen unter einem Gefühl der Sinnlosigkeit.

Das bestätigte Versprechen eines „besseren Morgen“ (ohne welches unser Leben so unerträglich erschiene, daß wir es uns kaum vorstellen können) ist uninteressant für die Mitglieder einer evolvierten, stabilen, stolzen und glücklichen Gesellschaft. Ihr Widerstand gegen Veränderung bewahrt ihre Bräuche und wirkt dahin, Erneuerung auszuschließen. Demgegenüber überwältigt unsere eigene Unfähigkeit, Befriedigung zu erlangen, die auf massenweiser Entbehrung und Entfremdung gründet, die kulturelle Äußerung unserer natürlichen Tendenz zum Widerstand gegen Veränderung und verlangt nachdrücklich, daß wir „etwas Besserem“ entgegensehen können, ganz gleichgültig, über welche „Errungenschaften" irgendeiner von uns zur Zeit verfügen mag.

Was wir brauchen, ist eine umwandelbare Lebensweise, welche kein höheres Maß an Arbeit und Kooperation seitens ihrer Mitglieder erfordert, als deren Wesen entspricht. Die Arbeit sollte so beschaffen sein, daß sie von einem Menschen, dessen frühe Bedürfnisse erfüllt worden sind, mit Freuden verrichtet werden kann, so daß er den ungebrochenen Wunsch hegt, sich sozial zu verhalten und seine Fähigkeiten auszuüben.

Familien sollten in engem Kontakt mit anderen Familien stehen, und ein jeder sollte während seines Arbeitslebens Gelegenheit zu Gesellschaft und Zusammenarbeit haben. Eine Frau, die jeden Tag mit ihren Kindern alleingelassen wird, ist sozialer Anstöße beraubt und benötigt gefühlsmäßige und intellektuelle Unterstützung, welche die Kinder ihr nicht geben können. Das Ergebnis ist schlecht für Mutter, Kind, Familie und Gesellschaft.

In unserer eigenen Gesellschaft könnten Hausfrauen es einrichten, die Hausarbeit gemeinsam mit benachbarten Freundinnen zu erledigen, vielleicht, indem sie erst im einen, dann im anderen Haus zusammenarbeiten, anstatt dem Haus die Rolle der langleidenden Ehefrau vorzuspielen. Das, was heute unter dem Namen ‚Spielgruppe' läuft, liefert alle Zutaten einer erfolgreichen Arbeitsgruppe, in der die Mütter, und desgleichen andere Menschen, sich mit nützlicher und interessanter Arbeit beschäftigen könnten, während die Kinder ihre eigenen Spiele erfinden oder auch mitarbeiten, ohne mehr Aufmerksamkeit seitens der Erwachsenen, als absolut notwendig ist, um ihnen die Beteiligung zu ermöglichen. Der Platz der Kinder am Rande statt im Mittelpunkt des Erwachseneninteresses gestattet es den Heranwachsenden, ohne Druck eigene Interessen und Gangart herauszufinden – dabei stets vorausgesetzt, daß eine ausreichende Vielfalt von Materialien und Spielraum für das Erproben und Erforschen ihres Potentials verfügbar ist. Die Haupttätigkeit, ganz gleich ob Weben, Herstellen eines Gegenstandes, Malen, Bildhauern, Reparieren oder was auch sonst, sollte jedoch in erster Linie von den Erwachsenen und für sie ausgeführt werden, und den Kindern sollte es gestattet sein mitzumachen, ohne übermäßig zu stören. Auf diese Weise wird sich jeder auf natürliche, ungezwungene Art verhalten, ohne daß die Eltern Druck verspürten, ihr Bewußtsein auf ein kindliches Niveau zu beschränken, oder die Kinder, sich anzupassen an das, was nach Meinung der Erwachsenen für sie am besten ist, wodurch ihre eigene Initiative daran gehindert würde, sie konfliktlos und auf natürliche Weise zu motivieren.

Kinder sollten in der Lage sein, Erwachsene zu begleiten, wohin immer diese gehen. In Kulturen wie der unseren, wo dies weitgehend unmöglich ist, könnten Schulen und Lehrer vielleicht lernen, die Neigung von Kindern besser auszunutzen, lieber aus eigener Initiative Fertigkeiten nachzuahmen und auszuüben als sie „beigebracht" zu bekommen.

In einer Kontinuum-gerechten Gesellschaft würden die Generationen zum Vorteil aller unter demselben Dach wohnen. Großeltern würden so viel helfen wie sie könnten, und Menschen auf der Höhe ihrer Arbeitskraft würden den Älteren Unterstützung ebensowenig mißgönnen wie ihren Kindern. Wiederum hängt jedoch das wirklich bereichernde Zusammenleben der Generationen davon ab, daß sie erfüllte Persönlichkeiten besitzen und nicht gegenseitig an ihren Gefühlen zerren, um übriggebliebene kindliche Bedürfnisse nach Aufmerksamkeit und Fürsorge zu befriedigen, so wie es die meisten von uns tun würden.

Leitfiguren würden aus der Mitte der Mitglieder einer Gesellschaft auf natürliche Weise hervorgehen, sehr ähnlich wie es bei Kindern der Fall ist, und sie würden sich darauf beschränken, nur dann die Initiative zu ergreifen, wenn Initiativen seitens Einzelner unpraktisch wären. Die Entscheidung darüber, wem sie folgen werden, sollte den Gefolgsleuten selbst obliegen, und ihnen sollte es überlassen sein, je nach ihrem Bedarf den Anführer auszutauschen. In einer Kontinuum-Kultur wie der der Yequana ist das Wirken von Führungspersonen minimal, und jedem Einzelnen bleibt die Möglichkeit, sich nicht nach der Entscheidung des jeweiligen Führers zu richten, wenn ihm das lieber ist. Es wird jedoch noch viel Zeit verstreichen, ehe *wir* es vermögen, erfolgreich so dicht an der Anarchie zu leben. Nichtsdestoweniger ist es nützlich, dies als Richtung im Gedächtnis zu behalten, in der wir uns bewegen müssen, wenn unsere Kultur und der Bevölkerungsdruck es erlauben.

Die Zahl der miteinander lebenden und arbeitenden Menschen würde schwanken; sie könnte ein paar Familien bis zu mehreren hundert Menschen umfassen, so daß der Einzelne interessiert daran wäre, zu allen, mit denen er zu tun hat, gute Beziehungen zu unterhalten. Das Wissen, daß man mit denselben Menschen weiterhin zusammenkommen wird, ist eine starke Triebkraft, diese gerecht und respektvoll zu behandeln, sogar in unserer eigenen Welt überall dort, wo eine feste Gruppe von Nachbarn sich zu einer Gemeinschaft zusammengewürfelt sieht – etwa in Landgemeinden oder kleinen Dörfern. Das menschliche Tier kann nicht wirklich mit Tausenden oder Millionen von anderen zusammenleben. Es vermag Beziehungen nur zu einer begrenzten Anzahl zu unterhalten, und in großen Städten läßt sich beobachten, daß innerhalb der wogenden Massen jeder Mensch über einen mehr oder minder stammesgroßen Kreis von Arbeitskollegen und näheren Bekannten verfügt. Die anderen um ihn herum jedoch geben ihm das Gefühl, es bestünden unendlich viele Möglichkeiten für neue Beziehungen, falls man die alten scheitern läßt.

Die Yequana lehrten mich weit kultiviertere Arten des Umgangs mit Menschen als die mir von der Zivilisation her vertrauten. Als besonders angenehm fiel mir ihre Art, Besucher zu begrüßen, auf.

Ich beobachtete sie zum ersten Mal, als ich zusammen mit zwei Yequana-Reisenden aus einem entfernten Dorf in einem Yequanadorf ankam. Damals erwartete man noch nicht von mir, daß ich wüßte, wie ich mich benehmen müsse; daher näherte sich ein alter Mann, der in seiner Jugend unter Venezolanern gelebt hatte und etwas Spanisch konnte, begrüßte mich mit dem traditionellen venezolanischen Schulterklopfen und zeigte mir nach einem kurzen Gespräch, wo ich meine Hängematte aufhängen könne.

Meine beiden Gefährten jedoch erfuhren eine völlig andere Behandlung. Sie setzten sich nicht weit entfernt unter das große runde Dach, ohne daß sie oder sonst jemand ein Wort sprachen, und sie sahen einander weder an, noch redeten sie miteinander. Die Bewohner kamen und gingen in unterschiedlicher Entfernung im Verlauf ihrer normalen Verrichtungen; keiner aber warf auch nur einen flüchtigen Blick auf die Besucher. Etwa anderthalb Stunden lang saßen die beiden Männer reglos und schweigend da; dann kam eine Frau still heran, stellte vor sie auf den Boden etwas Essen und ging wieder. Die Männer langten nicht sofort zu, aber nach einer kleinen Weile aßen sie schweigend etwas davon. Danach wurden die Schüsseln still weggenommen, und es verstrich mehr Zeit.

Schließlich näherte sich ein Mann auf gemächliche Art und lehnte sich gegen einen der Dachpfosten hinter den Besuchern. Nach mehreren Augenblicken sprach er sehr leise einige Silben. Zwei gute Minuten verstrichen, ehe der ältere der Besucher antwortete, ebenso kurz. Wiederum schloß sich die Stille über ihnen. Als sie wieder sprachen, war es, als werde jede Äußerung wieder in die herrschende Stille zurückverwiesen, aus der sie gekommen war. Der persönliche Frieden und die Würde eines jeden blieb unangetastet. Während der Austausch lebendiger wurde, näherten sich andere, standen eine Weile da und schlossen sich dann der Unterhaltung an. Sie alle schienen ein Gespür für den ausgeglichenen Gemütszustand eines jeden zu haben, der bewahrt werden mußte. Niemand unterbrach irgendjemand anderen; keine ihrer Stimmen enthielt irgendeinen emotionalen Druck. Jedermann blieb ausgewogen in seinem eigenen Mittelpunkt.

Es dauerte nicht lange, bis im Gespräch Lachen aufkeimte und die vielleicht ein Dutzend Männer zwischen den Reden in ansteigende und fallende Wellen der Einstimmigkeit versetzte.

Bei Sonnenuntergang servierten die Frauen den versammelten Männern, inzwischen jedermann aus dem Dorf, eine Mahlzeit. Neuigkeiten wurden ausgetauscht, und es wurde viel gelacht. Sowohl die Bewohner als auch die Besucher gingen in der Atmosphäre vollkommen auf, ohne Rückfall in falsche Freundlichkeit oder Nervosität. Die Stilleperioden waren kein Zeichen für den Zusammenbruch der Kommunikation gewesen, sondern für jeden eine Zeit, in der er mit sich im Frieden war und sicher sein konnte, daß es die anderen auch waren.

Wenn die Männer des Dorfes auf lange Reisen gingen, um mit anderen Indianern zu handeln, wurden sie bei ihrer Rückkehr von ihren Familien und Sippenmitgliedern mit demselben Ritual empfangen: lange genug in Schweigen sitzengelassen, dann beiläufig angeredet, ohne Druck oder Gefühlskundgebungen.

Man neigt dazu, fremden bzw. exotischen Menschen ziemlich einheitliche Persönlichkeiten zuzuschreiben und primitiven womöglich noch mehr. Aber natürlich ist das nicht so. Die Anpassung an die örtlichen Sitten verleiht dem Verhalten der Mitglieder der Gesellschaft zwar eine gewisse Ähnlichkeit, doch sind Unterschiede zwischen Einzelnen in den Kontinuum-gerechteren Gesellschaften freiere Äußerungen angeborener Wesensmerkmale, da die Gesellschaft diese nicht zu fürchten braucht, noch versuchen muß, sie zu unterdrücken.

Demgegenüber sind in zivilisierten Gesellschaften die Unterschiede zwischen den Menschen, in verschiedenem Grade je nach ihrem Abweichen von den Maßstäben des Kontinuums, weitgehend Ausdruck der Art, auf welche diese sich den Verzerrungen ihrer Persönlichkeiten angepaßt haben, die durch die Beschaffenheit und Vielzahl der von ihnen erfahrenen Entbehrungen verursacht worden sind. Sie sind daher oft gegen die Gesellschaft gerichtet, und diese fürchtet sie dann und mit ihnen alle anderen Zeichen von Nonkonformismus bei ihren Mitgliedern. Je mehr eine Kultur vom Kontinuum abweicht, desto mehr Druck wird im allgemeinen vermutlich auf den Einzelnen ausgeübt, damit er in seinem öffentlichen und privaten Verhalten eine Fassade der Konformität mit der Norm aufrechterhält.

Einmal sah ich voller Erstaunen einen Yequana den spontanen Entschluß durchführen, auf den Gipfel des Hügels zu klettern, der das Dorf überragte, um dort eine Trommel zu schlagen und aus voller Kehle etwa eine gute halbe Stunde lang zu schreien, bis sein Impuls befriedigt war. Er hatte aus Gründen, die nur ihm bekannt waren, einfach Lust dazu und tat es ohne ersichtliche Sorge, was die Nachbarn denken würden, obwohl es sich nicht um etwas handelte, was „man tut". Meine eigene Überraschung rührte daher, daß ich das ungeschriebene Gesetz meiner Gesellschaft nie in Frage gestellt hatte, demzufolge geistig gesunde Mitglieder der Gemeinschaft ihre sonderbaren oder „irrationalen" Impulse unterdrücken sollen, um zu vermeiden, daß man ihnen mit Angst oder Mißtrauen begegnet.

Als Begleiterscheinung dieses Gesetzes in unserer Kultur haben die berühmtesten, meist-akzeptierten Menschen unter uns – Filmstars, Popstars, Leute wie Winston Churchill, Albert Einstein oder Gandhi – die Freiheit, sich auf weit weniger konforme Weise zu kleiden und zu verhalten, als sie es sich erlaubt haben dürften, ehe sie bekannt genug wurden, um über jeden Verdacht erhaben zu sein. Selbst die tragischen Verirrungen einer Judy Garland waren für die Öffentlichkeit irgendwie nicht so erschreckend, wie das gleiche Verhalten bei einer Nachbarin gewesen wäre; war sie doch eine Berühmtheit, von Millionen anderer akzeptiert; also hatte man keine Angst, zu billigen, was immer sie tat. Man mußte sich nicht auf die eigene zweifelhafte Fähigkeit zu beurteilen und zu billigen verlassen.

Es läßt sich ziemlich leicht feststellen, daß die weniger Verläßlichen unter uns anderen gegenüber mißtrauischer sind. Dies kann in einer Gesellschaft, die ihren Mitgliedern Verläßlichkeit vorschreibt, als neurotisch und antisozial angesehen werden; es kann aber auch eine vollkommen soziale Haltung darstellen in einer Gesellschaft, in der es Brauch ist, daß man den anderen wo immer möglich übers Ohr zu hauen sucht – natürlich in der Annahme, daß er dasselbe tut. Man verläßt sich dann darauf, daß die Mitglieder der eigenen Kultur unzuverlässig sind und hält beständig Ausschau nach einer Gelegenheit, sie bei diesem

Spiel zu schlagen. In vielen Ländern funktioniert dies als modus vivendi, obwohl es dem arglosen Besucher aus einem Land, wo das ehrliche Miteinanderumgehen ein wichtiger Bestandteil dessen ist, was man als soziales Verhalten betrachtet, etwas schwer werden mag.

Die Einstellung der Yequana zu Geschäftsbeziehungen schien ebenso wie ihre Art, Neuankömmlinge zu empfangen, auf dem übergreifenden Bedürfnis zu basieren, keine Spannung zu schaffen. Ich erhielt die seltene Gelegenheit zu einem weiteren Einblick in das Ausmaß ihrer Höflichkeit, als ich mit Anchu, dem Dorfältesten der Yequana, ein Geschäft abzuwickeln hatte. Es geschah, nachdem er allgemein angeregt hatte, mich zu einem Verhalten wie dem ihrigen anzuleiten, anstatt mich auf die übliche Weise als Nicht-Menschen zu behandeln, dem man nicht dieselbe Achtung entgegenzubringen braucht wie einem wirklichen Menschen (einem Yequana) und von dem man auch nicht die Erwartung hegt, daß er sich wie ein solcher benehme. Die Unterweisungen, die er mir gab, bestanden in keinem Fall aus verbalen Anleitungen oder Erklärungen, sondern aus Erfahrungen, die meine angeborene Fähigkeit in mir hervorbringen oder besser entwirren sollten, das den Umständen am besten Entsprechende zu erkennen und zu wählen. Man könnte sagen: Er versuchte, mein Kontinuum-Gefühl von den zahllosen Einmischungen, mit der meine eigene Kultur es befrachtet hatte, zu befreien.

Es geschah bei der vorerwähnten Gelegenheit, bei der Anchu mich gefragt hatte, was ich im Austausch für ein Stück venezianischen Glasschmucks haben wolle. Ich sagte sofort, ich wolle Zuckerrohr, da unsere Expedition unseren Zuckervorrat beim Kentern eines Kanus in einer Stromschnelle verloren hatte; mein Verlangen nach etwas Süßem glich allmählich einer Besessenheit. Am folgenden Tag gingen wir mit seiner Ehefrau zum Zuckerrohrfeld (bei den Yequana schneiden nur die Frauen Zuckerrohr), um den Handel zu vollziehen.

Anchu und ich saßen auf einem Baumstamm neben dem Feld, während die Frau hineinging und mit vier Rohren wieder herauskam. Sie ließ sie auf die Erde fallen, und Anchu fragte mich, ob ich mehr wolle.

Natürlich wollte ich mehr; ich wollte so viel, wie ich kriegen konnte, also sagte ich ja.

Die Ehefrau ging zurück und kam mit zwei weiteren Rohren wieder. Sie legte sie zu den anderen.

„Mehr?" fragte Anchu mich.

Und wiederum sagte ich „Ja, mehr!" Aber dann dämmerte es mir. Wir feilschten nicht in der Jeder-für-sich-Art, wie ich angenommen hatte. Anchu wollte von mir, daß ich auf kameradschaftliche und vertrauende Weise beurteilte, was ein fairer Tausch sei; und er war gewillt, sich mit meiner Bewertung abzufinden. Als ich meinen Fehler erkannte, war ich verlegen und rief hinter seiner Frau her, die mit ihrer Machete zurück ins Feld gegangen war. „Toini!" – Nur eins! Also wurde das Geschäft um sieben Rohre abgeschlossen, ohne daß der Handel auf irgendeine Weise beinhaltet hätte, daß sich einer gegen den anderen stellte, noch, daß irgendwelche Spannung in einem von uns aufkam (nachdem ich begriffen hatte).

Ich schätze die Wahrscheinlichkeit, daß unsere Handelsmethoden ebenso ‚zivilisiert' werden wie die der Yequana, nicht für sehr hoch ein. Diese Geschichte biete ich nur als ein Beispiel dessen, was als gangbarer Weg anerkannt werden kann, wenn die Kultur es vorschreibt und damit zu rechnen ist, daß die Mitglieder der Gesellschaft, was ihre Beweggründe betrifft, eher sozial als ‚antisozial' eingestellt sind.

Eine Gesellschaft, die weniger erfreuliche und weniger attraktive Bräuche vorschreibt, wird dennoch ihre sozial motivierten Mitglieder zu Konformität bewegen. Die Sanema-Indianer, deren Kultur von der der Yequana enorm abweicht, halten es zum Beispiel für richtig, das Dorf einer anderen Sanema-Sippe zu überfallen und so viele junge Frauen zu stehlen und so viele Männer umzubringen wie möglich.

Wann und wieso dieser Teil ihrer Kultur entstanden ist, oder warum bei den Jivaro-Indianern auf der anderen Seite des südamerikanischen Kontinents die Auffassung herrscht, jeder Tod müsse unabhängig von seiner Ursache gerächt werden, entzieht sich jeder Kenntnis. Nützlich ist es jedoch zu beobachten, daß eine Gesellschaft sozial motivierter Einzelner dem Diktat ihrer Kultur folgt und man sich hierauf verlassen kann. Ein antisozialer bzw. krimineller Charakter entwickelt sich nicht in Menschen, deren Kontinuum-Erwartungen nicht enttäuscht worden sind. Gerade so, wie ein Mörder aus dem Hinterhalt eine gegen die Gesellschaft gerichtete Tat begeht, ein Soldat mit dem Töten eines Feindes jedoch nicht, zählt das Motiv und nicht die Tat selbst bei der Beurteilung, ob der Handelnde sich sozial verhält oder nicht.

Wir hätten sicher gerne eine humane Kultur, zu der unsere Gesellschaft ihre Neigungen zur Kooperation beiträgt. Doch muß das Wort ‚human' Achtung für das menschliche Kontinuum beinhalten. Eine Kultur, die von Menschen verlangt, auf eine Art zu leben, für die ihre Evolution sie nicht vorbereitet hat, die ihre angeborenen Erwartungen nicht erfüllt und ihre Anpassungsfähigkeit daher bis über deren Grenzen hinaus belastet, muß unweigerlich deren Persönlichkeiten schädigen.

Eine Form, die menschliche Persönlichkeit über ihre Grenzen hinaus zu belasten, besteht darin, ihr ihren Mindestbedarf an Vielfalt der Anreize vorzuenthalten. Der daraus resultierende Verlust von Wohlgefühl nimmt eine Form an, die Langeweile genannt wird. Der Kontinuum-Sinn bewegt den Menschen durch Hervorbringen dieses unerfreulichen Gefühls dazu, sein Verhalten zu verändern. Wir in der Zivilisation haben gewöhnlich nicht das Gefühl, wir besäßen ein „Recht" darauf, nicht gelangweilt zu sein; folglich verbringen wir Jahre mit der Ausführung monotoner Arbeiten in Fabriken und Büros oder den ganzen Tag allein bei uninteressanter Hausarbeit.

Die Yequana andererseits, mit ihrem raschen genauen Gespür für die Grenzen ihres eigenen Kontinuums, für ihre Anpassungsfähigkeit ohne Verlust an Wohlgefühl, folgen auf der Stelle dem Verlangen nach Abbruch ihrer Beschäftigung, sobald Langeweile droht.

Sie haben Wege gefunden, der drohenden Langeweile zu entgehen, wenn sie eine Aufgabe ausführen möchten, die monotones Arbeiten erfordert. Einmal stecken Frauen, die viele gerade Reihen scharfer Metallstückchen in ein Brett zum Maniok-Reiben hämmern wollen, anstatt Reihe für Reihe monoton hineinzustecken, die Spitzen erst in einem Diamantenmuster hinein und füllen all die Zwischenräume später aus, so daß das Muster verschwindet, wenn sein Zweck, den Handwerker zu unterhalten, erfüllt ist.

Ein weiteres Beispiel ist der Dachbau, der vollzogen wird, indem man jedes Palmblatt mit einer Liane an einem Dachrahmen festbindet. Die Männer sitzen auf einem Gerüst mit Stapeln von Blättern und arbeiten sich zentimeterweise voran, indem sie eins nach dem anderen befestigen. Sie verfügen über die verschiedensten Mittel, der Langeweile zu entrinnen und dabei noch immer ein riesiges Dach fertigzubekommen. Zunächst einmal laden sie alle Männer aus ihrem eigenen und jedem nahegelegenen Dorf ein, dabei zu helfen, so daß die Arbeit schnell vorangeht. Ehe sie ankommen, haben die Frauen genügend Maniok gegoren, um jedermann mehr oder weniger angeheitert zu halten während der Tage, die die Arbeit dauert, was ihre Wahrnehmung und damit die normale Empfänglichkeit für Langeweile einschränkt. Um zur festlichen Atmosphäre beizutragen, werden Glasperlen, Federn und Farben getragen, und jemand marschiert den größten Teil der Zeit herum und schlägt die Trommel. Die Männer und Jungen reden und machen Späße während der Arbeit und bleiben nur so lange dabei, bis sie Lust bekommen, herunterzusteigen und zur Abwechslung etwas anderes zu machen. Manchmal arbeiten sehr viele auf einmal an der Fertigstellung des Daches und manchmal sind nur wenige in der Stimmung. Es klappt für alle aufs beste: alle Gäste werden von der Familie mit Essen versorgt, deren Haus es werden soll, und die vorher ausgiebig gejagt hat, um Fleisch zu beschaffen.

Während der Tage, an denen getrunken wird und ein jeder etwas berauscht ist, und an den Abenden, da Männer, Frauen und Kinder noch mehr trinken und die Männer recht betrunken sind, ist es wiederum eindrucksvoll festzustellen, daß es kein Anzeichen von Aggressivität gibt.

Es ist vielleicht auch ein Ausdruck ihrer erfüllten Persönlichkeiten, daß sie so wenig das Bedürfnis verspüren, Urteile übereinander zu fällen, und individuelle Unterschiede so leicht akzeptieren können. Auch bei uns läßt sich beobachten, daß Menschen umso mehr meinen, sie müßten andere, sei es auf persönlicher Ebene oder in Gruppen, als akzeptabel bzw. nicht-akzeptabel beurteilen und dementsprechende Unterschiede machen, je frustrierter und entfremdeter sie sind, so wie es bei religiösen, politischen, nationalen, Rassen-, Geschlechter- oder sogar Alterskonflikten der Fall ist.

Selbsthaß, der sich daraus ergibt, daß einem in der Frühkindheit nicht das Gefühl eigener Richtigkeit vermittelt wurde, ist eine der Hauptgrundlagen für irrationalen Haß.

Es ist interessant, daß die Yequana zwar die Sanema-Indianer als minderwertige Wesen mit barbarischen Gebräuchen betrachten und die Sanema einen milden Groll über die hochmütige Behandlung seitens der Yequana hegen, daß aber dennoch keine der beiden Gruppen den geringsten Wunsch verspürt, die Lebensweise des jeweils anderen zu verletzen oder sich in sie einzumischen. Häufig besuchen sie sich und handeln miteinander und reißen hinter dem Rücken der anderen Witze; niemals jedoch gibt es einen Konflikt zwischen ihnen.

Ein Großteil unserer Tragödie besteht darin, daß wir das Gefühl für unsere „Rechte“ als Mitglieder der menschlichen Gattung verloren haben. Wir akzeptieren nicht nur Langeweile mit Resignation, sondern desgleichen unzählige weitere Übergriffe auf das, was nach den Verwüstungen in Frühkindheit und Kindheit von unserem Kontinuum noch übrig ist. Wir sagen zwar beispielsweise „Es ist grausam, ein so großes Tier in einer Stadtwohnung zu halten“, aber wir sprechen dann von Hunden, niemals von Menschen, die noch größer und in bezug auf ihre Umgebung empfindlicher sind. Wir lassen uns mit Lärm von Maschinen, Verkehr und den Radios anderer Menschen bombardieren und erwarten, von Fremden unfreundlich behandelt zu werden. Wir lernen allmählich zu erwarten, von unseren Kindern verachtet und von unseren Eltern verärgert zu werden. Wir akzeptieren ein Leben voll nagender Zweifel nicht nur hinsichtlich unserer eigenen Fähigkeit bei der Arbeit und in der Gesellschaft, sondern sehr oft auch hinsichtlich unserer Ehen. Wir betrachten es als erwiesen, daß das Leben schwer ist, und meinen, wir hätten *Glück,* das bißchen an Zufriedenheit zu besitzen, das wir gerade bekommen. Wir betrachten Glücklichsein nicht als ein Geburtsrecht, noch erwarten wir, daß es mehr als Ruhe oder Zufriedenheit sei. Wirkliche Freude, der Zustand, in dem die Yequana einen Großteil ihres Lebens verbringen, ist bei uns außerordentlich selten.

Hätten wir die Gelegenheit, die Art Leben zu führen, auf die unsere Evolution uns vorbereitet hat, so wäre ein großer Teil unserer jetzigen Anschauungen davon betroffen. Zunächst einmal würden wir uns nicht einbilden, Kinder müßten glücklicher sein als Erwachsene, noch daß der junge Erwachsene glücklicher sein müsse als der alte. Wie wir gesehen haben, sind wir dieser Ansicht hauptsächlich deshalb, weil wir beständig irgendeinem Ziel nachjagen, von dem wir hoffen, daß es unser verlorenes Gefühl der Richtigkeit in bezug auf unser Leben wiederherstellt. Indem wir die Ziele erreichen und feststellen, daß uns noch immer das namenlose Etwas fehlt, das uns seit früher Kindheit vorenthalten wurde, verlieren wir nach und nach den Glauben, daß das nächste Bündel von Hoffnungen unsere beständigen Sehnsüchte erleichtern werde. Wir trainieren uns auch im Akzeptieren der „Realität", um den Schmerz wiederholter Enttäuschung so gut wir können zu lindern. An einem gewissen Punkt in der Mitte unseres Lebens beginnen wir uns einzureden, wir hätten aus dem einen oder anderen Grunde die Gelegenheit versäumt, vollkommenes Wohlgefühl zu genießen, und müßten nun mit den Folgen in einem Zustand ständiger Kompromisse leben. Dieser Stand der Dinge ist schwerlich geeignet, Freude zu vermitteln.

Wenn man so lebt, wie es die Evolution bestimmt hat, verläuft die eigene Lebensgeschichte ganz anders. Die Wünsche der Säuglingszeit weichen jenen der aufeinander folgenden Phasen der Kindheit; und jede erfüllte Reihe von Wünschen macht der nächstfolgenden Platz. Das Verlangen zu spielen schwindet dahin, das Verlangen zu arbeiten wird mit dem Erwachsenwerden zunehmend stärker. Ist das Verlangen erfüllt, ein anziehendes Mitglied des anderen Geschlechts zu finden und mit ihm zu leben, so erweckt es das Verlangen, für den Partner zu arbeiten und gemeinsam Kinder zu haben. Mütterliche und väterliche Triebkräfte entwickeln sich den Kindern gegenüber. Das Bedürfnis, mit Gleichgesinnten Umgang zu pflegen, wird von der Geburt bis zum Tode erfüllt. Wenn das Bedürfnis von Erwachsenen in den besten Jahren, ihre Pläne anzupacken und durchzuführen, erfüllt ist und das Alter die körperlichen Kräfte zu vermindern beginnt, meldet sich das Verlangen, die Seinen erfolgreich zu sehen, das Verlangen nach Frieden, nach geringerer Abwechslung an Erfahrung, nach dem Gefühl, daß die Dinge den Lebenszyklus mit weniger Hilfe durch einen selbst durchlaufen und schließlich ohne jede Hilfe, wenn das letzte Verlangen in der Wunschfolge des Lebens erfüllt ist und nur noch der Wunsch auszuruhen, nichts mehr zu wissen, aufzuhören, an seine Stelle tritt.

In jeder Phase, die fest auf der Vollendung der vorangehenden Phasen gegründet ist, erfährt der Reiz des Verlangens seine vollständige Reaktion. Es besteht daher kein echter Vorteil der Jugend gegenüber dem Alter. Jede Lebensphase hat besondere Freuden; nachdem man jede Wunschfolge aufgegeben hat, wenn sie ihren Weg gegangen ist, kann es keinen Grund dafür geben, die Jungen zu beneiden, noch sich irgendein anderes Alter als das eigene zu wünschen, mitsamt den Freuden, die es mit sich bringt – bis zum Tode und diesen eingeschlossen.

Schmerz und Krankheit, der Tod jener, die man liebt, und Unbequemlichkeiten und Enttäuschungen beeinträchtigen die glückliche Norm, jedoch ändern sie nichts daran, daß Glücklichsein *tatsächlich* die Norm *ist,* noch beeinträchtigen sie die Bestrebung des Kontinuums, diese nach jeder Störung wiederherzustellen, zu heilen.

Der Kern der Sache ist, daß das Kontinuum-Gefühl, wenn ihm gestattet wird, während unseres ganzen Lebens zu wirken, unsere Interessen besser wahrnehmen kann, als jedes intellektuell ausgeklügelte System es auch nur ansatzweise fertigbrächte.

7. Die Rückkehr zum Kontinuum

Beim Säugling, der in ständigem Kontakt mit dem Körper einer Pflegeperson gehalten wird, verschmilzt sein Energiefeld mit dem ihrigen und überschüssige Energie kann für sie beide allein durch ihre Beschäftigungen entladen werden. Der Säugling kann entspannt bleiben, frei von sich ansammelnder Spannung, da seine überschüssige Energie in die ihre einfließt.

Es besteht ein bemerkenswerter Kontrast zwischen dem Verhalten von Yequana-Babies, die getragen werden, und unseren eigenen Säuglingen, die den größten Teil ihrer Zeit in körperlicher Isolation verbringen. Die Yequana-Babies sind weich und leicht zu behandeln, ohne Widerstand dagegen, in jedweder praktikablen Stellung gehalten oder getragen zu werden. Unsere Säuglinge hingegen stoßen die Beine steif von sich, wedeln heftig mit den Armen und versteifen den Rücken zu einem angespannten Bogen. Sie zappeln und mühen sich in ihren Bettchen und Kinderwagen und sind schwer zu halten, falls sie dieselben Bewegungen machen, wenn wir sie aufnehmen. Sie suchen die sich anstauende Spannung zu lindern, die dadurch hervorgerufen wurde, daß sie mehr Energie aufgenommen haben, als sie mit Wohlbehagen halten oder entladen können. Häufig stoßen sie schrille Schreie aus und winden sich dazu, wenn sie über die Aufmerksamkeit eines Menschen erregt sind. Obwohl sie damit Freude ausdrücken, verursacht der Reiz eine heftige Muskelreaktion, die etwas von der angestauten Energie verausgabt.

Der passive Säugling, behaglich innerhalb seines Kontinuums, dessen Erwartungen auf beständigen Körperkontakt erfüllt wurden, trägt wenig zur Entladung von Energie bei und überläßt dies den ihn tragenden aktiven Erwachsenen. Diese Situation jedoch ändert sich grundlegend in dem Augenblick, da das Baby die Phase des Getragenwerdens vollendet hat und zu kriechen beginnt. Sein Energiekreislauf muß dann von ihm selbst gehandhabt werden, wenigstens während der Tagesstunden, die es von der Mutter entfernt zubringt. Eine gewaltige Zunahme seiner Aktivität findet statt. In kurzer Zeit ist es tüchtig im Robben und bewegt sich mit einer eindrucksvollen Geschwindigkeit vorwärts, die noch erheblich beschleunigt wird, wenn es zu krabbeln beginnt. Ist es nicht eingeschränkt, dann krabbelt es voll Energie und Ausdauer über das verfügbare Areal und verbraucht seine überschüssige Energie beim Erforschen der Welt, in der es leben wird.

Wenn es zu laufen, zu rennen und zu spielen beginnt, tut es dies mit einem Tempo, das bei einem Erwachsenen wie Raserei wirken würde. Ein Erwachsener, der mit ihm Schritt zu halten versuchte, wäre bald erschöpft. Gleichaltrige und ältere Kinder sind passendere Gefährten für es. Es möchte sie nachahmen und tut dies, so gut es seine sich ständig steigernde Fähigkeit ihm erlaubt. Niemand außer ihm selbst schränkt seine enorme Aktivität ein. Wird es müde, begibt es sich zu seiner Mutter um auszuruhen oder, wenn es älter ist, in sein Bett.

Ein Kind ist jedoch unfähig, genügend Energie zu verbrauchen, um sich weiterhin wohlzufühlen, wenn seine Tätigkeiten aus irgendeinem Grunde – wie es so häufig in zivilisierten Situationen geschieht – begrenzt werden, sei es durch unzureichende Zeit zum Spielen im Freien, durch eingeschränkte Räumlichkeiten zu Hause oder durch das Eingesperrtsein in einem Laufstall, Laufgurt, Kinderbett oder Babystuhl.

Wenn es den Zustand hinter sich hat, in dem es mit den Beinen stößt und wedelt und sich versteift, um das Unbehagen unausgedrückter Energie zu lindern, so entdeckt es wahrscheinlich bald, daß der unbehagliche Überschuß sich zum Großteil in seinem Genital konzentriert und daß es, indem es dieses weiter erregt, die Überschußenergie im Rest seines Körpers dazu bringen kann, dort hinein zu fließen, bis genügend Druck angestaut ist, um Erleichterung zu bewirken. Auf diese Weise wird die Masturbation zum Sicherheitsventil für überschüssige, während der täglichen Aktivitäten eines Kindes nicht verbrauchte Energie.

Ähnlich wird bei Erwachsenen überschüssige Energie durch sexuelles Vorspiel konzentriert und durch den Orgasmus entladen. Somit dient der Geschlechtsverkehr zwei ganz unterschiedlichen Zwecken, – der eine ist die Fortpflanzung, der andere die Wiederherstellung eines angenehmen Energieniveaus.

Bei Menschen, deren Versagungen ihnen ein Leben in einem Spannungszustand zwischen verschiedenen Aspekten ihrer Persönlichkeit auferlegt haben, befreit der Orgasmus häufig nur einen oberflächlichen Teil der Energie, die in ihren ständig angespannten Muskeln gebunden ist. Diese unvollständige Entladung der überschüssigen Energie bewirkt einen nahezu chronischen Zustand von Unbefriedigtsein, der sich in schlechter Laune, übermäßigem Interesse an Sex, Konzentrationsschwäche, Nervosität oder Promiskuität offenbart.

Die Lage wird für den geschädigten Erwachsenen noch verschlechtert dadurch, daß sein (oder ihr) Bedürfnis nach körperlichem Ausdruck des Geschlechtstriebes sich mit dem aus der Frühkindheit übriggebliebenen Bedürfnis nach nicht-geschlechtlichem Körperkontakt vermischt. Im allgemeinen wird dieses letztere Bedürfnis in unserer Gesellschaft nicht anerkannt, und jeder Wunsch nach Körperkontakt wird als sexuell gedeutet. Daher werden die Tabus gegen Sex gleichermaßen auf alle Wohlgefühl vermittelnden nichtgeschlechtlichen Formen von Körperkontakt ausgedehnt.

Selbst die Kinder und Erwachsenen der Yequana, die allen erforderlichen Kontakt in der Frühkindheit hatten, genießen noch immer viel Körperkontakt, indem sie eng beieinander sitzen, in derselben Hängematte ausruhen oder sich gegenseitig kämmen.

Weit mehr als sie haben *wir* es nötig, das gegenwärtige Tabu zu durchbrechen und vom menschlichen Bedürfnis nach Bestätigung durch Körperkontakt Kenntnis zu nehmen. Unser unerfülltes frühkindliches Bedürfnis fügt dem Bedarf daran, den wir als Kinder und Erwachsene natürlichermaßen hätten, unermeßliche Mengen hinzu. Doch mit dem Weiterbestehen des Bedürfnisses besteht auch die Gelegenheit weiter, es aufzufüllen, wenn wir nur wollen.

Unter dem allgemeinen Banner von Sex und davon nicht als unabhängiger Impuls unterschieden besteht das Bedürfnis, gehalten zu werden, umhegt zu werden und das Gefühl eigener Liebenswertheit vermittelt zu bekommen – nicht deswegen, weil man ein Gehalt nach Hause gebracht oder einen Kuchen gebacken hat, sondern einfach, weil man existiert. Die beruhigende Atmosphäre, die durch Babysprache geschaffen wird, und der Gebrauch von Babynamen zwischen Ehepartnern (‚Häschen', ‚Papas Schätzchen') hilft ihnen dabei, sich das Auffüllen der Erfahrungslücken zu gestatten, die die Vernachlässigung seitens ihrer Eltern zurückgelassen hat. Der weitverbreitete Gebrauch von Babysprache ist in sich ein Beweis für das Fortbestehen dieses Bedürfnisses.

Häufig führen der Wunsch nach Geschlechtsverkehr und der nach Zuwendung von einem zum anderen. Bei Erwachsenen läßt vielleicht die Befriedigung des dringenderen Bedürfnisses das andere aufkommen. Ein Tag im Büro, der besondere Unsicherheit hervorgerufen hat, veranlaßt den Mann vielleicht, seine Frau zu halten und von ihr gehalten und mit Zuneigung behandelt zu werden; wenn jedoch dieses Bedürfnis erfüllt ist, mag er feststellen, daß sein Interesse an ihr sich in ein sexuelles verwandelt. In unserer Gesellschaft jedoch könnte er sich *verpflichtet* fühlen, zum Geschlechtsverkehr überzugehen, da in seiner Vorstellung die beiden Bedürfnisse nicht eindeutig voneinander getrennt sind.

Die Erwachsenenliebe unter den durch unzureichendes Getragensein Geschädigten stellt notwendig eine Vermischung der beiden Bedürfnisse dar, die je nach der Art der Schädigung von Mensch zu Mensch variiert. Ehepaare müssen lernen, die eigenen Sondererfordernisse wie auch die des Partners mitzuberücksichtigen und zu versuchen, diesen nach besten Kräften gerecht zu werden, wenn die Ehe ‚gut' werden soll.

Jedoch ist es wichtig, die Verwirrung zwischen dem Bedürfnis nach Sex und dem nach Zuwendung, nach einer mütterlichen Art von Körperkontakt – jene Verwirrung, die Ausdrükken wie ‚geile Mama' zugrundeliegt – aufzulösen. Ich bin der Meinung, daß mit einer klaren Vorstellung des Unterschiedes und etwas Übung im Trennen der beiden Bedürfnisse ein Großteil mehr Zuneigung ohne die Komplikationen durch sexuellen Kontakt, wenn dieser nicht erwünscht ist, ausgetauscht werden könnte. Das ungeheure Reservoir von Sehnsucht nach körperlichem Trost ließe sich vielleicht beträchtlich verringern, wenn es gesellschaftlich akzeptabel würde, mit Gefährten jeden Geschlechts Hand in Hand spazierenzugehen, auf dem Schoß anderer Menschen zu sitzen – nicht nur im privaten Kreis, sondern auch in der Öffentlichkeit – , einen verführerischen Haarschopf zu streicheln, wenn einem danach zumute ist, sich frei und öffentlich zu umarmen und seine liebevollen Impulse nur dann zu bremsen, wenn sie unerwünscht wären.

In den sogenannten Encounter-Gruppen gibt es Bestrebungen in Richtung auf mehr Körperkontakt. Allem Anschein nach befürworten sie das Berühren und Einander-Halten, ohne wirklich zu wissen, weshalb dies notwendig ist. In einer Gruppe jedoch ist ein Experiment durchgeführt worden (es wurde in einem Zeitschriftenartikel über solche Gruppen erwähnt), das außergewöhnlich erfolgreich ist. Es heißt das ‚menschliche Sandwich': ein Mensch steht zwischen zwei anderen, und zwar so, daß zwei dastehen, als tanzten sie Wange an Wange, und der dritte sich an den Rücken des einen schmiegt. Die Person in der Mitte hält die Hände flach in die Höhe und die Hände der anderen beiden werden gegen deren Vorder- und Rückseite gehalten. Die mittlere Person ist so umringt, wie ein Erwachsener von einem einzigen anderen Erwachsenen gar nicht umringt werden kann, es sei denn, der eine wäre ein Zwerg und der andere ein Riese. Es ist die befriedigendste von allen Übungen, die die betreffende Gruppe macht ... d. h. für den Menschen in der Mitte, der sich, wie berichtet wird, absolut paradiesisch fühlt.

Vom Kontinuum-Standpunkt aus, mit einem Verständnis dafür, was Menschen brauchen und warum sie es brauchen, wird es möglich, unser eigenes Verhalten und das von anderen sinnvoller zu erfassen. Wir hören dann vielleicht auf, unseren Eltern oder unserer Gesellschaft für uns angetanes Unrecht Vorwürfe zu machen und erkennen, daß wir allesamt Opfer früh erlittener Versagung sind. Erzbischöfe und Hippies, Romanschriftsteller, Lehrer und ungezogene kleine Jungen – sie alle versuchen, den Weg zu einem Gefühl der Richtigkeit zu finden. Das gleiche tun Filmstars, Politiker, Kriminelle, Künstler, Homosexuelle, Frauenemanzipations-Verfechterinnen und Geschäftsleute. Als die Tiere, die wir sind, können wir nicht umhin, einen Hang zur Erfüllung unserer Erwartungen zu hegen, mag die Kombination unserer Entbehrungen unser tatsächliches Verhalten auch auf noch so irrationale Weise verwirren.

Jedoch wird es uns noch nicht heilen, das Problem zu verstehen und zu erkennen, daß wir alle nur Opfer von Opfern sind, daß niemand Vorteile hat. Es mag uns allenfalls helfen, den richtigen Weg einzuschlagen, anstatt uns weiterhin vom Wohlbefinden zu entfernen.

Eine direktere Anwendung von Kontinuumprinzipien ist dennoch angezeigt. Es gibt Grund für die Vermutung, daß die mangelnden Erfahrungen Kindern und Erwachsenen auf jeder Entwicklungsstufe vermittelt werden können. Der eine Grund für solche Hoffnung liegt im Bestehen eindeutiger Beweise dafür, daß das Bedürfnis während der Zeit, in der das geschädigte Kleinkind heranwächst, sowie das gesamte Erwachsenenleben hindurch als Bedürfnis fortbesteht. Wir suchen immer weiter nach Erfüllung unserer infantilen Bedürfnisse. Aber da wir uns bisher darüber, was wir suchen, nicht klar waren, ist uns nur begrenzter Erfolg beschieden gewesen.

Ein weiterer guter Grund zur Annahme, daß Entbehrung in der Phase des Getragenwerdens bei Kindern und Erwachsenen behandelt und womöglich geheilt werden kann, ist die von Dr. Doman und Dr. Delacato in ihrer Klinik in Philadelphia demonstrierte Tatsache, daß die aufeinanderfolgenden Phasen des Robbens und Krabbelns von älteren Kindern und Erwachsenen, denen diese versagt waren, nachgeholt werden können. Das Ergebnis ist, daß die Betreffenden danach imstande sind, diejenigen Fähigkeiten zu entwickeln, die vom Abschluß dieser Phasen abhängen.

Im einzelnen fanden sie heraus, daß Menschen, denen es in der dafür angemessenen Phase in der Säuglingszeit nicht erlaubt gewesen war, auf allen Vieren herumzukriechen, die durch Laufställe oder andere Umstände daran gehindert waren, ihren Bedarf an Robben und Krabbeln zu erfüllen, ihre verbalen Fähigkeiten nicht voll ausbildeten. In einigen Fällen war Stottern die Folge; und das Zurückversetzen der Betreffenden in die Säuglingsbeschäftigungen des Robbens und Krabbelns, etwa eine Stunde lang täglich über mehrere Monate, heilte sie. Außerdem wurden sie dazu gebracht, es einer ihrer Gehirnhälften zu gestatten, die andere völlig zu beherrschen, falls dies nicht schon der Fall war. Das bedeutet, daß jedem, der nicht rechtshändig oder -füßig war, noch ein dominierendes rechtes Auge hatte oder völlig linksseitig dominiert war, durch Übung beigebracht wurde, so zu werden.

Doman und Delacato fingen damit an, mit hirngeschädigten Kindern zu arbeiten, entdeckten dabei aber, daß sie auch die verbalen Fähigkeiten „normaler“ Absolventen der Chestnut Hill Academy, wo Delacato stellvertretender Direktor war, verbessern konnten. Delacato bildete zwei Gruppen von Jungen und unterzog beide einem Test der verbalen Fähigkeiten. Dann ließ er die eine Gruppe sechs Wochen intensiven Robbens, Krabbelns und Dominanz-Trainings durchlaufen. Die zweite Gruppe ging zur Schule wie gewöhnlich. Danach gab er beiden Gruppen den Test erneut. Die Nichtkrabbler hatten 6,8 Punkte hinzugewonnen. Die Versuchsgruppe jedoch wies einen erstaunlichen Durchschnittsgewinn von 65,8 Punkten auf. Krabbel- und Dominanzübungen wurden für jeden in der Unterstufe der Chestnut Hill Academy ebenso wie für die Uni-Fußballmannschaft zum regelmäßigen Pflichtprogramm.

Die Tatsache, daß die Erfüllung des Erfahrungsbedarfs der Jungen nach Robben und Krabbeln zu solchen Ergebnissen führte, ist ein Anzeichen dafür, daß ihnen ausnahmslos das volle Ausleben der Krabbelphase versagt war. Hoffnung liegt darin, daß ihnen die Erfahrung außerhalb ihrer natürlichen chronologischen Reihenfolge vermittelt werden und dennoch wirksam sein konnte. Dies bestätigt den Anschein, daß kindliche Bedürfnisse in der Erwartung auf ihre Erfüllung unbegrenzt lange weiterbestehen und daher in jedem Alter erfüllt werden können.

Die sich daraus ergebende Folgerung scheint mir, daß die ganz frühen und formenden Erfahrungen, die in der Zeit entbehrt wurden, da das Kind hätte getragen werden sollen, auch noch im späteren Leben vermittelt werden könnten, wenn man geeignete Wege hierfür fände. Es ist einfach genug, Kinder und Erwachsene zu veranlassen, auf Händen und Knien herumzukrabbeln, wenn es dies ist, was sie brauchen, jedoch etwas problematischer, für ein großes Kind oder einen Erwachsenen die Situation des Getragenwerdens wiederherzustellen. Aber mit dem Aufdecken des Problems lassen sich vielleicht auch Mittel und Wege finden.

Wissenschaftliche Untersuchungen allein werden erweisen, was wirksam ist. Das ‚menschliche Sandwich' der Encounter-Gruppe deutet auf eine bestimmte Möglichkeit, das Problem anzugehen, nämlich indem man als ‚Mutter' des/der Betreffenden mehr als einen Menschen einsetzt. Ein genaues Erforschen der einzelnen Bestandteile der Erfahrung des Getragenwerdens würde jedoch ein größeres Potential für eine Therapie schaffen. Ein Säugling zu sein, der getragen wird, bedeutet, gehalten, gehoben, herumgeschoben zu werden, den Kontakt mit Fleisch zu spüren, seine Wärme, seinen Geruch, seine Beschaffenheit, und die Geräusche, die ein lebendiger Körper macht beim Atmen, Sprechen usw.; und ich halte es für sehr wahrscheinlich, daß der Herzschlag, von beruhigender Vertrautheit aus der Zeit im Mutterleib, vom Säugling zumindest im frühen Teil der Phase des Getragenwerdens gehört werden kann. Es ließe sich einwenden, ein Säugling könne den Herzschlag doch nur hören, wenn sein Ohr eng an die Brust seiner Mutter gedrückt sei, aber die Demonstrationen von Bühnenhypnotiseuren beweisen, daß das Gehör die Fähigkeit besitzt, weit mehr zu hören als das, was das Bewußtsein von Erwachsenen unter deren normalen Umständen wahrnimmt. Der bereits erwähnte Erfolg, den das Aussenden von Herzschlägen über Lautsprecher in einer Entbindungsstation hatte, ist ein weiteres Anzeichen, daß es richtig sein könnte, sie nach der Geburt zu hören.

Um einem Erwachsenen die Erfahrung des Getragenwerdens wiederzuvermitteln mit dem Ziel, die erfahrungsmäßige Kluft wirksam auszufüllen, könnte es notwendig sein, jeden Grundbestandteil der Säuglingserfahrung genau zu beschreiben und sich Wege auszudenken, dies auf Erwachsene oder Kinder anwendbar zu machen. Allein das Erforschen jeder Einzelheit wird erweisen, welcher Aspekt der Erfahrung zur Erfüllung des Gesamtbedürfnisses wieviel beiträgt. Es könnte sein, daß eine volle vierundzwanzigstündige, über sechs oder acht Monate laufende Vervollständigung der Trage-Phase für den Zweck, eine Grundlage für Weiterentwicklung zu schaffen, nicht vonnöten ist.

Weiterhin könnte es wichtig sein, daß der Bewußtseinszustand des Betreffenden dem eines Säuglings ähnelt, und vielleicht könnte es diesen Zustand hervorrufen, wenn man ihm Meditation beibrächte. Oder es könnte sich erweisen, daß der Bewußtseinszustand keine Rolle spielt.

Das menschliche Sandwich ließe sich vielleicht zu einer Schlange von Menschen ausweiten, die jeder rittlings auf einer bequemen Bank sitzen und die unmittelbar vor ihnen Sitzenden umfassen (und daher auch von den hinter ihnen Sitzenden umfaßt werden). Bei ausreichend vielen Teilnehmern und einer runden Bank hätten alle den Vorteil, an beiden Seiten jemanden zu haben. Möglicherweise in Verbindung mit Meditation (oder auch nicht) könnten einige solcher Stunden wöchentlich ihnen innerhalb weniger Monate geben, was sie benötigen.

Dies sind Vorschläge für die wissenschaftliche Forschung.

Man müßte die physiologische Reaktion der getesteten Versuchspersonen in jeder Situation des Experiments aufzeichnen. Es besteht guter Grund, die kindliche Glückseligkeit des Heroinsüchtigen im High-Zustand mit den experimentell hervorgerufenen Zuständen zu vergleichen. Es mag sich auch als vorteilhaft erweisen, Heroinsüchtige als Versuchspersonen einzusetzen, um festzustellen, ob sich das erfolgreiche Wiederherstellen der Getragenseins-Erfahrung bei ihnen nicht als ein annehmbarer Ersatz für Heroin herausstellen könnte.

Es könnte sich als nützlich erweisen, die Mischung verschiedener Sinneseindrücke, aus denen die Erfahrung des Getragenwerdens besteht, in ihre Einzelbestandteile zu zerlegen und diese Faktoren getrennt oder in unterschiedlichen Kombinationen einzusetzen, um die psychobiologische Wirkung eines jeden um so besser zu verstehen. Das Ergebnis sollte dann weiteren Untersuchungen die Richtung weisen.

Kleine Kinder, die in der Frühkindheit Versagung erlitten, könnten gewaltig davon profitieren, zu jeder möglichen Gelegenheit einfach auf dem Schoß eines Elternteils (oder irgendeines anderen) gehalten zu werden und in einem Bett zusammen mit ihren Eltern schlafen zu dürfen. Es würde wahrscheinlich nicht lange dauern, bis sie alles hätten, was sie brauchten, und ein eigenes Bett wollten, so wie es schon früher geschehen wäre, hätten sie von Geburt an das Bett ihrer Eltern geteilt.

Zum gegenwärtigen Zeitpunkt – so wie unsere Traditionen beschaffen sind – scheint es von wilder Radikalität, gemeinsames Schlafen mit dem eigenen Baby zu befürworten. Und das trifft natürlich auch auf das Herumtragen des Babies zu oder darauf, daß es zu jeder Zeit, ob im Schlafen oder Wachen, von jemandem gehalten werden soll. Doch im Lichte des Kontinuums und seiner Jahrmillionen ist es nur unsere eigene winzige Geschichte, die in ihrer Ablösung von den lange bestehenden Normen menschlicher und vormenschlicher Erfahrung als radikal erscheint.

Es gibt Frauen und Männer, die einwenden, sie würden Angst haben, daß sie einen an ihrer Seite schlafenden Säugling zerdrücken oder unter der Bettdecke ersticken könnten. Ein schlafender Mensch ist jedoch weder tot noch bewußtlos, es sei denn, er wäre stockbetrunken, stünde unter dem Einfluß starker Drogen oder sei krank. Ohne aufzuwachen verfügt man doch über einen bestimmten Grad ständigen Gewahrseins.

Ich erinnere mich an die ersten Nächte, in denen ich mit einem zwei Pfund schweren Flauschaffenbaby das Bett teilte. Die erste Nacht erwachte ich Dutzende von Malen aus Angst, es zu zerquetschen. Die zweite Nacht war beinahe ebenso schlimm; doch schon nach wenigen Tagen war mir klar geworden, daß mir während des Schlafes seine Position bewußt war und ich sie beim Schlafen berücksichtigte, wie viele andere große Tiere es tun, die mit einem kleinen zusammen schlafen. Die Wahrscheinlichkeit, daß ein Baby unter der elterlichen Bettdecke erstickt, scheint mir (sofern sie überhaupt gegeben ist) angesichts ihres Gewahrseins seiner Anwesenheit, geringer als die, daß dies unter der eigenen Bettdecke allein in seinem Zimmer geschieht.

Es bestehen auch Befürchtungen hinsichtlich der Anwesenheit des Säuglings beim elterlichen Geschlechtsverkehr. Bei den Yequana gilt seine Anwesenheit als selbstverständlich, und sie muß wohl auch während der Hunderte von Jahrtausenden vor uns so betrachtet worden sein.

Es mag sogar sein, daß ihm, wenn er *nicht* dabei anwesend ist, ein wichtiges psychobiologisches Verbindungsglied zu seinen Eltern fehlt, nach dem der heranwachsende Mensch dann ein Gefühl der Sehnsucht behält, das später zu einem unterdrückten, schuldbeladenen Ödipus- bzw. Elektra-Verlangen nach Geschlechtsverkehr mit dem gegengeschlechtlichen Elternteil wird. Tatsächlich aber wollte er vielleicht in einem solchen Fall ursprünglich nur die passive Rolle des Säuglings, übertrug sein Verlangen jedoch in eines nach aktiver Teilnahme, als die Form seine Sexualität sich wandelte und er sich an passive Teilnahme nicht mehr erinnern bzw. sich eine solche nicht mehr vorstellen konnte. Auch hier wären Untersuchungen von Nutzen.

Eine weitverbreitete Ansicht ist, daß ein Baby oder Kind davon abgehalten wird, unabhängig zu werden, wenn man ihm zuviel Aufmerksamkeit schenkt, und daß es sein Selbstvertrauen schwächt, wenn es die ganze Zeit getragen wird. Wir sahen bereits, daß das Selbstvertrauen selbst von einer vollständigen Trage-Phase herrührt; allerdings ist dies eine, in der das Kleinkind immer dabei, doch selten Mittelpunkt der Aufmerksamkeit ist. Es ist einfach da, inmitten des Lebens seiner Pflegeperson, es macht ständig Erfahrungen, wobei es sicher gehalten wird. Wenn es den Schoß seiner Mutter verläßt und in der Welt jenseits ihres Körpers zu robben, krabbeln und herumzulaufen beginnt, tut es dies ohne Einmischung (‚Schutz'). Die Rolle seiner Mutter ist es dann, *zur Verfügung zu stehen,* wenn es zu ihr kommt oder nach ihr ruft. Es ist nicht ihre Aufgabe, seine Tätigkeiten anzuleiten oder es vor Gefahren zu schützen, vor denen sich selber zu schützen es gut imstande wäre, wenn es dazu Gelegenheit hätte. Dies ist vielleicht der schwierigste Teil des Umschwenkens auf eine Kontinuum-gerechte Lebensweise. Jede Mutter wird, soweit sie dazu imstande ist, lernen müssen, auf das Selbsterhaltungstalent ihres Babies zu vertrauen. Nur wenige würden es fertigbringen, das ungehinderte Spielen mit scharfen Messern und Feuer zuzulassen und am Wasser volle Freiheit zu gewähren, wie es die Yequana ohne Nachdenken tun, weil sie das enorme Talent von Babies zum Selbstschutz kennen. Je weniger jedoch die zivilisierte Mutter die Verantwortung für die Sicherheit ihres Babies übernimmt, desto eher und ausgeprägter wird dieses unabhängig werden. Es wird wissen, wann es Hilfe oder Trost braucht. Ihm sollte überlassen sein, dies zu initiieren. Es sollte niemals von seiner Mutter ferngehalten werden, jedoch sollte sie ihm nur das absolute Mindestmaß von Anleitung *anbieten.*

Überbeschützt und geschwächt ist ein Kind, dem ständig von einer übereifrigen Mutter die Initiative entrissen wurde; nicht aber das Baby, das in den ersten wichtigen Monaten, als es dies brauchte, auf Armen getragen worden ist.

Natürlich wird es Schwierigkeiten dabei geben, die von den

Yequana über das Kontinuum gelernten Lektionen so anzuwenden, daß sie an unseren eigenen sehr anders gearteten Gegebenheiten in der Zivilisation etwas bessern können. Ich glaube, daß die individuelle Entscheidung, sich so eng wie möglich ans Kontinuum zu halten, selbst der sinnvollste Schritt ist. Das Herausfinden von gangbaren Wegen ist, wenn der Wille dazu einmal vorhanden ist, weitgehend eine Frage der Anwendung von gesundem Menschenverstand.

Wenn eine Mutter dafür sorgt, daß ihr Baby die ersten sechs bis acht Monate hindurch ständig herumgetragen wird, so wird dies sein Selbstvertrauen sichern und die Grundlage dafür legen, daß es während der folgenden fünfzehn oder zwanzig Jahre, in denen es zu Hause lebt, sozial, anspruchslos und ausgesprochen hilfsbereit sein wird. Erkennt sie dies erst einmal, so wird schon ihr Eigeninteresse es ihr gebieten, sich nicht vor der „Mühe" zu drücken, es bei der Hausarbeit oder beim Einkaufen mit sich zu tragen.

Ich glaube, daß Mütter in ihrer großen Mehrheit ihre Kinder aufrichtig lieben und ihnen die für ihr Glück so wesentlichen Erfahrungen nur deshalb versagen, weil sie keine Vorstellung davon haben, was sie ihnen an Leiden verursachen. Wenn sie die Seelenqual des Babies verstünden, das man in seinem Bettchen weinen läßt – sein schreckliches Sehnen und die Folgen des Leidens, die Auswirkungen der Entbehrung auf die Entwicklung seiner Persönlichkeit und seines Potentials für den Aufbau eines befriedigenden Lebens: ich bezweifle nicht, daß sie darum kämpfen würden, sein Alleinsein, und sei es nur für einen Augenblick, zu verhindern.

Des weiteren bin ich überzeugt, daß sich der durch die Kultur verwirrte Instinkt in einer Mutter, wenn sie erst einmal das Kontinuum ihres Babies und damit ihr eigenes als Mutter zu berücksichtigen beginnt, geltend machen und ihre natürlichen Triebkräfte wieder miteinander verbinden wird. Sie wird ihr Baby nicht irgendwohin legen *wollen*. Wenn es weint, wird das Signal direkt ihr Herz ansprechen, unverwirrt durch irgendwelche Denkrichtungen über Kinderaufzucht. Ich bin sicher, daß der uralte Instinkt bald wieder die Initiative ergreift, wenn sie anfänglich die richtigen Schritte unternimmt; denn das Kontinuum ist eine machtvolle Triebkraft und versucht unablässig, sich wieder in sein Recht zu setzen. Das Gefühl der Richtigkeit, das die Mutter verspürt, wenn sie sich in Übereinstimmung mit der Natur verhält, wird viel mehr dazu beitragen, das Kontinuum in ihr wiedereinzusetzen, als alles, was ihr dieses Buch an Theorie vielleicht hat vermitteln können.[8]

Hinsichtlich der Prinzipien des Menschseins, die wir hier betrachten, ist der Unterschied zwischen unserer Lebensweise und der der Yequana unbedeutend.

An den Arbeitsplätzen vieler Mütter ist es ihnen nicht erlaubt, ihre Babies mitzubringen. Sehr häufig jedoch sind solche Arbeitsplätze eine Sache der Wahl. Die Mütter könnten, würden sie die Dringlichkeit ihrer Anwesenheit während des ersten Jahres ihres Babies erkennen, ihre Stellung aufgeben, um den Entbehrungen vorzubeugen, die das ganze Leben des Babies schädigen und sie selbst gleichfalls jahrelang belasten würden.

Andererseits gibt es Mütter, die arbeiten *müssen*. Jedoch lassen sie ihre Kinder nicht allein zu Hause; sie stellen jemand an, der sich um sie kümmert, oder lassen sie bei einer Großmutter oder arrangieren irgendeine andere Gesellschaft für die Kinder. Was immer der Fall sein mag: die betreffende Pflegeperson kann angewiesen werden, das Baby mit sich herumzutragen. Babysitter, die für einen Abend angestellt werden, kann man darum bitten, mit dem Baby, nicht mit dem Fernseher zusammenzusitzen. Wenn sie unbedingt fernsehen müssen, können sie das Baby dabei auf dem Schoß halten. Der Lärm und das Licht werden es nicht stören oder ihm schaden, Alleinsein jedoch schon.

[8] Inzwischen wurde das durch einige westliche Mütter bestätigt. Zwar glaubten manche zunächst, daß sie nie so weit gehen würden, einen ununterbrochenen Körperkontakt rund um die Uhr aufrechtzuerhalten; aber je länger sie ihre Kinder trugen, desto stärker wurde auch ihr Bedürfnis danach. Ihre Instinkte gewannen tatsächlich die Oberhand.

Ein Baby beim Verrichten von Hausarbeit zu tragen ist Übungssache. Eine Schlaufe über einer Schulter, die das Baby auf der gegenüberliegenden Hüfte stützt, hilft dabei. Das Staubwischen und Staubsaugen läßt sich vorwiegend mit einer Hand erledigen. Das Bettenmachen ist sicher etwas schwieriger, doch wird eine erfindungsreiche Mutter eine Möglichkeit finden, es zu tun. Beim Kochen besteht das Problem weitgehend darin, wie man seinen Körper zwischen dem Herd und dem Baby hält, wenn die Gefahr von Spritzern besteht. Beim Einkaufen ist zu beachten, daß man eine geräumige Einkaufstasche braucht und nicht mehr kaufen sollte, als man auf einmal tragen kann. Es wäre keine schlechte Idee, so lange es noch so viele Kinderwagen auf der Welt gibt, die eingekauften Sachen dort hineinzulegen und das Baby zu tragen. Weiterhin gibt es Tragesitze für Babies, mit Gurten, die über beide Schultern des Erwachsenen laufen und dessen Hände freilassen. Sie sind in vielen Warenhäusern erhältlich.

Es wäre außerordentlich hilfreich, wenn wir Säuglingspflege als Nicht-Aktivität ansehen könnten. Wir sollten lernen, es als Nichtstun zu betrachten. Arbeiten, Einkaufen, Kochen, Saubermachen, Spazierengehen oder Sich-mit-Freunden-Unterhalten ist etwas, was man tut, wofür man sich Zeit nimmt, was man als Beschäftigung ansehen kann. Das Baby wird (zusammen mit weiteren Kindern) einfach selbstverständlich mitgenommen; man braucht nicht damit zu rechnen, daß es besonderen Zeitaufwand kostet – bis auf die Minuten, die das Wickeln erfordert. Sein Bad kann Teil des mütterlichen Bades werden. Auch das Stillen braucht nicht jede andere Beschäftigung zu unterbrechen. Es kommt einzig darauf an, seine baby-zentrierten Denkmuster umzuwandeln zu solchen, die einem fähigen, intelligenten Geschöpf, das seinem Wesen nach gern arbeitet und mit anderen Erwachsenen zusammen ist, besser entsprechen.

Bei unserer jetzigen Lebensweise gibt es endlose Hindernisse auf dem Weg zum menschlichen Kontinuum. Nicht nur haben wir Bräuche, die dem Kontinuum entgegengesetzt sind – etwa:

Säuglinge bei ihrer Geburt im Krankenhaus von der Mutter zu trennen, Kinderwagen, Bettchen und Laufställe zu benutzen und von einer jungen Mutter nicht zu erwarten, daß sie bei gesellschaftlichen Anlässen ihr Baby mitbringt –, unsere Wohnungen sind auch voneinander abgeschnitten, so daß Mütter die Gesellschaft ihrer Altersgenossinnen entbehren und an Langeweile leiden, und die Kinder haben keinen freien und leichten Zugang zu Gleichaltrigen und älteren Kindern außer in einigen „Spielgruppen" und Schulen. Selbst dort sind sie im allgemeinen recht beschränkt auf genau gleichaltrige Kinder; und allzu oft geben die Lehrer den Kindern Anweisungen, was sie mit dem verfügbaren Spielmaterial anfangen sollen, anstatt Beispiele zu setzen, denen die Kinder natürlicherweise folgen würden.

Immerhin gibt es Parks, wo sich Mütter und Kinder treffen können und Kinder unterschiedlichen Alters nicht voneinander getrennt sind. Es wird jedoch für jede Mutter und jedes Kind Erschwernisse geben, die ihnen, wenn nicht durch anderes, durch die Vergangenheit auferlegt sind – durch die Art, wie man die Mütter aufwachsen ließ sowie durch die zu unserer Kultur gehörigen altüberlieferten Ansichten über Kinderaufzucht. Es wird die übliche Furcht geben, nicht den herkömmlichen Traditionen zu entsprechen, denn das Kontinuum selbst verleitet uns dazu, uns allem, was unsere Gesellschaft normalerweise tut, anzupassen.

Ein Kind wird seinen Vater nicht ins Büro begleiten können, und wenn der Vater nicht so etwas wie ein Bauer ist, wird das Kind sich anderswo nach Beispielen umsehen müssen.

Die Menschen, denen Kinder folgen können, werden die Aufgabe haben, die Rolle von Beispielgebern anzunehmen, die die Fertigkeiten unserer Gesellschaft demonstrieren. Wenn diese Erzieher ihre Beziehung zu den Kindern darauf gründen, *zur Verfügung zu stehen,* werden Kinder imstande sein, ihre eigene höchst wirksame und natürliche Art, sich selbst zu erziehen, nutzbar zu machen. Von ihrem eigenen sozialen, nachahmerischen Wesen motiviert, werden sie die Menschen, Dinge und Ereignisse ihrer Welt zum Nachmachen, Beobachten und Sich-Erproben einsetzen. Eine wirksamere Art der Erziehung kann es nicht geben.

Ein weiteres Hindernis auf dem Weg zum Kontinuum in unserer Lebensweise besteht in unserer Auffassung, daß unsere Kinder uns gehörten und wir daher das Recht hätten, sie zu behandeln wie immer es uns paßt, solange wir sie nicht direkt mißhandeln oder umbringen. Sie besitzen kein einklagbares Recht darauf, nicht gequält zu werden, indem sie sich vor Sehnsucht nach der Mutter verzehren und ihre qualvollen Schreie unbeachtet finden. Die Tatsache allein, daß sie Menschen sind und zum Leiden fähig, verleiht ihnen noch nicht automatisch irgendwelche einklagbaren Rechte, wie es bei Erwachsenen der Fall ist, denen durch andere Erwachsene Grausamkeiten zugefügt werden. Daß die Qual ihrer Frühkindheit auch ihrer Fähigkeit, ihr übriges Leben zu genießen, Abbruch tut und daher eine unermeßliche Verletzung darstellt, die ihnen zugefügt wird – diese Tatsache verbessert ihre rechtliche Lage keineswegs.

Babies sind nicht imstande, Beschwerden zu äußern. Sie können sich nicht an eine Autorität wenden und Protest erheben. Sie vermögen noch nicht einmal die erlittene Seelenqual mit deren Ursache in Verbindung zu setzen; sie sind glücklich, ihre Mutter zu sehen, wenn sie schließlich kommt.

In unserer Gesellschaft werden Rechte nicht vergeben, weil jemand Unrecht erleidet, sondern weil er sich darüber beschwert. Tieren werden nur die rudimentärsten Rechte zugebilligt, und dies nur in ganz wenigen Ländern. Ähnlich werden primitiven Eingeborenen, die über kein Medium verfügen, mittels dessen sie sich beschweren könnten, keine der Rechte gewährt, die ihre ausdrucksfähigeren Eroberer einander zubilligen.

Der Brauch hat die Behandlung von Kleinkindern dem mütterlichen Belieben überlassen. Sollte es jedoch jeder Mutter gestattet sein, ihr Kind zu vernachlässigen, es zu schlagen, weil es weint, es zu füttern, nicht wenn es danach verlangt, sondern wenn es *ihr* paßt, es Stunden, Tage, Monate hindurch allein in einem Zimmer leiden zu lassen, wo es doch seinem innersten Wesen nach sich mitten im Leben befinden sollte?

Die Kinderschutzvereine befassen sich nur mit der gröbsten Art von Übergriffen. Unserer Gesellschaft muß dabei geholfen werden, den Ernst des Kleinkindern angetanen Verbrechens zu erkennen, das heutzutage als normale Behandlung gilt.

Selbst in einer Kultur wie der unsrigen, die sich entwickelt hat, ohne die wirklichen Bedürfnisse der Menschen zu berücksichtigen, ist mit einem Verständnis des menschlichen Kontinuums die Möglichkeit gegeben, in jeder kleinsten sich von Tag zu Tag ergebenden Angelegenheit unsere Chancen zu verbessern und unsere Irrtümer zu verringern. Ohne erst auf Gelegenheit zu größerer Gesellschaftsveränderung zu warten, können wir uns unseren Kindern gegenüber angemessen verhalten und ihnen eine gesunde persönliche Grundlage vermitteln, von der aus sie mit jeder ihnen begegnenden Situation fertigzuwerden vermögen. Statt sie Entbehrungen leiden zu lassen, so daß ihnen nur eine Hand bleibt, mit der sie die Außenwelt bewältigen können, während die andere mit inneren Konflikten beschäftigt ist, können wir sie auf die Füße stellen – beide Hände bereit, äußere Probleme anzugehen.

Erkennen wir erst einmal die Folgen unserer Behandlung von Babies, Kindern, anderen und uns selbst und lernen, das wirkliche Wesen unserer Gattung zu respektieren, dann werden wir unvermeidlich sehr viel mehr erfahren über unsere Anlage zur Freude.

Anhang

Vorschläge für die Forschung

Programm A: Kinderaufzucht

Eine Gruppe von mindestens zwanzig schwangeren Frauen könnte sich freiwillig treffen und mit jemandem über Kontinuum-Prinzipien diskutieren, der gründlich darüber und über ihre Anwendung Bescheid weiß. Die Treffen könnten neunzig Minuten dauern und während der mittleren drei Schwangerschaftsmonate vierzehntägig stattfinden. Später Hinzukommenden könnte gestattet werden, sich anzuschließen, wenn eine höhere Zahl erwünscht ist, um eine ausreichend große Versuchsgruppe zu schaffen. In den letzten drei Monaten würde die Zahl der Treffen auf einmal wöchentlich erhöht; dabei würde man die Gruppenmitglieder zu sozialen Kontakten zu beliebigen Zeiten ermutigen, entweder schon zwischen den Treffen oder im Anschluß daran. Dies könnte zwei wünschenswerte Auswirkungen haben: nämlich entweder das In-Frage-Stellen der Prinzipien oder die Motivation zu erhöhen. Eine Gruppe von Nachbarn oder die Mitglieder einer Wohngemeinschaft könnten später zusätzlich Gelegenheit bieten, die Wechselwirkungen zwischen Versuchskindern untereinander zu beobachten sowie deren Anpassung an Versuchskinder und Nicht-Versuchskinder zu vergleichen.

Eine ähnlich große Kontrollgruppe würde Mütter umfassen, die verschiedene Arten von Schwangerschaftskursen mitgemacht haben, sowie einige, die keinen Kurs besucht haben.

Beide Gruppen sollten einige Mütter mit noch einem oder mehreren Kindern außer dem neuen Baby einschließen. Fernerhin sollten auch andere Variationen in der Familienstruktur, wie z. B. Vaterlosigkeit, die Anwesenheit anderer Mitbewohner zu Hause oder die Notwendigkeit der Mutter zu arbeiten, einbezogen werden.

In der Versuchsgruppe sollte man bemüht sein, Mütter zu

erhalten, die das gesamte Feld durchschnittlicher Umstände und Möglichkeiten, das Baby zu gesellschaftlichen Anlässen mitzunehmen, repräsentieren.

Man müßte einen oder mehrere Gynäkologen finden, die vierundzwanzigstündigen Körperkontakt im Krankenhaus zulassen würden sowie die unbegrenzte Gelegenheit für die Mutter, den Säugling zu wickeln und ihm Wohlgefühl zu vermitteln, und die desgleichen bei der Entbindung auf Drogen, helles Licht, Metallinstrumente usw. verzichten würden. Das Neugeborene würde der Mutter unmittelbar nach der Entbindung zum Stillen gegeben.

Sobald als möglich nach der Geburt treffen sich die Mitglieder der Versuchsgruppe zweimal wöchentlich. Natürlich bringen sie ihre Säuglinge zu den Treffen mit und stillen sie dort.

Ehemänner sind von Anfang an willkommen, desgleichen potentielle Mutter-Ersatzfiguren wie ältere Kinder, Großeltern oder Babysitter, seien sie nun verwandt oder nicht.

Einmal wöchentlich werden gewonnene Erkenntnisse aufgezeichnet und die Reaktionen von Mutter und Kind auf den ständigen Körperkontakt im einzelnen aufgeführt. Reaktionen wie Müdigkeit, Groll, Gefühlsschwankungen, zunehmendes Lustgefühl bei der Mutter – oder nicht –, die Fähigkeit, Hausarbeit mit einem Kind auf den Armen zu verrichten (unterstützt durch einen Gurt oder nicht), zunehmendes Gefühl von Leistungsfähigkeit bei der Hausarbeit – oder nicht – , das Verhältnis zu anderen Kindern, Ehemann und Gesellschaft während des Tragens, die Fähigkeit, sich froh und ausgeglichen zu fühlen, mögliche Zweifel, Einwände von anderen, die meinen, solche Behandlung werde das Baby „verwöhnen" und die Reaktion von nichtgetesteten Müttern (nicht der Kontrollgruppe) auf das Verhalten der Versuchsmütter.

Sowohl in der Versuchsgruppe als auch in den Kontrollgruppen würde man so genau wie möglich aufzeichnen, wieviel, zu welcher Zeit und auf welche Weise ein Säugling weint. Das Versteifen der Glieder, Daumenlutschen, Schreckreaktionen, nervöse Symptome, Spannung, Schaukeln oder Kopfstoßen usw. würde ebenfalls von Versuchs- und Kontrollmüttern aufgezeichnet werden. Physiologische Daten würden von Fachkräften auf den Treffen sowohl der Versuchs- als auch der Kontrollgruppe gesammelt werden – die ersten zwei Monate hindurch einmal wöchentlich, dann zwei Monate hindurch vierzehntägig, danach acht Monate lang einmal monatlich. Es sollten EEG-Aufzeichnungen gemacht werden; die Alpha- und Delta-Gehirnwellen und mögliche Schwankungen sollten bei Säuglingen beider Gruppen erforscht werden, sowohl in den mütterlichen Armen als auch außerhalb. Die Muskelspannung sollte in allen Umständen getestet werden – d. h. getragene Säuglinge, Kontrollgruppen-Säuglinge beim Getragenwerden und in anderer Position. Zu verschiedenen Stadien würden die Versuchsbabies ebenfalls für einen Augenblick hingelegt, um ihre Muskelspannung zu untersuchen. Drüsenabsonderung und Schwankungen darin würden so weitgehend, wie es der Wissenschaft möglich ist, notiert. Gewicht und Größe würden notiert, um Wachstumsraten zu vergleichen. Die Häufigkeit und Dauer von Infektionen sollte aufgezeichnet werden. Reaktionen auf Sinnesreize würden periodisch untersucht. In beiden Gruppen sollten auch Koliken, Durchfall, Verstopfung, chronische Appetitlosigkeit, Erbrechen und alle anderen psycho-physiologischen Beschwerden sowie solche des Sympathikus und des Verdauungstraktes, einschließlich Reaktionen von Haut, Muskelskelett, Atmung, Herzgefäßen, dem Uro-Genital- und Nervensystem sowie andere gastrointestinale Reaktionen aufgezeichnet werden. Bei den letzteren Versuchen würden Proben von Magensekretionen entnommen. Derartige Versuche würden vielleicht nur einmal durchgeführt, im Alter von etwa fünf Monaten. Die chemische Zusammensetzung von Blut und Urin würde notiert und verglichen.

Von Säuglingen initiierte Tätigkeiten und Verhaltensweisen in einer Vielfalt von Situationen würden von ihren Pflegepersonen notiert. Lächeln, Glucksen, Greifen, das Biegen der Hände, Quietschen, Angst, Wut, das Ausschlagen mit Händen und Füßen, Sabbern, Beißen oder Unruhe usw. würden vermerkt.

Reaktionen auf Väter, Geschwister und andere, einschließlich Fremder, würden notiert. Desgleichen besondere Zuneigungen, wie z. B. zum Daumen, zu Plüschtieren, Decken oder anderen Dingen.

Die Auswirkungen des Zahnens würden festgehalten.

Die Periode des Getragenwerdens würde in der Versuchsgruppe zu dem vom Säugling bestimmten Zeitpunkt auslaufen. Ab etwa fünf Monaten würden die Pflegepersonen den Säuglingen Gelegenheit geben, von ihrem Schoß wegzukrabbeln und sich ungehindert so lange und so weit fortzubewegen, wie sie wollen, ohne daß ihnen besondere Aufmerksamkeit gezollt würde; die Pflegeperson kann dabei nähen, lesen oder sich irgendeiner anderen Tätigkeit widmen, die nicht ein Entfernen aus dem Bereich der Wahrnehmung des Babies und seiner Fähigkeit, nach Belieben zurückzukehren, erfordert. Bei seiner Rückkehr würde das Baby die Pflegeperson nur verfügbar finden, auf passive Weise, empfänglich genug, jedoch auch mit anderem beschäftigt.

Wenn die Pflegeperson das Gefühl hat, daß das Selbstvertrauen des Babies es erlaubt, es allein in seinem Zimmer oder in einiger Entfernung zu lassen, kann sie sich dementsprechend verhalten, jedoch sollte sie unverzüglich und auf sachliche Weise reagieren, wenn es anzeigt, daß es Hilfe oder Trost benötigt. Ist der Grund des Signalisierens eine körperliche Schwierigkeit, so sollte die Bezugsperson die geringstmögliche Hilfe leisten, die es dem Baby noch erlaubt, sich selbst aus der Situation zu befreien (indem sie ein Hindernis ein wenig wegschiebt oder es teilweise von etwas Einengendem befreit oder ihm hilft, von etwas, das es bestiegen hat, herunterzuklettern), ohne das ganze Problem an seiner Stelle zu lösen – etwa indem sie es herunterhebt. Ist das Baby durch die Situation zu sehr erschreckt, um teilweise Hilfe zu ermöglichen, sollte sein Signal, wie immer, so verstanden werden wie es gemeint ist, und es sollte ruhig auf den Arm genommen werden, bis es bereit ist, von sich aus wieder zu gehen.

Das Verhalten und die Erfahrung der Kontrollgruppe würden notiert werden, sowie der Zeitpunkt des Beginns des Robbens, später des Krabbelns, Laufens, und der folgenden Entwicklungsstadien.

Mit der Weiterentwicklung beider Gruppen würden sowohl die kindlichen als auch die mütterlichen Reaktionen aufgezeichnet. Im Alter von einem Jahr würden die motorischen, sensorischen und Problemlösungs-Fähigkeiten getestet. Aufgewecktheit, Schlafgewohnheiten, Verhaltensweisen (Betteln um Aufmerksamkeit, Jammern, Verhalten mit Bezug auf Gleichaltrige, ältere Kinder und Erwachsene), Konzentrationsfähigkeit, Konzentrationsspanne, Stimmungswechsel, Selbstverantwortlichkeit, Spielneigungen, Zuschauerverhalten, Spielzeugvorlieben, Reaktion beim Spielen allein oder mit anderen, Sonderinteressen, Lerntempo und andere derartige individuelle Eigenschaften würden aufgezeichnet.

Im Laufe ihrer Entwicklung werden die Kinder zunehmend von den in ihrer Umwelt herrschenden Gegebenheiten abhängig, und das Experiment wird sich daher zwangsweise weniger leicht kontrollieren lassen. In jeder Gruppe werden einige zu Hause oder bei ihren Müttern bleiben, andere werden für ein paar Stunden täglich unter fremder Obhut stehen, einige werden sich in Pflegeheimen befinden, andere nur wenig oder keinen Kontakt mit anderen Kindern haben. In allen Fällen würden Verhalten und Stimmung, Anpassungsfähigkeit, Kooperationsbereitschaft, Neigung zum Rebellieren etc. aufgezeichnet.

Im Alter von zwei Jahren sollte wiederum eine physiologische Untersuchung durchgeführt werden. Kognitive Fähigkeiten und ihre Entwicklung würden vom Beginn des Experimentes an getestet und dies würde ausgeweitet werden auf Sprache, Begriffsvermögen und -ausdruck zum Zeitpunkt ihres Auftretens. Das soziale und kooperative Verhalten würde notiert.

Die Beziehung zwischen struktureller und funktionaler Entwicklung in jedem Kind würde in beiden Gruppen getestet. Sparsamer Einsatz der eigenen Energie bei der Durchführung von Aufgaben würde beobachtet und die Durchschnittswerte für jede Gruppe berechnet werden.

Die Treffen würden nach einem Jahr das zusätzliche Ziel anzustreben beginnen, die Mütter besonders dazu anzuregen, den selbstbehauptenden und selbsterziehenden Tendenzen der Kinder zu größtmöglichem Ausdruck zu verhelfen. Das Vertrauen in die angeborenen Fähigkeiten sowohl der Mütter selbst als auch ihrer Kinder würde hauptsächlich durch deren praktisches Erfahren gefördert werden.

Zusammenfassung

Erste Schritte als Vorschlag für die Forschung, die je nach Erfahrung abgeändert werden können:

1. Aufstellung von Versuchs- und Kontrollgruppen von je zwanzig bis dreißig schwangeren Frauen.
2. Treffen zur Verstärkung des Instinkts in festen Abständen vor der Geburt und danach und während der gesamten Testperiode (zehn bis fünfzehn Jahre, mit Nachuntersuchungen während der gesamten Lebenszeit von Müttern und Kindern).
3. Tests beider Gruppen während der gesamten Trage-Phase und danach. Weitere Ermutigung der Mütter, den selbstbehauptenden und selbsterzieherischen Tendenzen der Kinder zu optimaler Entwicklung zu verhelfen. Förderung des Vertrauens in angeborene Fähigkeiten, sowohl ihrer selbst als auch der Kinder, durch praktische Erfahrungen damit.

Programm B: Psychotherapie

1.

Zwei Versuchsgruppen von Erwachsenen: die einen „normal", die anderen Heroinsüchtige. Die beiden Versuchsgruppen sind vollkommen unabhängig voneinander; jede erforscht die Wirkung der Kontinuum-Therapie auf ihre eigene Situation. Weitere Gruppen könnten sich aus Teilnehmern wie Kriminellen, Homosexuellen, Alkoholikern, Spielern, anderen Süchtigen etc. zusammensetzen. Die Normalgruppe könnte auch mehrere Raucher einschließen und deren Sucht und Fortschritte aufzeichnen. Es wäre nützlich, unter den „Normalen" eine Vielfalt zwanghafter Typen zu haben – wie Casanovas, ‚Schlampen', Märtyrer, Komiker, Sammler von akademischen Graden, Schauspieler usw.

Verfahrensweisen

Testen von Säuglingen, die getragen werden, im Alter von drei Wochen (ehe das Haupt"hirn die Kontrolle übernommen hat) sowie mit drei Monaten und sechs Monaten zur Feststellung des Typs der im Wachzustand produzierten Hirnwellen (Alpha?, Delta?). Anschließend Nachforschung, ob Meditation dabei helfen kann, den Säuglingszustand zu reproduzieren. Falls Reproduktion sich als möglich erweist, würde bei erwachsener Versuchsperson der früheste Zustand zuerst hervorgerufen und die späteren Säuglingsstadien dann in ihrer Folge, wenn die EEG-Veränderung signifikant ist.

Den Versuchspersonen würden in diesem Zustand Reize des Gesichts-, Gehörs-, Geschmacks-, Geruchs- und Tastempfindens vermittelt, die denen eines Säuglings beim Getragenwerden annähernd gleichkommen (Hautbeschaffenheit und die Temperatur eines lebenden Körpers, die Bewegungen, der Herzschlag, die Stimme usw.). Vielleicht ließe sich eine mechanische Vorrichtung entwickeln, die das Auf- und Niederheben, das Festhalten und die beständigen Bewegungen des Lebens simuliert, und die anderen Eigenschaften ließen sich dort ein- und anbauen. Dieses Experiment würde eine Vorstellung davon vermitteln, inwieweit mechanische Mutter-Surrogate in der Psychotherapie herstellbar sind. Wenn es fehlschlägt, wäre es angebracht, die Möglichkeit zu erforschen, zusätzlich zur mechanischen Vermittlung der Erfahrungsbestandteile der Phase des Getragenwerdens die angestaute Überschuß-Energie abzuleiten.

Ein alternativer Versuch, die Erfahrungslücke aufzufüllen, bestünde in einem Kreis sitzender Versuchspersonen in engem Kontakt vorn und hinten, die auf einer bequemen runden Bank hocken, wobei sie die vor ihnen sitzende Person umarmen und sich an sie schmiegen, während die hinter ihnen sitzende mit ihnen das gleiche tut. Tests würden dann mit und ohne Meditation, durch Lautsprecher gespielten Herzschlag oder andere Zusatzelemente durchgeführt. Diese Experimente wären *Ausgangspunkte* für Untersuchungen zur Psychotherapie, die je nach Ergebnissen abzuwandeln wären.

2.

Testen von nach Altersstufen aufgeteilten Gruppen von Kindern, denen das Getragenwerden versagt wurde (die das erhielten, was man heutzutage als ‚normale' Fürsorge ansieht). Eine Kontrollgruppe für jede Altersstufe wäre für das genaue Auswerten der Ergebnisse von Nutzen.

Einjährige, bislang ‚normal' geschädigt. Die Testgruppe würde von ihren Eltern ins Bett mitgenommen, beim Geschlechtsverkehr anwesend bleiben und ein Höchstmaß an

Körperkontakt erfahren, ohne daß die Freiheit des Laufens, Erforschens, Spielens und Für-sich-selbst-Sorgens beschränkt wäre. Körperkontakt würde anfangs von den Eltern initiiert, bis die Forderung danach wiedererweckt ist, und danach auf Verlangen gewährt werden. Während des Kontaktes würde viel Wiegen, Hin-und-Her-Schaukeln, In-die-Höhe-Werfen und andere Arten von Erfahrung vermittelt. Das Kind würde nie alleingelassen, sondern wo immer möglich von einem oder beiden Elternteilen mitgenommen oder zuhause in der Obhut eines ständig anwesenden Babysitters gelassen, auf dem das Kind schläft, wenn es müde wird.

Zweijährige, bislang ‚normal' geschädigt. Behandlung ähnlich wie die der Einjährigen, doch wird ihnen weit mehr gestattet, sich Beschäftigungen selbst auszusuchen. Wenn sie sich mit gewissen Handlungen weiterhin ‚antisozial' verhalten, sollte die Erwartung sozialen Verhaltens seitens der Eltern deutlich sichtbar sein. Hierdurch erhält das Kind Gelegenheit, sich der Gesellschaft (bzw. dem Familienleben) je nachdem, inwieweit es selbst motiviert ist dazuzugehören, als soziales Mitglied anzuschließen oder nicht. Körperkontakt die ganze Nacht hindurch und den Tag über nach Bedarf verfügbar, mit häufiger Umarmung in selbstverständlicher Weise, um die früheren Erfahrungsbedürfnisse, die vernachlässigt wurden, wettzumachen.

Dreijährige, bislang ‚normal' geschädigt. Gemeinsames Schlafen mit den Eltern, Anwesenheit beim Geschlechtsverkehr im Dunkeln, aber in Kontakt mit den Körpern der Eltern. *Nur lustvolle* Geräusche seitens der Eltern, um das Kind nicht zu erschrecken. Herumtragen des Kindes, wo immer möglich. Ein Mann sollte eingesetzt werden, um das Kind auf Schultern reiten zu lassen, es auf- und niederzuwerfen, es an den Armen haltend im Kreise zu schwingen etc. Mitnehmen des Kindes zu großer Vielfalt von Aktivitäten, Orten und Erfahrungsmöglichkeiten, Gewährung von so viel Freiheit wie das jeweils gegebene Verhältnis von Unverantwortlichkeit zum Selbsterhaltungstrieb es zuläßt, während die Eltern die eigene zuversichtliche Erwartung von sozialem Verhalten des Kindes ständig zu steigern suchen. Dabei sollten sie ‚antisoziales' Betragen nicht hinnehmen, jedoch nie das Kind selbst ablehnen: um dies zu erreichen, würden die Eltern mit dem Kind nur in Interaktion treten, wenn es sich sozial verhält, ruhig und ohne ein Anzeichen von Lob oder Tadel für jegliche Art von Betragen. Vermehrung der Gelegenheiten für das Kind, die Eltern bei der Arbeit nachzuahmen.

Vierjährige, veranlaßt zu gemeinsamem Schlafen mit Eltern, bis das Kind dieses voll akzeptiert und daraus Gewinn gezogen hat. Danach erhält es ein eigenes Bett nur, wenn es darum bittet, jedoch noch immer im Zimmer der Eltern; oder ihm wird gestattet, mit Bruder oder Schwester (bzw. mehreren Geschwistern) zusammenzuschlafen. Teddybären, Daumen, ‚Schmusedecken' usw. werden gewährt, jedoch je nach dem ausgedrückten Bedürfnis (oral, taktil etc.); man versucht, das Kind zum Wählen des elterlichen Körpers zu veranlassen, *deren* Finger zu lutschen, und mit ihnen in körperlicher Berührung oder zumindest in ihrer Sichtweite zu bleiben.

Fünfjährige. Anfangen mit allmählicherem Wechsel von der alten Eltern-Kind-Beziehung zur selbstverständlichen Annahme sozialen Verhaltens (SASV), um das Kind nicht in Verwirrung zu bringen. Aber sofortiger Entzug des eigenen Betts; Zwang, mit Eltern zusammen zu schlafen, selbst wenn es protestiert, um den Geschmack daran wieder zu kultivieren (das Kontinuum wieder einzusetzen). Bemühung um Ungezwungenheit und kühle Selbstverständlichkeit, um neuen Umgangsstil einzusetzen. Ansonsten wie für Vierjährige.

Sechsjährige. Noch größere Sorgfalt, nicht allzu plötzlich zu wechseln, außer hinsichtlich der Schlaf-Bedingungen. Mehr Nachsicht mit antisozialem Verhalten, das jetzt als Schädigungssymptom, nicht als ‚Ungezogenheit' begriffen wird. Die selbstverständliche Annahme eines schließlichen Wechsels zu sozialem Verhalten wird im Verhalten der Eltern von Anfang an sichtbar. Nicht anwesend beim Geschlechtsverkehr, wenn vorher nicht anwesend, um Trauma zu verhindern.

Allmähliche Steigerung von Geduld und SASV bis zu: Zehnjähri-

gen, die mit viel Körperkontakt und SASV behandelt werden – zusätzlich zur normalen Routine und zu psychotherapeutischen Prinzipien wie für Erwachsene. Körperkontakt-Sitzungen, wo immer möglich, und vieles zum Nachahmen und freiwilligen Mitmachen. In das elterliche Bett zu jeder Tages- und Nachtzeit gelassen, jedoch nur ein paar Nächte lang veranlaßt, mit ihnen zusammen zu schlafen, um zu prüfen, ob es das mag (Vorwand, sein Bett müsse weg zur Reparatur, einem Gast zur Verfügung gestellt werden oder andere glaubwürdige Geschichte); falls nicht, wird es nicht dazu gezwungen. Geschlechtsverkehr in seiner Gegenwart könnte, wenn zu diesem Zeitpunkt damit begonnen würde, das Kind traumatisieren; jedoch häufige Umarmung durch den Elternteil des anderen Geschlechts, Kitzeln, Raufen etc. und, sobald nach vorsichtiger Übergangszeit ohne Unbehagen möglich, Gelegenheit, sich ohne Lob oder Tadel für die Eltern oder den Haushalt zu betätigen. Akzeptieren der kindlichen Schwächen wie jener von Erwachsenen.

Alle elterlichen Verhaltensweisen sind als experimentell zu verstehen, alle Ergebnisse, Probleme, Tendenzen bei jeder Fallstudie zu notieren und die Methoden entsprechend abzuwandeln.

Thema ‚Frau und Emanzipation' in der Beck'schen Schwarzen Reihe

Herrad Schenk

Die feministische Herausforderung

150 Jahre Frauenbewegung in Deutschland. 2., durchgesehene Auflage. 1981. 246 Seiten (BSR 213)

Hannelore Schröder (Hrsg.)

Die Frau ist frei geboren

Texte zur Frauenemanzipation
Band I: 1789–1870. 1979. 256 Seiten (BSR 201)
Band II: 1870–1918. 1981. 317 Seiten (BSR 231)

Norbert Bischof/Holger Preuschoft (Hrsg.)

Geschlechtsunterschiede. Entstehung und Entwicklung

Mann und Frau in biologischer Sicht. 1980. 246 Seiten (BSR 207)

Annette Degenhardt/Hanns Martin Trautner (Hrsg.)

Geschlechtstypisches Verhalten

Mann und Frau in psychologischer Sicht. 1979. 310 Seiten mit Tabellen und Abbildungen im Text (BSR 205)

Roland Eckert (Hrsg.)

Geschlechtsrollen und Arbeitsteilung

Mann und Frau in soziologischer Sicht. 1979. 308 Seiten (BSR 206)

Verlag C.H. Beck München